本书由浙江大学亚洲研究中心资助出版

光明社科文库
GUANGMING DAILY PRESS:
A SOCIAL SCIENCE SERIES

·历史与文化书系·

安岳唐宋石窟研究

陈晶鑫 | 著

光明日报出版社

图书在版编目（CIP）数据

安岳唐宋石窟研究 / 陈晶鑫著. -- 北京：光明日报出版社，2021.12

ISBN 978－7－5194－6437－0

Ⅰ.①安… Ⅱ.①陈… Ⅲ.①石窟—研究—中国—唐宋时期 Ⅳ.①K879.204

中国版本图书馆 CIP 数据核字（2022）第 005497 号

安岳唐宋石窟研究
ANYUE TANGSONG SHIKU YANJIU

著　　者：陈晶鑫	
责任编辑：黄　莺	责任校对：叶梦佳
封面设计：中联华文	责任印制：曹　诤

出版发行：光明日报出版社
地　　址：北京市西城区永安路 106 号，100050
电　　话：010－63169890（咨询），010－63131930（邮购）
传　　真：010－63131930
网　　址：http://book.gmw.cn
E － mail：gmrbcbs@gmw.cn
法律顾问：北京市兰台律师事务所龚柳方律师
印　　刷：三河市华东印刷有限公司
装　　订：三河市华东印刷有限公司
本书如有破损、缺页、装订错误，请与本社联系调换，电话：010－63131930
开　　本：170mm×240mm
字　　数：223 千字　　　　　　印　　张：18
版　　次：2022 年 1 月第 1 版　　印　　次：2022 年 1 月第 1 次印刷
书　　号：ISBN 978－7－5194－6437－0
定　　价：98.00 元

版权所有　　翻印必究

目 录
CONTENTS

第一章 绪 论 ··· 1
  第一节 研究对象及范围 ··· 4
  第二节 相关研究回顾与综述 ··· 20
  第三节 资料来源与研究方法 ··· 31

第二章 安岳唐宋窟龛造像的分期与年代 ····························· 33
  第一节 安岳唐宋窟龛造像的类型 ····································· 33
  第二节 安岳唐宋窟龛的分组与年代 ·································· 92

第三章 安岳石窟窟龛造像研究 ··· 120
  第一节 窟龛形制研究 ··· 120
  第二节 造像题材研究 ··· 129

第四章 安岳石窟与大足石刻 ·· 206
  第一节 唐五代时的安岳与大足 ······································· 207
  第二节 两宋时的安岳与大足 ·· 214

1

第三节 小 结……………………………………………… 228

第五章 结 语……………………………………………… 229
参考文献…………………………………………………… 232
附表一 安岳地区唐宋石窟"窟"型式与组合表 ………… 254
附表二 安岳地区唐宋石窟"龛"型式与组合表 ………… 264

内容简介

盛唐以后我国佛教造像活动由中原北方逐渐转移到了西南地区，一直延续到两宋而不衰，所以四川成为研究盛唐至两宋时期石窟造像艺术的关键区域。由于地理位置特殊，安岳地区（其时为普州辖地）成为当时石窟造像中心之一。在过去很长一段时期，由于种种原因，学术界对安岳石窟造像重视不够，研究工作长期处于起步阶段。而研究石窟寺或摩崖造像，首先要解决的是年代学问题，因此本书首先探讨了安岳石窟造像的年代学问题，进而在此基础上进行综合研究。

本书在对安岳石窟造像进行了较为全面的调查的基础上，以调查所获的大量第一手资料为主要依据，运用考古类型学方法，并参诸文献，首先对安岳石窟造像进行了综合分期研究。结论认为，自唐开元至南宋末，是安岳石窟造像的盛期，大致可分为三期：第一期为唐开元至景福年间，即713—893年，是安岳唐宋窟龛开凿的兴盛期；第二期为前蜀天复七年至后蜀被灭国时，即907—965年，是安岳唐宋窟龛开凿的延续期；第三期为北宋元符年间至南宋庆元年间，即1098—1200年，是安岳唐宋窟龛开凿的衰落期。

其后经元、明、清朝直至中华民国时期，安岳造像未辍，但已不复当年盛景。

综合研究表明，安岳石窟造像在唐代仍受到中原北方造像系统的影响；五代时期，由于大足石刻的崛起，安岳与大足互动频繁；宋代，大足成为新的石刻艺术中心，对安岳多有影响。对安岳地区石窟造像的分期研究有助于对四川地区其他石窟造像的进一步考察研究。

第一章

绪 论

安岳县位于四川省东部，四川盆地东部丘陵地区，东邻重庆，南连内江，西接资阳，北靠遂宁，县城西北距成都市区186公里，东南距重庆市区197公里，正好处于成都至重庆、南充至泸州的捷径交汇点上，是古成渝道上的陆路交通要冲。

安岳，春秋战国时为巴蜀之境；秦时为巴蜀二郡之地。西汉时县域包括资中（含今资阳）、牛鞞（今简阳）、垫江（今合川）三县，至东汉时又增加德阳县[1]。晋代因之。南朝梁普通年间益州刺史萧猷于此置普慈郡，招抚"獠人"，"奉官租以时输送"，为安岳县正式设立行政区域之始[2]。北周建德四年（575年）于郡立普州，并置安岳县，州、县同治一城，州内又置多叶县[3]，安岳县治所曾建于县城铁峰山上，故取

---

[1] 李吉甫. 元和郡县图志：卷第三十三·剑南道下·普州 [M]. 贺次君，点校. 北京：中华书局，1983：857.

[2] 乐史. 太平寰宇记：卷之八十七·剑南东道六·普州 [M]. 王文楚，点校. 北京：中华书局，2007：1731；王象之. 舆地纪胜：卷一百五十八·普州 [M]. 北京：中华书局，2003：4281－4282.

[3] 李吉甫. 元和郡县图志：卷第三十三·剑南道下·普州 [M]. 贺次君，点校. 北京：中华书局，1983：857－858.

"安居于山岳之上"① 之意而得县名且沿用至今。

隋初废郡，改多叶县为普慈县。大业二年（606年），罢普州，以所领县属资州②。大业三年（607年）罢资州为资阳郡。

唐武德二年（619年），分资州之安岳、隆康、安居、普慈四县复置普州，并领乐至、隆龛二县，共辖六县。玄宗初，为避讳，改隆康为普康、改隆龛为崇龛。天宝元年（742年），改普州为安岳郡。乾元元年（758年），复为普州，领安岳、普康、崇龛、安居、普慈、乐至六县，属剑南东道③。

五代前蜀、后蜀仍沿唐制。

宋初仍置普州及安岳县，普州隶属潼川府路，治所在安岳县铁峰山。乾德五年（967年）将普康并入安岳、崇龛并入安居、普慈并入乐至；开宝四年（971年），徙治所入安岳县城④。南宋淳祐三年（1243年）为抗击元军，安岳县城再建于铁峰山上。宝祐年间（1253至1258

---

① 安岳县名，据《太平寰宇记》记载："本以邑地在山之上，四面险绝，故曰安岳。"（乐史. 太平寰宇记：卷之八十七·剑南东道六·普州 [M]. 王文楚，点校. 北京：中华书局，2007：1731.）而《通典》中早有"安岳郡郡城因山为趾，四面险固"（杜佑. 通典：卷一百七十五·州郡五·普州条 [M]. 杭州：浙江古籍出版社，2000：930.）之说。《蜀中广记》中亦释道："县以地在山上，险而即安之义也。"（曹学佺. 蜀中广记：卷五十四·蜀郡县地名通释第四·安岳县条 [M]. 台北：商务印书馆，1969：16.）可知安岳得名是因当时县城建在铁峰山上，便于防守，取"安居于山岳之上"意。
② 李吉甫. 元和郡县图志：卷第三十三·剑南道下·普州 [M]. 贺次君，点校. 北京：中华书局，1983：857-859.
③ 李吉甫. 元和郡县图志：卷第三十三·剑南道下·普州 [M]. 贺次君，点校. 北京：中华书局，1983：857-859；乐史. 太平寰宇记：卷之八十七·剑南东道六·普州 [M]. 王文楚，点校. 北京：中华书局，2007：1731-1732；王象之. 舆地纪胜：卷一百五十八·普州 [M]. 北京：中华书局，2003：4281-4282.
④ 王象之. 舆地纪胜：卷一百五十八·普州 [M]. 北京：中华书局，2003：4283-4284；祝穆. 方舆胜览：卷之六十三·潼川府路·普州 [M]. 祝洙，增订. 施和金，点校. 北京：中华书局，2003：1109-1112.

年）铁峰城被元军攻陷，州县俱废①。

元至正四年（1344年）复置安岳县，统八乡，并安居、乐至两县，属遂宁州，并在之后不久析置石羊县②。

其后直至民国，普州与安岳县屡有置废，但行政区域上大体与之前保持一致③。民国初，废府州，普州不存；中华人民共和国成立之后，安岳县归属多有变迁④。

1998年2月，经国务院决定，将资阳、简阳、乐至、安岳四县市划出，另成立资阳地区。自此，安岳县划归资阳市管辖，属资阳市辖区⑤。

---

① 脱脱，等.宋史：卷八十九·志第四十二·地理五·普州[M].北京：中华书局，1977：2217.
② 故宫博物院.故宫珍本丛刊·四川府州县志第4册·乾隆安岳县志[M].海口：海南出版社，2001：20.
③ 元代末期，明玉珍在重庆建大夏国，复置安岳县。明洪武四年（1371年），于安岳县复置普州；洪武九年（1376年），降潼川府为州，直隶布政司，废普州，安岳县属潼川直隶州。清顺治十五年（1658年），并入蓬溪。康熙五年（1666年），并入遂宁县；康熙十九年（1680年），并入乐至县。雍正七年（1729年），复置安岳县；雍正十二年（1734年），潼川直隶州升为潼川府（治地在今四川三台县潼川镇），安岳县属潼川府。
④ 民国初，废府州厅，改为道制，安岳县属嘉陵道管辖；民国二十四年（1935年），将四川省划分为18个行政督察区和西康行政督察区，安岳县属第十二行政督察区。1949年10月，中华人民共和国成立后，将四川省划分为川西、川东、川北、川南四个行署区，安岳县属川北行署区遂宁专区。1958年，撤销遂宁专区，将安岳县划入川南行署区内江专区。1968年，改专区为地区，安岳县属内江地区管辖。
⑤ 四川省安岳县志编纂委员会.安岳县志[M].成都：四川人民出版社，1993：43-45；安岳县地方志编纂委员会.安岳县志1986—2005[M].成都：电子科技大学出版社，2011：1-2.

第一节　研究对象及范围

本书所述内容的时间范围，主要集中于盛唐开元年间至南宋嘉熙、淳祐年间，时间跨度约为530年。唐代自武则天退位至玄宗即位以前的中宗、睿宗统治期间（705—712年）政局极不稳定。武氏诸王、中宗的韦皇后及其女儿安乐公主、武后女儿太平公主等均参与朝政，朝廷大臣也因之分为数派，相互攻讦，故而朝中政变连连。开元元年（713年），玄宗以先发制人的手段消灭了政敌太平公主及其党羽，才结束了这种混乱局面。开元前期，政治清明，经济繁荣，文化昌盛。此时的蜀川，实际上并未受到政治变动的过多影响，延续了初唐以来的安定繁荣："伏以国家富有巴蜀，是天府之藏，自陇右及河西诸州，军国所资，邮驿所给，商旅莫不皆取於蜀，又京都府库，岁月珍贡，尚在其外。"[①] 天宝十四年（755年），身兼范阳、平卢、河东三镇节度使的安禄山叛乱，由此拉开了长达八年的"安史之乱"的序幕。天宝十五年（756年），唐玄宗奔蜀，皇室及衣冠之士纷纷避祸蜀中。"安史之乱"以后，唐王朝腹心之地频遭战乱。建中四年（783年），"泾原兵变"，乱兵攻陷帝都长安，唐德宗出逃奉天（今陕西乾县），乱兵围奉天月余，其后德宗更逃亡汉中，发布《罪己诏》，关中地区因避乱入蜀之士人亦不在少数。乾符五年（878年），黄巢领导的农民起义爆发。广明元年（880年），唐僖宗和大批文武官员再次避难成都，关中文化精英再次大规模流入蜀地，蜀地也因此

---

① 陈子昂. 上蜀川军事 [M] //董诰，等. 全唐文：卷二百十一. 北京：中华书局，1983：2133.

愈加繁荣，于其时号称"外府"①，因为经济发达，人才聚集，时人将之与长江下游的扬州相比较，并称"扬一益二"②，二者并列为当时全国最负盛名的工商业繁荣都市。自黄巢起义之后，唐王朝日益衰败，各地方镇军阀趁势崛起，各自割据。后梁开平元年（蜀仍用唐昭宗年号，为天复七年，公元907年），王建于成都称帝，国号蜀，史称前蜀。后唐同光三年（925年），后唐灭前蜀，以孟知祥为西川节度使，长兴三年（932年），孟知祥得东川，后唐清泰元年（934年），孟知祥亦于成都称帝，国号大蜀，史称后蜀。前、后蜀统治者于其治下，积极网罗中原赴川避难之士人，稳定政局，发展经济，蜀地得到进一步发展，成为五代十国时期少有的稳定繁荣地区。北宋乾德三年（965年），宋太祖发兵攻蜀，孟昶投降，后蜀灭亡。有宋一代，四川地区作为宋王朝的核心腹地，政局安定，经济繁荣，"夫蜀之四隅，绵亘数千里，土腴物衍，资货以蕃，财力贡赋，率四海三之一"③；文化逐步兴盛，渐至全国领先地位，"两宋时文人之盛，莫盛于蜀"④。南宋端平三年（1236年），蒙古军进犯四川，占领利州（今四川省广元市）。之后，蒙古与南宋开始了长达42年的攻防拉锯战，直至元至元十五年（1278年）⑤，四川全境方为元军（南宋度宗咸淳七年，即1271年，忽必烈改国号为元）占领。这期间虽有余

---

① 欧阳修，宋祁．新唐书：卷一百四十四·列传第六十九·崔宁传［M］．北京：中华书局，1975：4706．
② 司马光．资治通鉴：卷二五九·唐纪七十五·唐昭宗景福元年［M］．北京：中华书局，2007：8430．
③ 吕陶．净德集：卷十四·成都新建备武堂记［G］//王云五．丛书集成初编．上海：商务印书馆，1935：143-144．
④ 彭端淑．白鹤堂稿：唐子西先生文集序［G］//国家清史编纂委员会，《清代诗文集汇编》编纂委员会．清代诗文集汇编：卷291．上海：上海古籍出版社，2010：26．
⑤ 安岳在宝祐年间（1253—1258年）即已陷落。（脱脱，等．宋史：卷八十九·志第四十二·地理五·普州［M］．北京：中华书局，1977：2217．）

玠治下的八年太平岁月①，但四川地区沦为战区，人口骤减，发展停滞，文化凋敝已是不争的事实。以上这些复杂的历史背景，对安岳地区以至整个四川地区石窟雕凿活动有着深远影响，本书所述内容也将基于这一时期的历史背景。

　　本书所述内容，主要是上述时间范围内的安岳县境内雕凿的石窟龛像。据安岳县文物局近年来文物普查结果统计，在全县境内共有石窟及石刻造像220余处，窟龛1300余个，大小造像22000余尊，石刻佛经15窟，散刻佛经10余处，刻经部、卷、品80余份，32万余字。其中文物保护价值较高的有149处，属于国家级保护单位的有8处，分别为：卧佛院、千佛寨、圆觉洞、毗卢洞、华严洞、玄妙观、茗山寺、孔雀洞②；省级文物保护单位有高升大佛（含千佛岩、雷神洞）、木鱼山、庵堂寺、西禅寺、佛耳岩、上大佛6处③；县级文物保护单位21处。这些石刻造像主要集中于岳城、通贤、龙台、石羊辖区的乡镇，呈由北向东转南的方向发展。除此以外的石窟大多位置极为分散，窟龛造像数量较少，有的保存现状较好，有的风化严重，有的已经为村民重新妆銮，丧失原貌。下面择要简单介绍一下部分重要石窟地点。

　　卧佛院位于县城北25公里的八庙乡卧佛村卧佛沟，部分窟龛位于

---

① 毕沅．续资治通鉴：卷一百七十三·宋纪一百七十三·理宗淳祐十年（公元1250）[M]．"标点续资治通鉴小组"校点．北京：古籍出版社，1957：4708．
② 安岳县境内还有一处国家级文物保护单位为木门寺，属于明代古建筑。
③ 佛耳岩位于永清镇店子村丁家坝，有小龛（大多为30cm×30cm大小）54个，其中有咸通年间（860—873年）题记，造像风化严重，根据遗迹可判断出大部分龛内题材为释迦说法。上大佛位于清流乡长新村二社的庙子坡山腰，有编号龛18个，造像时代题记有"天宝""端拱""咸平"等年号，根据遗迹可判断出大部分龛内题材为释迦说法，有的有天龙八部。以上两处地点题材内容特别是题记很重要，但可惜大部分已严重风化，剩余大部分又因后世妆銮严重而失去原貌，故此二处暂未列入本书讨论范围。

遂宁县境内。现有编号窟龛 126 个（图 1.1、1.2、1.3①），除了卧佛沟内 95 个洞窟分布比较集中外，在月亮坪、菩萨崖等区域内还有部分窟龛，根据地形地貌，现一般分为三个大区：北岩区（包括 1—24、123—125 号窟龛）、南岩区（包括 25—94、126 号窟龛）和月亮坪区（含菩萨崖，包括 95—122 号窟龛）②。其中南岩区洞窟分布线较长。计有造像 1600 余尊、阴刻 5 尊、粗坯造像 6 尊、龙 2 条、神兽 22 只、佛塔 5 座、经幢 1 座、唐碑 2 通、宋碑 1 通、游记诗 3 首、题刻 23 件、石刻佛经 15 窟，约 32 万字。以唐、五代窟龛为主，题材极为丰富，有卧佛、释迦说法、天龙八部、罗汉像等。

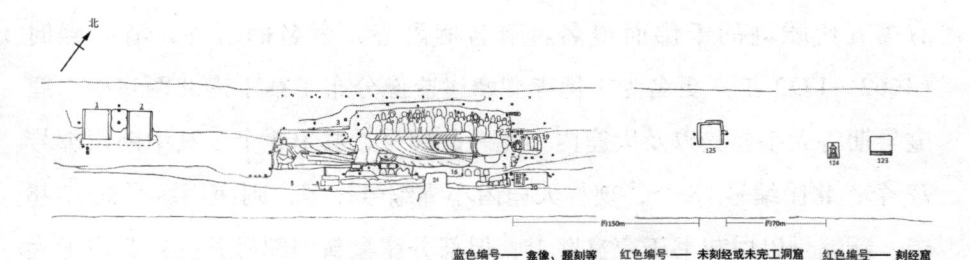

蓝色编号——龛像、题刻等　红色编号——未刻经或未完工洞窟　红色编号——刻经窟

图 1.1　卧佛院北崖立面示意图

蓝色编号——龛像、题刻等　红色编号——未刻经或未完工洞窟　红色编号——刻经窟

图 1.2　卧佛院南崖立面示意图

---

① 任婧. 安岳卧佛院佛教遗迹的初步整理 [D]. 北京：北京大学，2014.（卧佛院示意图均采自此文）
② 北京大学中国考古学研究中心，成都市文物考古研究所，安岳县文物局. 安岳卧佛院调查简报 [M] // 成都市文物考古研究所. 成都考古发现（2006）. 北京：科学出版社，2008：352-408.（本书中卧佛洞窟的编号均以此文中的编号为准）

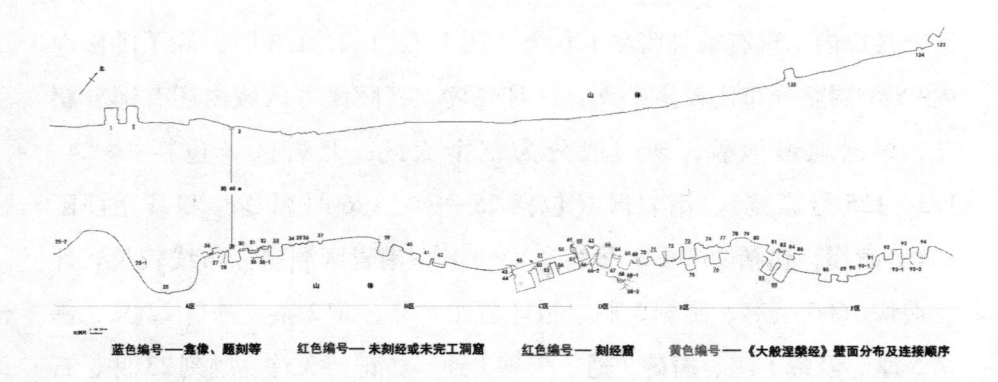

蓝色编号—龛像、题刻等　　红色编号—未刻经或未完工洞窟　　红色编号—刻经窟　　黄色编号—《大般涅槃经》壁面分布及连接顺序

图1.3　卧佛院南北崖窟龛连续平面图

千佛寨（图1.4）位于县城西2.5公里的大云山上，因寨下悬崖上有唐五代雕刻的千佛而得名。隋名栖霞寺，唐名栖岩寺，清康熙时（1662—1722年）更名为千佛寺。摩崖造像分布于寨下南北两崖壁，窟龛早期将大小窟龛以及大窟内小龛一起编号，共105个，其中南崖编号77个，北崖编号28个，现将大窟内小龛编号撤销，则南崖编号尚有48个，新编号以白灰书于窟龛壁上，但部分窟龛新旧编号并存；北崖无大窟，窟龛分散且混编情况较少，故未有新编号书于龛壁，窟龛壁上仍书有旧编号，本书中采用新编号体系，并由此将北崖编号顺次提前。计有编号窟龛69个①，造像约3000尊，摩崖塔7座，唐碑3通，题刻26件，古遗迹一处。千佛寨摩崖石窟历经唐、五代、两宋、明、清，各代均有造像，可惜风化破坏较为严重，保存较好的窟龛不多。

图1.4　千佛寨连续立平面示意图

---

① 本书千佛寨洞窟编号依照安岳文管所最新所编序号，即南崖使用现石窟之上的白色石灰加圈标号，北崖为笔者按新编号顺序依次编排。

圆觉洞（图1.5、图1.6、图1.7①）位于县城东1公里的云居山。云居山山峰平面略呈三角形，长边呈东西走向，造像主要分布在山顶南面、东北面山崖上。东北面山崖陡峭，以宋代龛像为主；南面山崖相对平缓，以唐、五代龛像为主。编号从东北面山崖西端上山道路处开始，从西向东经造像区东端绕到山南面，再从东向西，至西端结束。现存龛像、题刻等共编号72个②。

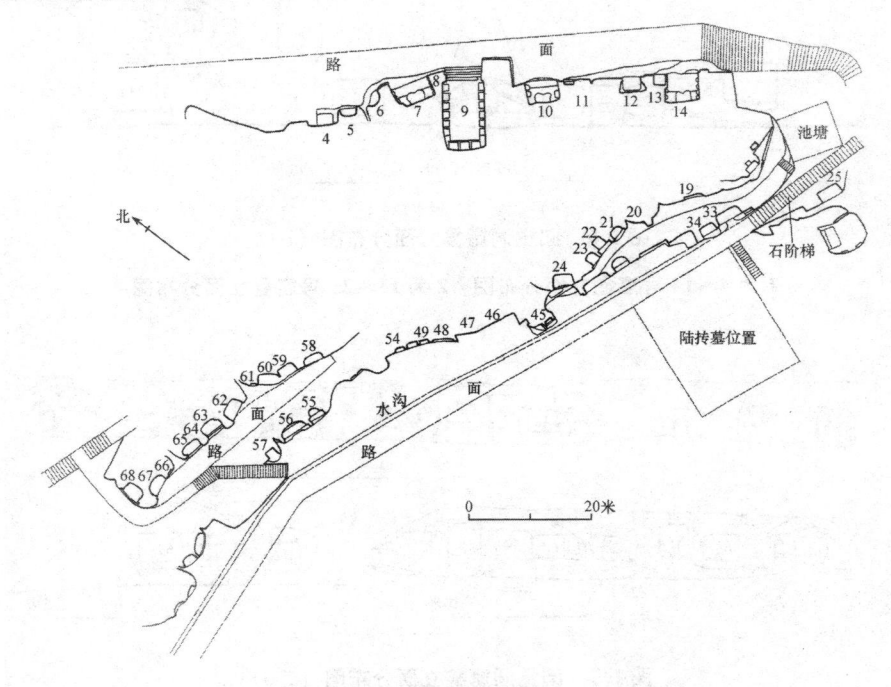

图1.5　圆觉洞窟龛平面分布图

---

① 王剑平，雷玉华，傅成金. 四川安岳圆觉洞造像的初步研究［M］//成都文物考古研究所. 成都考古研究（二）. 北京：科学出版社，2013：320－356.（本书中所有圆觉洞实测图来自此文）

② 王剑平，雷玉华，傅成金. 四川安岳圆觉洞造像的初步研究［M］//成都文物考古研究所. 成都考古研究（二）. 北京：科学出版社，2013：320－356.（本书圆觉洞洞窟编号以安岳文物管理局所编序号为准）

安岳唐宋石窟研究　>>>

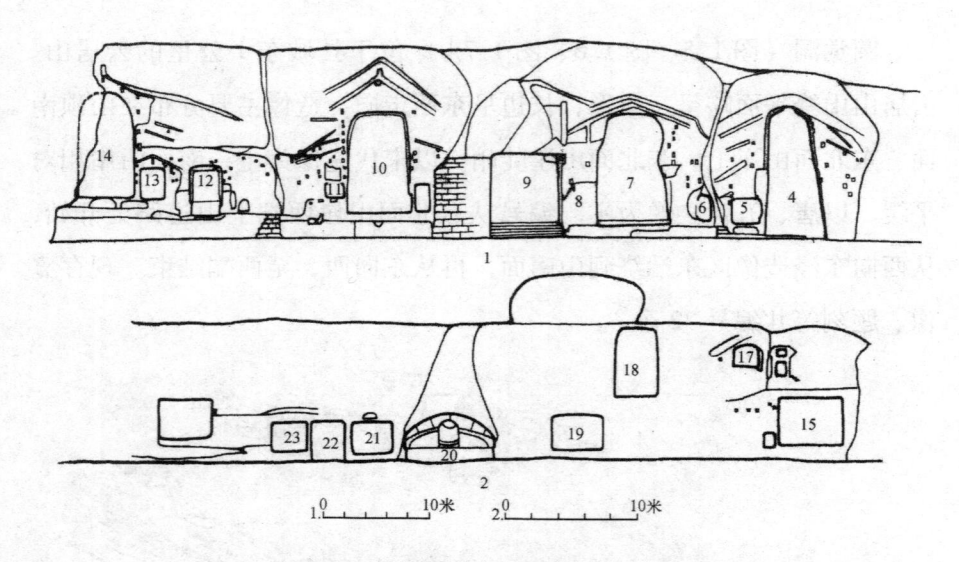

图 1.6　圆觉洞窟龛立面分布图（一）

1 为 4~14 号窟龛立面分布图　2 为 15~23 号窟龛立面分布图

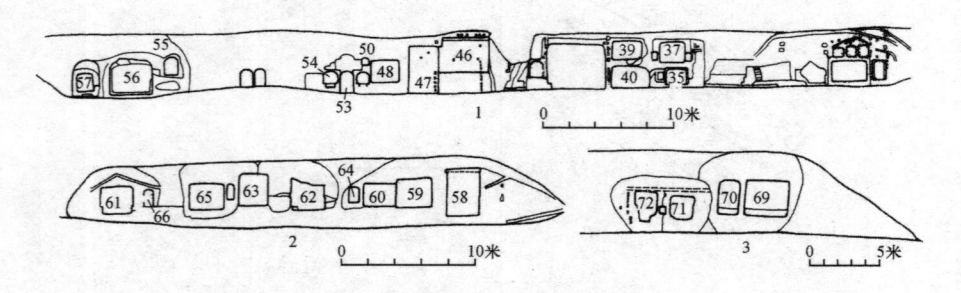

图 1.7　圆觉洞窟龛立面分布图（二）

1 为 35~57 号窟龛立面分布图　2 为 58~66 号窟龛立面分布图　3 为 69~72 号窟龛立面分布图

第一章 绪 论

毗卢洞（图1.8）位于县城东南50公里的石羊镇油坪子村塔子山（清代称龙归山）山腰。现有编号窟龛6个①，其中宋代窟龛4个，造像465尊，碑碣14通，题刻18件，古建筑1座。多为宋代造像。

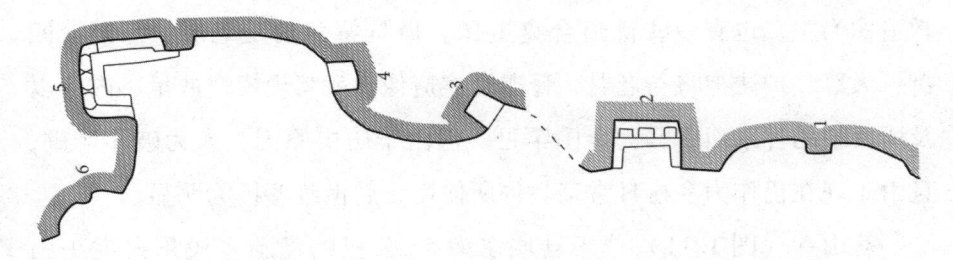

图1.8 毗卢洞窟龛连续平面示意图

华严洞（图1.9）位于县城东南56公里的石羊镇华严村箱盖山。文物通编19号，其中编号洞窟2个②，共有摩崖造像159尊，碑碣、题刻24通（件）。造像碑刻集中于华严洞和大般若洞两窟，绝大部分为两宋时期雕刻，少许明代补刻，其余皆为石牌坊和崖墓。20世纪90年代中期，大般若洞内罗汉头像在一夜之间被全部盗凿。

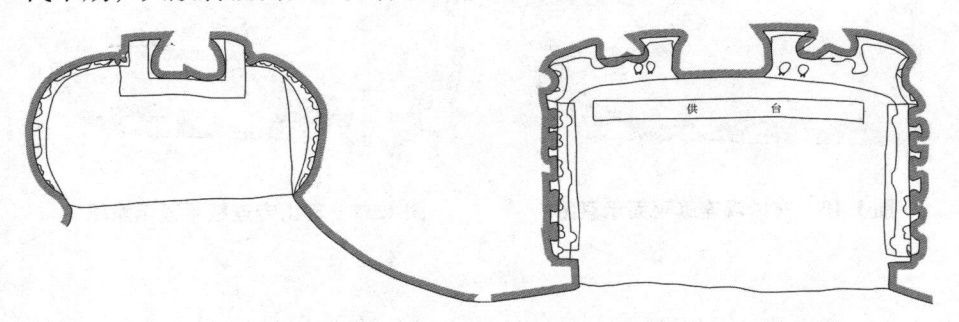

图1.9 华严洞与大般若洞连续平面示意图

---

① 刘长久. 也论安岳毗卢洞石窟——兼与曹丹、赵昑二君商榷[J]. 四川文物，1995（5）：37-43. （本书毗卢洞洞窟编号以安岳文物管理局所编序号为准）
② 本书中涉及此处洞窟直接以华严洞、大般若洞称之，不以编号称之。

玄妙观（图1.10）位于县城北20公里的鸳大镇玄妙村集圣山。道、佛联合造像，集中刻于山腰一高5.4米、周长40米的大石包周围。现有编号窟龛22个①，造像1293尊，唐碑4通，碑刻经文一卷。以道教造像为主，也有一些佛道合龛造像。最具特色的是老君、三清、四御、天尊、护法神将与老君、释迦合龛造像。就其规模、数量、内容以及所反映的神系而言，为全国罕见。但由于历史原因，人为破坏严重，且由于现在仍作为乡村日常宗教场所使用，后世妆銮极为明显。

茗山寺（图1.11）位于县城东南55公里的鼎新乡民乐村虎头山巅。文物通编13号②，编号洞窟8个，有摩崖造像63尊，圆雕造像31尊，碑碣、题刻27通（件）。大部分摩崖造像为宋代作品，亦有少量的明清造像。

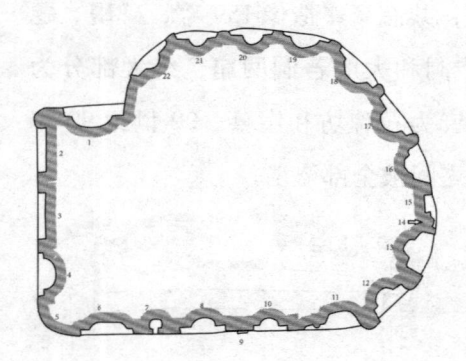

图1.10　玄妙观连续平面示意图 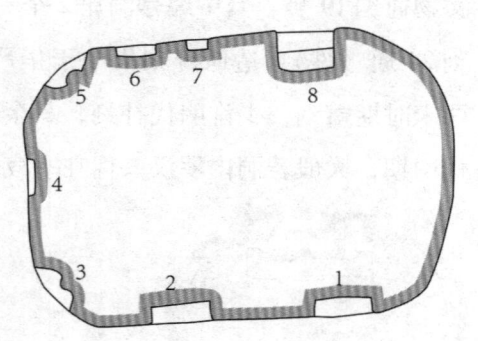　　　　图1.11　茗山寺连续平面示意图

---

① 本书玄妙观窟龛编号以安岳文物管理局所编最新序号为准，即现石窟之上的白色石灰加圈标号。
② 唐承义. 安岳名山寺摩崖造像［J］. 四川文物，1990（6）：46.（本书茗山寺洞窟编号以安岳文物管理局所编序号为准。）

<<< 第一章 绪 论

孔雀洞（图1.12、图1.13）位于县城东南55公里双龙街乡的孔雀山麓。文物通编8号，其中编号洞窟1个①，石刻造像75尊，经目塔一座，碑刻2块，造像石刻多为宋代作品，亦有清代石刻。

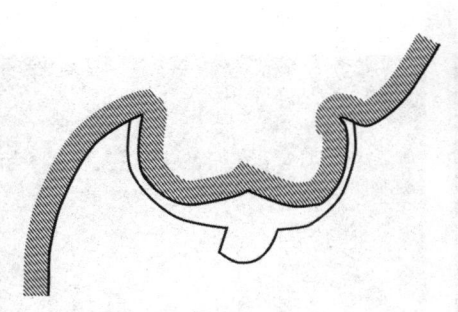

图1.12 孔雀洞平面示意图

图1.13 孔雀洞

除以上八处地点之外，根据保存现状及相关情况，本书还将讨论以下地点的窟龛造像材料。

高升大佛（含千佛岩、雷神洞）位于县城东南32公里的高升乡天佛村云龙山和天功山上。三处地点现共有编号龛刻16个，造像1576尊，碑刻题记11处，石牌坊

图1.14 高升大佛寺第1号龛

一座，造像集中刻于大佛寺、雷神洞和千佛岩。大佛寺位于云龙山顶，计有造像龛6个，另有两处题刻，其中1号龛（参见图1.14、图2.22）为宋代造华严三圣窟，保存较好，余者为宋以后龛刻。雷神洞位于天功山腰，有造像龛一个，因有雷神造像而得名雷神洞龛，内有造像十尊，

---

① 本书中涉及此处洞窟直接以孔雀洞称之，不以编号称之。

13

然已为后世妆銮，原貌不存。千佛岩位于云龙山腰，文物通编 15 号①，计有造像龛 7 个，有观无量寿经变、释迦说法、地藏、千佛等题材，并有大和、开成（827—840 年）等年号的题记，大多风化严重，比较重要且保存较好的有第 9、15 号龛（图 1.15、1.16）。

图 1.15　高升千佛岩第 9 号龛　　　图 1.16　高升千佛岩第 15 号龛

木鱼山（图 1.17）位于县城西南 36 公里的自治乡黄河村木鱼山山腰。现有编号龛像 23 个②，造像 770 尊，基本为唐代龛像，目前认为造像始凿于唐贞元元年（785 年），即第 23 号龛（参见图 2.74）。整个木鱼山造像题材广泛、内容丰富，如有释迦说法、西方净土变、观无量寿经变等，不过由于自然风化崩塌等原因，大部分龛像损毁严重，再加上后世妆銮较为严重，龛像原貌所存甚少。

---

① 本书千佛岩窟龛编号以安岳文物管理局所编序号为准，序号标注于龛口外侧。
② 本书木鱼山窟龛编号以安岳文物管理局所编序号为准，序号标注于龛口外侧。

图1.17　木鱼山一角

庵堂寺（图1.18、图1.19）位于县城东南38公里的林凤镇新坝村二社唐家坡山腰，依山势而建，大致坐南朝北，寺内崖壁上现存造像20余龛，编号22个①，主要集中在北面崖壁上（包括第1－20号龛），其东面崖壁上有两龛像（即为第21、22号龛），计有造像345尊，基本为五代龛像。②

→ 北

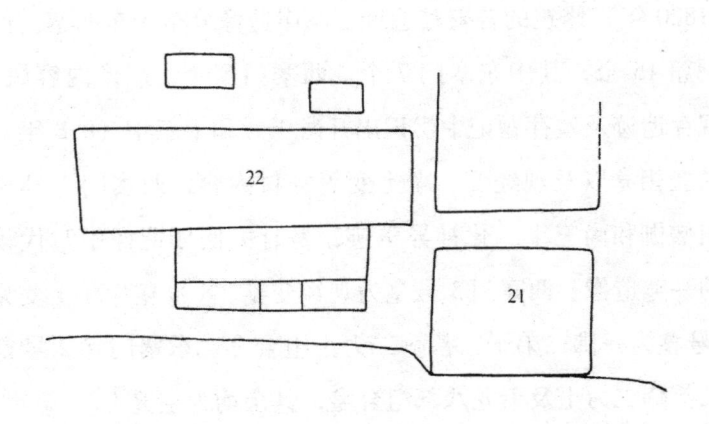

---

① 成都市文物考古研究所，安岳县文物局．四川安岳县庵堂寺摩崖造像调查简报[M]//成都市文物考古研究所．成都考古发现（2007）．北京：科学出版社，2009：608－617．（本书庵堂寺窟龛编号以安岳文物管理局所编序号为准）
② 安岳县地方志编纂委员会．安岳县志1986—2005[M]．成都：电子科技大学出版社，2011：748－776．（卧佛院等八处国保单位，高升大佛、木鱼山、庵堂寺三处省保单位部分数据源自此书）

15

安岳唐宋石窟研究 >>>

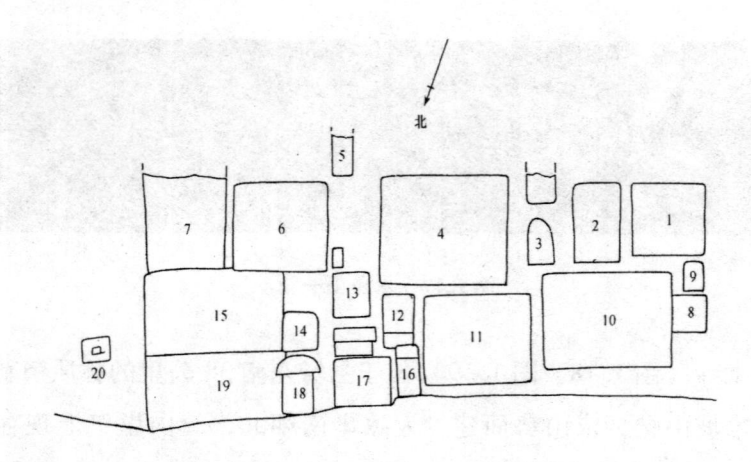

图 1.18 – 1.19　庵堂寺连续立面示意图①

　　西禅寺（图 1.20、图 1.21）位于县城东南 39 公里龙台镇白水村白云山，距龙台镇 10 公里，319 国道经过白云山，白云山顶有清嘉庆年间（1796—1820 年）修筑的普安寨遗址，摩崖造像分布于东西寨门两处，现有编号洞窟 15 个，其中东寨门 7 个，西寨门 8 个，造像内容风化严重，仅能从现存遗迹及残存题记中辨识出开凿于元和十三年（818 年）的泗州僧伽和尚变相龛以及观经变、净土变等题材内容，西寨门 1 号龛造像表现为泗州僧伽和尚三十二化神异事迹，是有关僧伽造像中时代较早、颇具典型的一龛造像。西寨门 3 号龛为观经变龛、8 号龛为净土变龛，西寨门 5、6 号龛为一佛二弟子二菩萨二力士组合龛。东寨门除 2 号龛为一佛二弟子二菩萨二力士及天龙八部组合龛，其余均为空龛②。

---

① 成都市文物考古研究所，安岳县文物局．四川安岳县庵堂寺摩崖造像调查简报[M]//成都市文物考古研究所．成都考古发现（2007）．北京：科学出版社，2009：608 – 609.

② 重庆大足石刻艺术博物馆，四川安岳县文物局．四川省安岳县西禅寺石窟调查简报[J]．艺术史研究．2008（10）：529 – 553．（本书西禅寺窟龛编号以安岳文物管理局所编序号为准）

16

<<< 第一章 绪 论

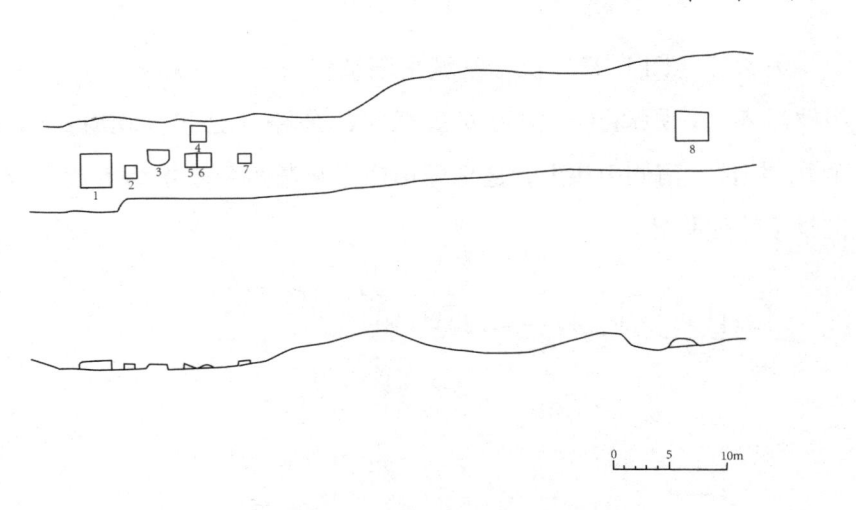

图1.20 西禅寺西寨门造像龛平立面图

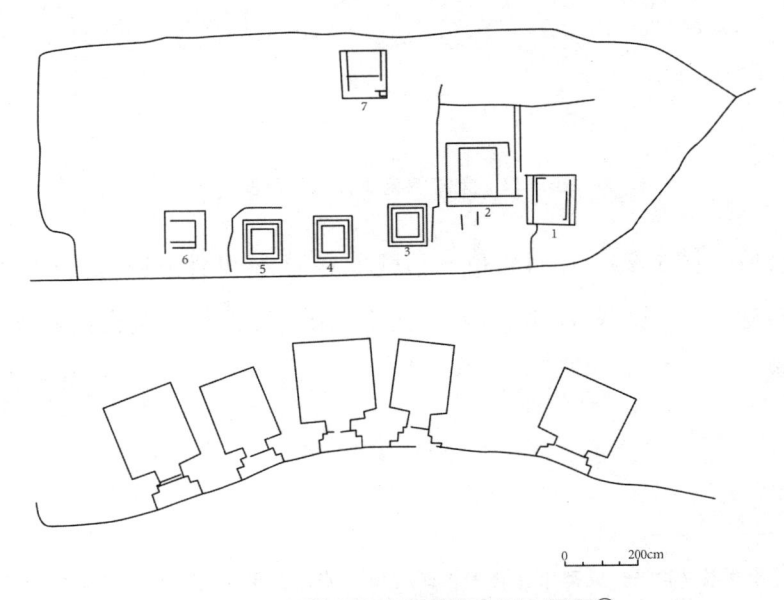

图1.21 西禅寺东寨门造像龛平立面图①

---

① 重庆大足石刻艺术博物馆，四川安岳县文物局．四川省安岳县西禅寺石窟调查简报[J]．艺术史研究．2008（10）：530，547．

17

灵游院（图1.22）位于县城岳阳镇安农管区（原城乡区）六村七组罗汉寺内，距离319国道安岳至成都公路7公里，现有编号龛15个①，均位于南侧山崖上，造像随山崖走势雕刻，基本为五代龛像，后世妆銮较为明显。

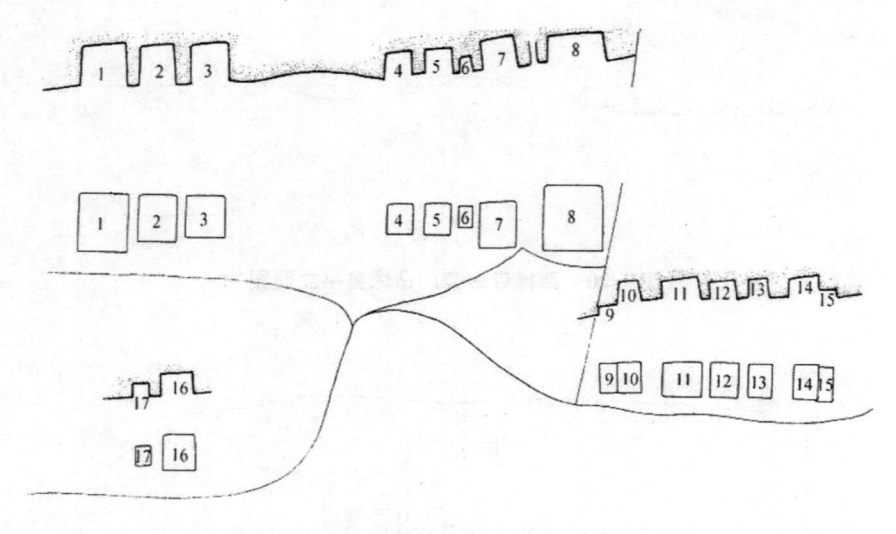

图1.22　灵游院龛像分布示意图②

塔坡（图1.23、1.24）位于县城东南41公里林凤镇塔坡村，现有编号窟龛3个，造像41尊，除1号窟为宋代开凿外，其余两龛均为清代造像。

---

① 安岳县文物局，成都市文物考古研究所．安岳县灵游院摩崖石刻造像调查简报［M］//成都市文物考古研究所．成都考古发现（2002）．北京：科学出版社，2004：432－441．（本书灵游院窟龛编号以安岳文物管理局所编序号为准）

② 安岳县文物局，成都市文物考古研究所．安岳县灵游院摩崖石刻造像调查简报［M］//成都市文物考古研究所．成都考古发现（2002）．北京：科学出版社，2004：432．

图1.23　塔坡第1号窟　　　图1.24　塔坡第1号窟平面示意图

封门寺赖佛岩阿弥陀佛窟（图1.25，参见图2.30）位于安岳县高升乡云光村赖佛岩，开凿于宋代，现有编号窟1个，大小造像20尊，除阿弥陀佛像外，均已风化残毁。

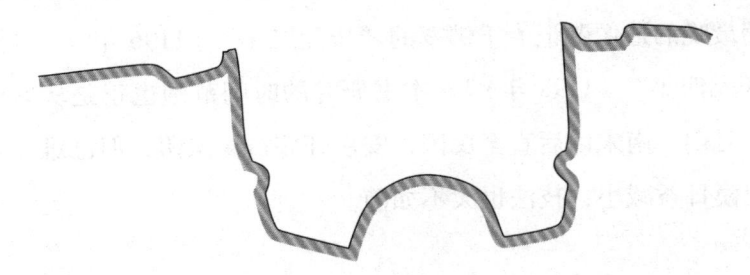

图1.25　阿弥陀佛窟平面示意图

安岳石刻始凿时间，有学者或依据《通志略》所记"梁招隐寺刹下铭（萧纶书普通二年普州）"[1]而判定为梁[2]，或依据原普州曾于北周时辖有"隆（崇）龛县"[3]而判定为北周[4]，或依据《安岳县志》有

---

[1] 郑樵. 通志略：金石略第一［M］. 上海：上海古籍出版社，1990：739.
[2] 安岳文物保管所. 安岳石刻［M］. 成都：四川省社会科学院出版社，1984.
[3] 李吉甫. 元和郡县图志：卷第三十三·剑南道下·普州［M］. 贺次君，点校. 北京：中华书局，1983：857－859.
[4] 王嘉祐. 安岳石窟与大足宝顶石窟［J］. 大足石刻研究通讯，1986（2）：32－36. 此处原文中王嘉祐应为四川省博物馆王家祐研究员姓名之误。

19

隋代寺庙及佛像而判定为隋①，此三说均过于牵强。一则三说中，梁说很难看出梁代碑铭与石窟造像有何关系，只可作为安岳地区早期佛教活动的证据，北周说"隆（崇）龛"得名与佛教龛像是否有关联并无文献记载，隋说寺庙与佛像的存在并不一定意味着开龛造像的开始。二则根据现存造像与题记，也未有证据可与三者相印证。目前安岳境内现存已发现的最早造像题记是千佛寨的唐"开元十年"（722年）与卧佛院的"开元十一年"（723年），境内卧佛院、千佛寨、玄妙观等就有十余处开元年间的题记，此外，全县还发现有天宝、乾元、贞元、开成等年号的题刻十余处。而根据题记材料以及造像相关情况，大致可判断安岳石刻盛于盛唐、五代和北宋，到南宋时，安岳石刻开始走向衰落，这一时期最晚的造像题记为千佛寨的"庆元二年"（1196年）②与圆觉洞的"庆元四年"（1198年）③。本书研究的时间范围也正是从盛唐至南宋这一时期。南宋以后直至民国，安岳开窟造像未辍，但已难复当年盛景，规模日益减小，技法也大不如前。

第二节 相关研究回顾与综述

最早记录安岳石窟的是南宋王象之的《舆地纪胜》，其卷一百五十八·普州·景物下条："大云山，在铁山门外二里许，上为栖岩寺，唐

---

① 傅成金. 安岳石刻造像的数量与始造年代 [J]. 四川文物, 1991（2）: 46-48.
② 有学者曾记录千佛寨存有嘉泰三年（1203年）造像题记（曾德仁. 四川安岳石窟的年代与分期 [J]. 四川文物. 2001（2）: 53-59.），但笔者实地考察中并未发现，故仅备为一说，书中未记入。
③ 李崇峰. 安岳圆觉洞窟群调查记 [C] // 重庆大足石刻艺术博物馆. 2005年重庆大足石刻国际学术研讨会论文集. 北京: 文物出版社, 2007: 565-577.

李洞读《易》洞在焉","千佛院,在城东灵居山,寺上有圆龟(觉)洞、葛仙洞、翼然亭,今名真相寺,皆镌石为佛像,形容奇古",又云"灵居山……其上为真相寺,有千佛龛"①。而在"碑刻"条中亦记道:"唐栖岩山寺赞铭序,唐开元戊辰(即开元十六年,728年),前刺史「宏」农杨令珪博陵崔克让及刺史房公失其名","唐西岩禅师受戒序,普州刺史韦忠开元十年(722年)建","聂公真龛记,在灵居山军事判官何光远撰广政四年(941年)建"②。此处,大云山,为栖岩寺即千佛寨所在地,灵居山,即今云居山,圆觉洞所在地。现栖岩山寺赞铭序已不存见;西岩禅师受戒序现存于千佛寨;聂公真龛记,位于圆觉洞。与王象之同时期的祝穆在其传世著作《方舆胜览》中,除了在"山川"条下简述了云居山(即灵居山,自此,相关方志皆作云居山)、大云山相关内容,还在"形胜"条下记述道:"普之秀以石。"③ 也当是对安岳石窟之精美的高度概括。后人在论及安岳山川名胜时,多以前两者为范本,进行记述④。之后数百年间,关于安岳石窟的记述则鲜见于文献了。

对安岳石窟的再调查始于20世纪50年代,1953年,史地学家张圣奘于《西南文艺》上撰文《大足安岳的石窟艺术》⑤,文中,张圣奘首

---

① 王象之.舆地纪胜:卷一百五十八·普州[M].北京:中华书局,2003:4289-4291.
② 王象之.舆地纪胜:卷一百五十八·普州[M].北京:中华书局,2003:4302-4304.
③ 祝穆.方舆胜览:卷之六十三·潼川府路·普州[M].祝洙,增订.施和金,点校.北京:中华书局,2003:1110.
④ 曹学佺.蜀中广记:卷五十四·蜀郡县地名通释第四·安岳县条[M].台北:商务印书馆,1969(21):16;故宫博物院.故宫珍本丛刊·四川府州县志第4册·乾隆安岳县志[M].海口:海南出版社,2001:53-54.
⑤ 张圣奘.大足安岳的石窟艺术[J].西南文艺,1953(7):40-45;刘长久.大足石刻研究[M].成都:四川省社会科学院出版社,1985:37-41.

次将安岳石窟与大足石刻放在一起进行比较研究，这一做法为后来之学者广泛接受。1956年，吴觉非发表了调查文章《四川安岳县的石刻》，文中对当时已发现的若干石窟地点如千佛寨、圆觉洞、华严洞、毗卢洞、孔雀洞等进行了简要介绍①。1962年，北京大学阎文儒教授在率全国石窟调查组全面系统地调查全国各地石窟过程中，对安岳石窟进行了初步考察，主要对千佛寨、圆觉洞、华严洞、毗卢洞、孔雀洞、三堆寺、老君洞、观音岩、城中乡等15处造像进行了考察并对其中部分地点部分洞窟进行了描述，留下了不少有意义的材料②。其后很长一段时间，由于种种原因，安岳石窟又泯然于山野之间。直到20世纪80年代初，安岳石窟才重新进入学者的研究视野，特别是卧佛院的再次发现③，使得对安岳石窟的研究进入一个新的阶段。中国社会科学院世界宗教研究所丁明夷研究员两度入川，踏查石窟遗迹，其中就包括安岳的华严洞、毗卢洞、茗山寺、庵堂寺、千佛寨、卧佛院、玄妙观、圆觉洞和净慧岩等地④；1980年7月，时为浙江美术学院美术史论研究生，后任教于厦门大学的洪惠镇教授赴安岳史地考察石窟遗迹，撰文记述了圆觉洞、毗卢洞、华严洞、千佛寨四处石窟，并初步比较了安岳石窟与大

---

① 吴觉非. 四川安岳县的石刻 [J]. 文物参考资料，1956 (5): 47-50.
② 阎文儒. 中国石窟艺术总论 [M]. 桂林：广西师范大学出版社，2003：78-79，322.
③ 陈儒珍. 在四川安岳县发现唐代巨大卧佛和石刻经文 [N]. 文汇报，1982-05-11 (2)；汪毅，石湍. 新发现的安岳摩崖释迦涅盘造像 [J]. 历史知识，1982 (5)：28；汪毅，李振廷. 新发现的巨型石刻卧佛 [J]. 人民画报，1983 (10)：28-29；刘学文. 新发现的安岳卧佛初探 [J]. 法音，1983 (4)：41-42.
④ 丁明夷. 四川石窟杂识 [J]. 文物，1988 (8)：46-48；丁明夷. 四川石窟概论 [M] //《宿白先生八秩华诞纪念文集》编辑委员会. 宿白先生八秩华诞纪念文集（下）. 北京：文物出版社，2000：455-473.

<<< 第一章 绪 论

足石刻的关系①；1982年12月，四川省文管会、四川省博物馆、安岳县文管所，联合调查了卧佛院、玄妙观、毗卢洞、华严洞、千佛寨、圆觉洞、茗山寺、净慧崖、石鼓千佛岩、香坛寺摩岩、木门寺等处，王嘉祐以此行的成果为基础成文《安岳石窟与大足宝顶石窟》②，重点讨论了安岳石窟开凿的时间、造像的系属、玄应以及卧佛院刻经。陕西省考古研究所的负安志也在1986年下半年出版的《考古与文物》第6期介绍了卧佛院、圆觉洞、华严洞、千佛寨、毗卢洞、净慧崖、玄妙观、茗山寺等处石窟，其中重点介绍了卧佛院、圆觉洞和千佛寨石窟群③。而来自四川省佛教协会的刘学文（法名胜文，号满慧）在考察了卧佛院之后向社会各界大力推广④，在一定程度上促进了社会各界对安岳石窟的认识和保护。此外，大足文物管理所的郭相颖、陈明光等学者考察安岳石刻，记录了当时考察相关洞窟如卧佛沟（即卧佛院）、圆觉洞、千佛岩（即千佛寨）、华严洞、茗山寺、毗卢洞等的情况，除对重点龛窟造像有简要记录外，尤其注意对碑刻铭文的收录，保留了大量珍贵的一手材料⑤。安岳县文物管理所也在这期间利用已有材料出版发行了一本小画册，对圆觉洞、千佛寨、卧佛院、毗卢洞、华严洞、茗山寺、玄妙观进行了简单介绍⑥。之后一直到20世纪末，对于安岳石窟的调查记

---

① 洪惠镇. 四川安岳四处重要佛教石刻——兼谈安岳与大足石刻的关系［J］. 美术史论，1994（1）：36-46.（洪惠镇于1980年至安岳考察，同年即撰写初稿，1992年再加修改，1994年始发表。同篇文章亦刊于《美术史论》1994年第4期。）
② 王嘉祐. 安岳石窟与大足宝顶石窟［J］. 大足石刻研究通讯，1986（2）：32-36.（此处原文中王嘉祐应为四川省博物馆王家祐研究员姓名之误。）
③ 负安志. 安岳石窟寺调查记要［J］. 考古与文物，1986（6）：45-52.
④ 刘学文. 新发现的安岳卧佛初探［J］. 法音，1983（4）：41-42.
⑤ 郭相颖，陈明光. 安岳石刻考察纪实［M］//重庆大足石刻艺术博物馆，大足县文物保管所. 大足石刻研究文集. 重庆：重庆出版社，1993：308-338.
⑥ 安岳县文物管理所. 安岳石刻［M］. 成都：四川省社会科学院出版社，1984.

23

录活动多为四川尤其是安岳本地学者所做，考察主要以介绍安岳石窟相关重要地点为主并开始尝试对安岳石窟中若干典型问题进行讨论，如当时供职于四川省社会科学院的胡文和、刘长久二位学者，对卧佛沟、圆觉洞、毗卢洞、玄妙观等进行了记录并对相关题材内容进行了研究①。胡文和除了调查记录外，也十分注意对安岳与大足关系的研究②；刘长久则在多年考察研究的基础上，于1997年出版了《安岳石窟艺术》一书，书中以图片的形式较为全面地介绍了安岳各主要石窟地点，最重要的是，书中《安岳石窟艺术概论》一文首次尝试对安岳石窟整体进行分期断代③。四川省博物馆研究员王家祐对安岳玄妙观道教石窟颇为重视④，并在全面考察安岳石窟的基础上对安岳石窟的源流进行了初步探

---

① 胡文和，李官智．试论安岳卧佛沟唐代涅槃变相图 [J]．四川文物，1984（4）：36 – 39；胡文和，陈昌其．浅谈安岳圆觉洞摩崖造像 [J]．四川文物，1986（1）：22 – 25；胡文和，李官智．安岳卧佛沟唐代石经 [J]．四川文物，1986（2）：20 – 25；胡文和，刘长久．大足与安岳石窟某些造像的比较 [J]．四川文物，1986（S1）：66 – 69；胡文和．论地狱变相图 [J]．四川文物，1988（2）：20 – 26；胡文和．四川摩崖造像中的涅槃变 [J]．考古，1989（9）：850 – 855；胡文和．安岳、大足"柳本尊十炼图"题刻和宋立《唐柳居士传》碑的研究 [J]．四川文物，1991（3）：42 – 47；胡文和．关于四川道教摩崖造像中的一些问题——与王家祐先生商榷 [J]．敦煌研究，1991（1）：39 – 47；胡文和，曾德仁．四川道教石窟造像 [J]．四川文物，1992（1）：31 – 39；胡文和，曾德仁．四川道教石窟造像（续）[J]．四川文物，1992（2）：39 – 47；胡文和．四川安岳卧佛沟唐代石刻造像和佛经 [J]．文博，1992（2）：3 – 11，86；刘长久．也论安岳毗卢洞石窟——兼与曹丹、赵聆二君商榷 [J]．四川文物，1995（5）：37 – 43；胡文和．安岳石窟艺术专辑 [J]．艺术家，1996（10）；胡文和．四川石窟华严系统变相的研究 [J]．敦煌研究，1997（1）：90 – 95；胡文和．四川与敦煌石窟中的"千手千眼大悲变相"比较研究 [J]．台湾大学文学院佛学研究中心学报，1998（7）：291 – 330．

② 胡文和．安岳大足佛雕 [M]．台北：艺术家出版社，2000．（该书还在2009年作为《佛教美术全集》第9册由文物出版社出版。）

③ 刘长久．安岳石窟艺术 [M]．成都：四川人民出版社，1997．

④ 王家祐，丁祖春．四川道教摩崖石刻造像 [J]．四川文物，1986（S1）：55 – 60，88；王家祐．四川道教摩崖造像述议 [J]．敦煌研究，1987（2）：96 – 103．

讨①；供职于安岳县文物管理所（安岳县文物局之前身）的彭家胜、唐承义、李官智、傅成金等人，在这一时期也凭借自身工作便利对相关重要地点进行专门考察并予以介绍②，同时也对一些问题进行了有益研究③。此外，四川省文物管理委员会（后为四川省文物考古研究所）的曹丹、赵晗、于春④，四川美术学院教授赵树同⑤，大足县文物管理所（后为大足石刻艺术博物馆）的王熙祥、黎方银、陈明光、邓之金、周

---

① 王家祐. 安岳石窟造像 [J]. 敦煌研究, 1989 (1): 45-53.
② 彭家胜. 四川安岳卧佛院调查 [J]. 文物, 1988 (8): 1-13, 30; 唐承义. 千佛寨摩崖造像 [J]. 四川文物, 1989 (2): 35-38; 唐承义. 安岳名山寺摩崖造像 [J]. 四川文物, 1990 (6): 46; 唐承义. 安岳玄妙观道教摩崖造像 [J]. 四川文物, 1992 (6): 63-64; 傅成金, 唐承义. 四川安岳石刻普查简报 [J]. 敦煌研究, 1993 (1) 37-52; 李官智. 安岳华严洞石窟 [J]. 四川文物, 1994 (3): 40-43.
③ 傅成金. 安岳石刻造像的数量与始造年代 [J]. 四川文物, 1991 (2): 46-48; 傅成金. 安岳石刻之玄应考 [J]. 四川文物, 1991 (3): 48-50; 傅成金. 再识安岳圆觉洞摩崖造像 [J]. 四川文物, 1991 (6): 36-41; 傅成金. 安岳石刻《柳居士十炼窟》内容初探 [J]. 四川文物, 1996 (4): 44-47; 李官智. 简述安岳石窟艺术造像风格 [J]. 四川文物, 2001 (1): 69-70.
④ 曹丹. 安岳卧佛研究 [J]. 成都文物, 1984 (4): 39-41; 曹丹. 安岳卧佛院卧佛刻经与题记 [J]. 四川文物, 1990 (2): 49-53; 曹丹, 赵晗. 安岳毗卢洞石窟调查研究 [J]. 四川文物, 1994 (3): 34-39; 曹丹. 安岳卧佛为何左侧 [J]. 文史杂志, 1997 (2): 70-71; 曹丹, 于春. 四川石窟寺大系——四川安岳卧佛院唐代刻经窟 [M]. 成都: 天地出版社, 2009.
⑤ 赵树同. 安岳石窟与大足石窟的雕刻艺术研究 [J]. 四川文物, 1986 (S1): 54, 76-78.

正勇①，安岳县文化馆的汪毅、白中培②等学者在调查推介安岳石窟以及进一步深化前人调查研究工作等方面做出了各自的贡献，尤其是来自大足的研究者开始更多地关注大足对安岳的影响。以上考察研究活动中，调查最为详备细致、材料最为丰富的当属安岳县文物管理所（即安岳县文物局之前身）的彭家胜、唐承义、李官智、傅成金等本地文物工作者，而研究最为深入、论述最为广泛的则是胡文和、刘长久二位学者。不过，由于受当时环境和条件限制，或因文章重点不同，或因专业知识欠缺，以上这些对安岳石窟的介绍和研究大多还是不够全面或有讹误之处③。

在国内学者对安岳石窟进行种种考察并进行研究的同时，西方一些从事东亚艺术史和中国美术史的学者，随着20世纪八九十年代掀起的研究中国西南地区（主要是四川地区）石窟造像的热潮，也开始把目光投向安岳地区。这一期间，时有欧美学者访问考察四川各地的石窟造像，足迹覆盖了广元、巴中、大足等地，安岳石窟也因之得到了有关的

---

① 王熙祥，黎方银. 安岳、大足石窟中《柳本尊十炼图》比较 [J]. 四川文物，1986 (S1)：84-88；陈明光，邓之金. 试述大足石刻与安岳石刻的关系 [J]. 四川文物，1986 (S1)：79-83；周正勇，林品强. 安岳卧佛侍者像辨析 [J]. 四川文物，1990 (1)：60-62；邓之金. 安岳圆觉洞"西方三圣"名称问题探讨 [J]. 四川文物，1991 (6)：34-36；邓之金. 安岳卧佛院摩崖造像上限年代探讨 [J]. 四川文物，1993 (2)：36-40；陈明光. 四川摩岩造像柳本尊化道"十炼图"由来及年代探索 [J]. 四川文物，1996 (1)：33-39；李良，邓之金. 安岳卧佛院窟群总目 [J]. 四川文物，1997 (4)：38-46.

② 汪毅. 安岳石刻造像初探 [J]. 文史杂志，1986 (3)：60-61；汪毅. 初论安岳石刻研究的角度 [J]. 文史杂志，1992 (5)：39；汪毅. 中国佛教与安岳石刻艺术 [M]. 北京：中国旅游出版社，1992；白中培. 安岳毗卢洞 [J]. 四川文物，1987 (3)：34-35.

③ 除去这些相对专业的人士对安岳石窟的考察，还有若干社会人士也对安岳石窟进行了一定的考察，但限于自身知识结构与背景，这些人士的考察多停留在文学、艺术等层面，对石窟的考古学研究无甚帮助，故不予考虑。

重视。这些欧美学者间或有研究成果发表，其中以美国罗格斯大学教授何恩之（Angela F. Howard）的 *Tang Buddhist Sculpture of Sichuan: Unknown and Forgotten*（《鲜为人知的、被遗忘的四川唐代佛教雕刻》）一文最具代表性也最为重要，此文论及四川多处唐代石窟造像遗迹，其中就包括了安岳石窟①。另外，如丹麦学者亨里克·H. 森森（Henrik H. Srensen）撰文介绍了茗山寺的宋代造像②。他们从艺术史研究的角度对这些石窟（包括安岳石窟）进行考察研究，虽然这与考古学的理论方法有所不同，但他们的研究成果依然具有一定的参考价值。

进入 21 世纪，随着安岳石窟的重要性越来越为学界所认知，越来越多的专业学术机构和相关学者投入到安岳石窟的调查研究工作中，安岳石窟研究掀开了崭新的一页。

2001 年，时为四川省文物考古研究所研究员，后为《四川文物》编辑部主任的曾德仁在累年所积材料的基础上写了《四川安岳石窟的年代与分期》一文③，主要依据造像碑刻题记将安岳境内石窟分为盛唐、中晚唐、前蜀、后蜀、北宋、南宋六期，虽然这样的分期于考古学角度意义不大，但是依然为后人做分期研究提供了参考。

2002 年 11 月，北京大学与四川省文物局联合开办佛教石窟考古研究生班，将安岳县圆觉洞作为实习地点，北京大学考古文博学院教授、吾师李崇峰先生④等指导实习班学员历时近两个月，对圆觉洞摩崖造像

---

① HOWARD A F. Tang Buddhist Sculpture of Sichuan: Unknown and Forgotten [J]. Bulletin of Far Eastern Antiquities, 1988 (60): 39 – 42.
② SRENSEN H H. Buddhist Sculptures from the Song Dynasty at Mingshan Temple in Anyue, Sichuan [J]. Artibus Asiae, 1995, 55 (3/4): 281 – 302.
③ 曾德仁. 四川安岳石窟的年代与分期 [J]. 四川文物, 2001 (2): 53 – 59.
④ 李崇峰. 安岳圆觉洞窟群调查记 [C]//重庆大足石刻艺术博物馆. 2005 年重庆大足石刻国际学术研讨会论文集. 北京：文物出版社, 2007: 565 – 577.

做了较为详细的调查记录。相关内容在经过整理者2007年、2008年两次补充调查后形成报告，并结集出版①。

此后，北京大学中国考古学研究中心、四川省文物考古研究院、成都市文物考古研究所、安岳县文物局、大足石刻艺术博物馆、西南民族大学石窟艺术研究所等单位在安岳县境内多处如灵游院、庵堂寺、卧佛院、西禅寺、玄妙观等遗址进行了细致的实地调查记录，并形成考古简报或报告②。这些报告、简报，对于后来者了解和研究安岳石窟提供了极大的便利与帮助。

随着基础工作的开展，学者们开始把目光转向更深层次的专题研究。如前所提美国学者何恩之在其 Summit of Treasures：Buddhist Cliff Sculpture of Dazu，China（《宝顶：中国大足摩崖石刻》）中对大足宝顶山圆觉洞等造像与安岳华严洞与毗卢洞等造像的关系以及所反映出的宗教性质等问题进行了研讨③；中国社会科学院世界宗教研究所研究员张

---

① 王剑平，雷玉华，傅成金. 四川安岳圆觉洞造像的初步研究［M］//成都文物考古研究所. 成都考古研究（二）. 北京：科学出版社，2013：320-356.（报告部分内容以研究文章的形式先行发表在了该书上。）

② 安岳县文物局，成都市文物考古研究所. 安岳县灵游院摩崖石刻造像调查简报［M］//成都市文物考古研究所. 成都考古发现（2002）. 北京：科学出版社，2004：432-441；北京大学中国考古学研究中心，成都市文物考古研究所，安岳县文物局. 安岳卧佛院调查简报［M］//成都市文物考古研究所. 成都考古发现（2006）. 北京：科学出版社，2008：352-408；刘健. 四川省安岳县庵堂寺摩崖造像调查简报［J］. 四川文物，2008（6）：26-27；成都市文物考古研究所，安岳县文物局. 四川安岳县庵堂寺摩崖造像调查简报［M］//成都市文物考古研究所. 成都考古发现（2007）. 北京：科学出版社，2009：608-617；重庆大足石刻艺术博物馆，四川安岳县文物局. 四川省安岳县西禅寺石窟调查简报［J］. 艺术史研究，2008（10）：529-553；曾德仁. 四川安岳县玄妙观道教摩崖造像［J］. 四川文物，2014（4）：83-90；大足石刻研究院，等. 安岳卧佛院考古调查与研究［M］. 北京：科学出版社，2014；徐胭胭，王磊，李耘燕，等. 四川安岳县茗山寺石窟调查简报［J］. 四川文物，2015（30）：23-31，100-101.

③ HOWARD A F. Buddhist Cave of Dazu, China［M］. Bangkok：Orcbid Press，2001：136.

总对安岳地区有关地藏信仰的洞窟进行了系统梳理和研究①；重庆大足石刻博物馆副研究员陈明光对大足、安岳等地石刻中有关《柳本尊传碑》中所记载的"天福"年号做了考证②；胡文和对安岳柳本尊造像以及宋代华严经系统造像源流和宗教意义进行了新探索③；中国艺术研究院美术研究所的金申对卧佛院涅槃像进行了更深入的解读④；成都文物考古研究所的张雪芬与四川威远县文物保护管理所的李艳舒对安岳卧佛院第4号龛题记与相关问题进行了探讨⑤；成都博物馆的雷玉华对安岳卧佛院中的几龛瑞像进行了研究⑥。这些专题研究使安岳石窟研究迈上了一个新的台阶，不断地拓展延伸着安岳石窟研究的广度与深度。另外，安岳石窟研究的深入也吸引了更多国外学者的参与，如2008年，中德合作对圆觉洞10号窟进行保护与研究；2010年起，德国海德堡大学雷德侯教授牵头的"海德堡科学院中国佛教石经项目"小组开始在卧佛院对相关刻经进行调查，部分研究成果已发表⑦。

---

① 张总. 地藏信仰研究［M］. 北京：宗教文化出版社，2003：194-197；张总，廖顺勇. 四川安岳圣泉寺地藏十王龛像［J］. 敦煌学辑刊，2007（2）：41-49.

② 陈明光.《宋刻<唐柳本尊传碑>校补》文中"天福"纪年的考察与辨正——兼大足、安岳石刻柳本尊"十炼图"题记"天福"年号的由来探疑［J］. 世界宗教研究，2004（4）：22-28.

③ 胡文和. 安岳大足石窟中"川密教祖"柳本尊造型分类［M］//重庆大足石刻艺术博物馆，重庆大足石刻研究会. 大足石刻研究文集（5）. 重庆：重庆出版社，2005：228-235；胡文和. 大足、安岳宋代华严系统造像源流和宗教意义新探索——以大足宝顶毗卢道场和圆觉洞图像为例［J］. 敦煌研究，2009（4）：47-54.

④ 金申. 四川安岳涅佛像的解读及重修时代［J］. 四川文物，2006（5）：85-89.

⑤ 张雪芬，李艳舒. 安岳卧佛院第4号龛题记与相关问题［J］. 四川文物，2011（6）：51-56.（同文还见于《成都考古研究 二》）

⑥ 王剑平，雷玉华. 四川唐代摩崖造像中部分瑞像的辨识［M］//成都文物考古研究所. 成都考古研究（二）. 北京：科学出版社，2013：307-319.

⑦ 王永波，雷德侯. 中国佛教石经：四川省第一卷［M］. 杭州：中国美术学院出版社，2014；蔡穗玲，孙华. 中国佛教石经：四川省第二卷［M］. 杭州：中国美术学院出版社，2014.

2013年左右，四川大学考古学系以国家社科基金重大项目"西南唐宋石窟寺遗存的调查与综合研究"为支持，开始组织师生对四川省内各地的中小型石窟进行大规模的考古调查，其中就包括了安岳县境内的多处石窟地点。他们与成都市文物考古研究所、安岳县文物局等多家地方专业文物单位合作，运用科学的石窟寺考古理论与方法，对安岳石窟进行了较为全面细致的调查研究，相关工作独树一帜，颇为业内所关注。一部分调查成果以简报的形式于2015年前后开始见诸相关学术期刊[1]，进一步推动了安岳石窟的学术研究工作。同时，他们也利用手头丰富的调查资料，培养了一批石窟寺考古人才，为未来深入研究安岳石窟打下了良好的基础。

以上各时期对于安岳石窟的研究，使得安岳石窟部分重要洞窟的雕凿时代、内容特点得到了比较详细的归纳和整理，不过对于安岳石窟整体窟龛造像的年代分期，还有待进一步的深入研究。

---

[1] 四川大学考古学系，成都文物考古研究所，安岳县文物局. 四川安岳岳阳镇菩萨湾摩崖造像调查简报[J]. 敦煌研究, 2016（3）：35-45；四川大学考古学系，成都文物考古研究所，安岳县文物局. 四川安岳高升乡千佛岩摩崖造像调查报告[J]. 南方民族考古, 2016（12）：255-276；四川大学考古学系，四川大学考古学实验教学中心，成都文物考古研究所，等. 四川安岳上大佛摩崖造像调查简报[J]. 敦煌研究, 2017（4）：1-13；四川大学考古学系，四川大学考古学实验教学中心，成都文物考古研究所，等. 四川安岳舍身岩摩崖造像调查报告[J]. 敦煌研究, 2017（4）：14-26；四川大学考古学系，成都文物考古研究所，安岳县文物局. 四川安岳林凤侯家湾摩崖造像调查简报[J]. 文物, 2017（5）：72-84；四川大学考古学系，成都文物考古研究所，安岳县文物局. 四川安岳长河源石锣沟摩崖造像调查简报[J]. 文物, 2017（9）：74-96；四川大学考古学系，四川大学考古学实验教学中心，成都文物考古研究所，等. 四川省安岳县偏岩乡佛岩摩崖造像调查报告[J]. 南方民族考古, 2017（15）：37-52；四川大学考古学国家级实验教学示范中心，成都文物考古研究所，安岳县文物局. 四川安岳高升大佛寺、社皇庙、雷神洞摩崖造像调查简报[J]. 文物, 2018（6）：80-91；四川大学考古学国家级实验教学中心，成都文物考古研究所，安岳县文物管理局. 四川安岳人和云峰寺摩崖造像调查简报[J]. 文物, 2019（4）：73-87.

第三节 资料来源与研究方法

本书的资料主要为笔者在安岳县境内多处石窟地点的实地调查所得，不仅包括已经发表但未详尽研究的有关石窟中窟龛造像的形制、造像、题材、装饰纹样等的材料，还包括以往未见发表的石窟龛像的相关内容。通过田野调查、文字记录、图标绘制、照片拍摄等手段，尽可能完整地记录现场观察到的外壁形貌、窟龛内容及各种遗迹现象。此外，在占有大量第一手资料的基础上，整理、参考已经出版的调查简报、考古报告、图版图录[①]等，并搜集有关历史及佛教文献典籍、文学作品、碑刻题记材料等，力图为进一步考量石窟造像背后的历史、社会问题提供更多材料支撑和有力参考。

本书拟用考古类型学的方法，对材料进行系统分析，提取具有分期意义的因素，排队分组，找出变化规律，划分时代。对安岳地区具有代表性且保存完好、可供分析的窟龛造像进行分类考察，逐类分析，对形制布局、造像特征、题材组合等进行分组排比，探析其变化序列，进而梳理出安岳地区石窟的发展线索和各阶段特征，在此基础上，分析窟龛造像中的各类元素的变化轨迹及其出现的先后关系。

在基本厘清安岳石窟雕凿年代之后，将其放入时空大背景之下，通过对相关石窟雕凿特点、佛教信仰内容、社会经济发展与家族传统

[①] 因写作时效等原因，本书目前所引用的简报、报告均为2015年之前发表，2015年之后发表简报的相关石窟地点并未参与本文材料排比及相关应用。

延续等问题的比较研究，结合相关政治史、佛教史，进一步分析唐、五代、宋各时期内，安岳地区的佛教流布情况以及其与周边地区，如中原北方地区和川北广元、巴中地区以及重庆大足地区相关石窟造像的关系。

第二章

安岳唐宋窟龛造像的分期与年代

第一节 安岳唐宋窟龛造像的类型

　　安岳地区现存唐宋时期洞窟中，大多数形制基本保存完好，造像组合也大多能推测出大概，但造像本身，由于自然因素、人为破坏以及后世妆銮，有相当一部分已难辨原貌。根据洞窟建筑结构的特点，以洞窟规模是否能够容纳人进入其中进行礼拜活动为标准[①]，将相关遗迹分作窟与龛两种主要类型。安岳地区大窟分布相对集中，但龛的分布复杂凌乱，保存状况不佳，所以本书将以窟龛较为集中的地点为主要考察点，同时依据相关窟龛现状，选取保存良好、特征明显的标本，采用考古类型学的方法，分别对这些窟龛的形制、造像题材及组合、造像特征、装饰纹样以及其他尚可辨识开凿时原貌的造像遗迹逐一考察，进行考古类型学排比分析，进而找出洞窟的先后发展演变序列，在此基础上进行考

---

① 具体到本书中，将窟口宽、高均大于或等于1.5米，进深大于1.2米的洞窟归为窟，余下的归为龛。

古学研究。

一、窟的类型

窟只占安岳石窟中的一小部分，但大窟造像往往可以代表一地佛教艺术的最高水平，所以窟在安岳石窟中仍占有十分重要的地位。先对窟的内容进行讨论有利于研究的进行。根据上文标准，可供本书进行分期断代的窟有60个[①]，以下就逐项进行类型分析。

（一）窟的形制

依据功能以及窟形结构的差异，安岳大窟可分为刻经窟、佛殿窟、大像窟三类，以下将依次分析。

1. 刻经窟

刻经窟即指那些窟内主要造像内容为刻经、基本无其他石刻造像内容的洞窟，平面基本为方形或近方形，窟口亦近方形，大多后壁略宽于窟口，平顶，各壁及顶交界处基本为直角[②]。这类窟在安岳主要集中于八庙卧佛院，所处位置相近，区别在于有的窟在凿造结束后一并完成了刻经，有的窟凿造结束时发现壁面不适合或部分不适合刻经而未能完成刻经，有的甚至未能完全完成凿造即被放弃。根据窟平面及窟口设计的不同，可分为三型。

A型：带前壁和门道，内室平面近方形，整体平面呈倒"凸"字

---

① 卧佛院第1、2、29、33、46、51、58、59、65、66、71、72、73、75、76、81、83、84、85、109、110、116、119号窟，千佛寨第8、28号窟，圆觉洞第7、9、10、13、14、21、22、23、33、35、39、40、42、47、56、59、60、63、65、67、69号等窟，毗卢洞第1、2、5、6号窟，孔雀洞，茗山寺第2、3、5、8号窟，封门寺阿弥陀佛窟，塔坡第1号窟，大佛寺第1号窟，华严洞，大般若洞。

② 部分刻经窟内现存龛像为后期补凿，而非初始设计，故考察时先不予考虑。

形，仅卧佛院第 46 号（图 2.1）窟一例①。

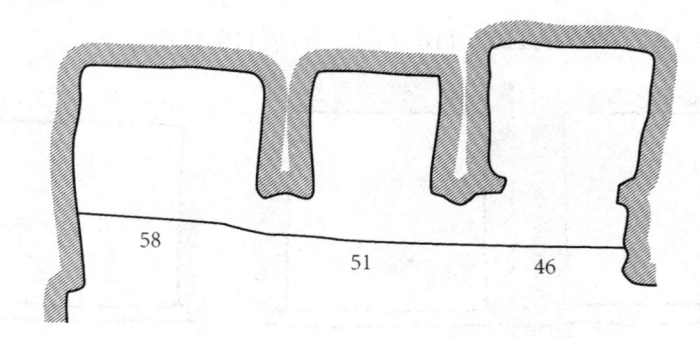

图 2.1　卧佛院第 58-51-46 号窟平面示意图②

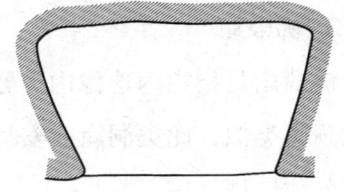

图 2.2　卧佛院第 29 号窟平面示意图　　**图 2.3　卧佛院第 84 号窟平面示意图**

B 型：单层窟口，平面方形或近方形，有的近似梯形③，12 个，即卧佛院第 29（图 2.2）、33、51、58、59、65、72、73④、75、76、81、84（图 2.3）号窟。

C 型：双层窟口，平面方形或近方形，有的进深较深，为纵长方

---

① 卧佛院第 46 窟顶部早先为平顶，后改为人字坡顶，改痕明显。
② 本书中标注为各窟龛示意图者均为笔者根据实际情况自绘。
③ 仅两例，即卧佛院第 84 与 89 号窟，均位于南崖 F 区，相距不远，两窟窟口与后壁宽度相差近 100 厘米，且窟内进深仅为后壁宽的一半左右。
④ 卧佛院第 72 号内有晚期补凿龛像，73 号窟内刻有千佛。

形①，有的为双窟设置②，10个，即卧佛院第1、2（图2.4）、66、71③、83、85、109④、110、116（图2.5）、119号窟。

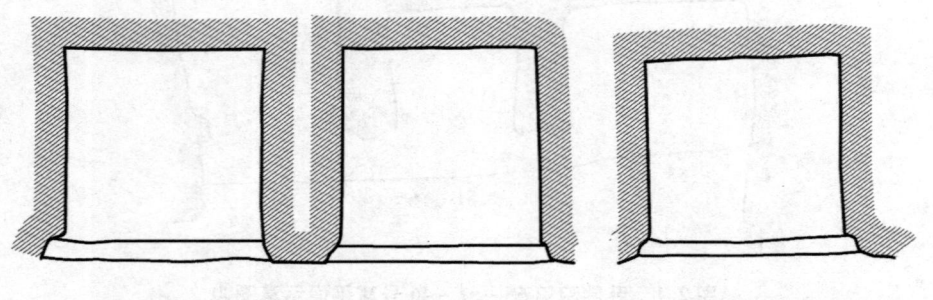

图2.4　卧佛院第1、2号窟平面示意图

图2.5　卧佛院第116号窟平面示意图

2. 佛殿窟

佛殿窟是指窟内造像内容题材丰富，造像数量众多，布局与地上佛殿的洞窟类似，此类洞窟在安岳地区较为多见，平顶，依据窟内平面差异可分为二型。

A型：平面前半近横长方形或长方形，后半部作圆弧状，一般为长方形窟口，或为双层窟口，体量较大，依照窟内布局又可分为二式：

Ai式：平面前半近横扁长方形，后壁弧度较大，近半椭圆形，正壁直接造像或起坛设座造像，侧壁或开龛，周满饰千佛，4个，即千佛

---

① 仅两例，即卧佛院第83号与85号窟，均位于南崖F区，两窟位置相邻、窟底平齐、共用同一长方形外窟口、窟内平面形状基本一致，似为统一规划的双窟。
② 如卧佛院第1、2号窟，第109、110号窟。
③ 卧佛院第71号窟内有晚期补凿龛像。
④ 卧佛院第109窟窟口风化严重，情况不明，但根据外立面、窟内形制及窟内连贯一致的刻经，可判断其与110为同时规划开凿的双窟，110窟窟口残存迹象显示其为双层，则109窟也应为双层。

寨第 8[①]、28 号（图 2.6）、圆觉洞第 42（图 2.7）、47 号窟[②]。

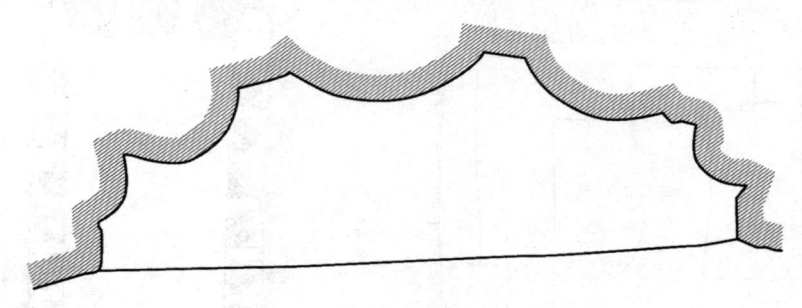

图 2.6　千佛寨第 28 号窟平面示意图

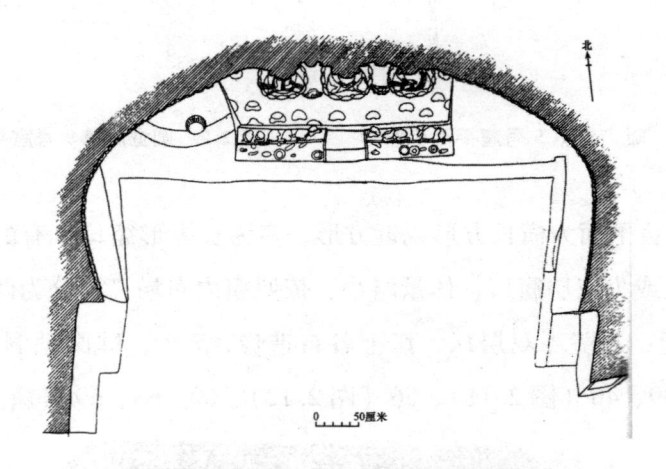

图 2.7　圆觉洞第 42 号窟平面实测图[③]

Aii 式：平面前半近长方形，窟内正壁开通壁坛或三壁环坛，5 个，即毗卢洞第 2、5（图 2.8）号，华严洞，圆觉洞第 9 号（图 2.9）窟，大般若洞。

[①] 千佛寨第 8 号窟现存造像均为宋代改凿，平面当改动不大。
[②] 圆觉洞第 42 号窟地面疑似经过二次下凿，形成三壁环坛，第 47 号窟壁面造了大量菩萨，暂归入此式。
[③] 本书中所有标注为圆觉洞洞窟实测图均采自王剑平，雷玉华，傅成金. 四川安岳圆觉洞造像的初步研究 [J]. 成都考古研究（二），2013：320－356.

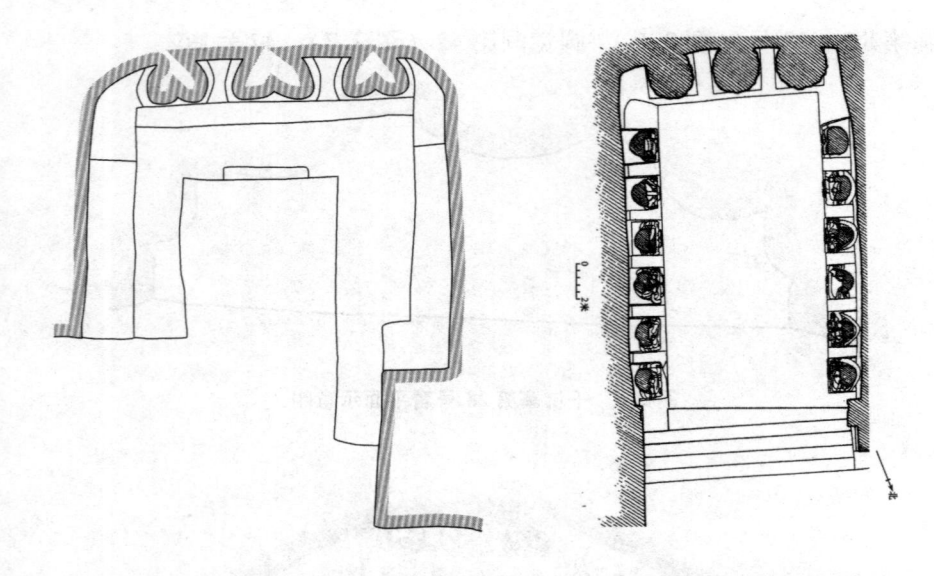

图 2.8　毗卢洞第 5 号窟平面示意图　　　　图 2.9　圆觉洞第 9 号窟平面实测图

B 型：平面为横长方形或近方形，多为长方形窟口，有的窟口上角为圆角，或为双层窟口，体量略小，依照窟内布局又可分为四个亚型：

Bi 型：三壁环双层坛，坛上各自造像，7 个，即圆觉洞第 33（图 2.10）、39、40（图 2.11）、56（图 2.12）、60、63、69 号窟。

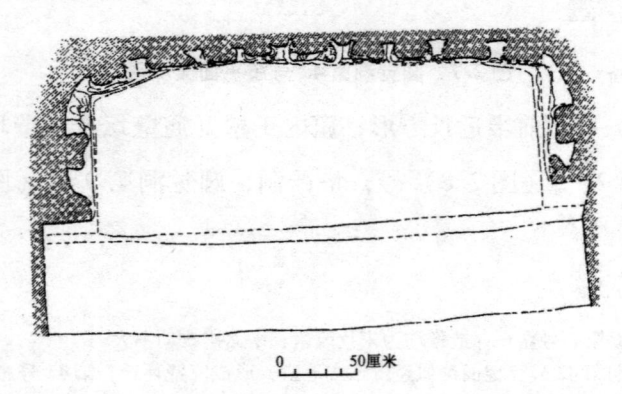

图 2.10　圆觉洞第 33 号窟平面实测图

<<< 第二章 安岳唐宋窟龛造像的分期与年代

图2.11 圆觉洞第40号窟平面实测图

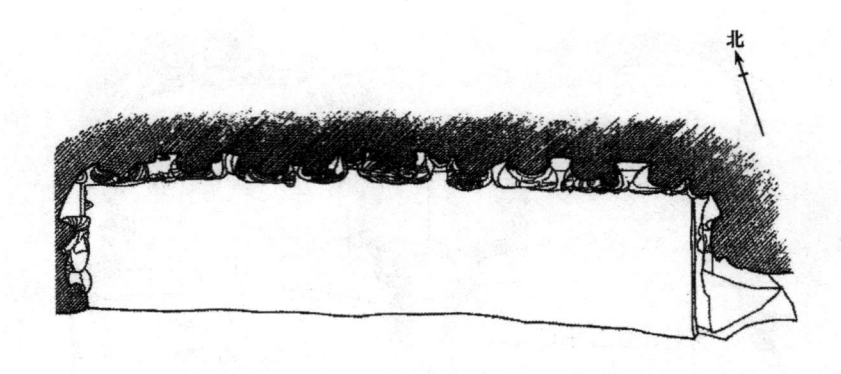

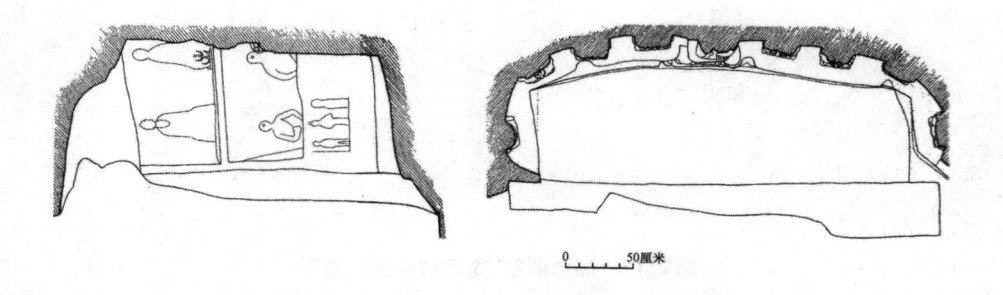

图2.12 圆觉洞第56号窟平剖面实测图

Bii型：三壁环单层坛，坛上造像，有的有前室或者前庭，4个，即圆觉洞第22（图2.13）、35（图2.14）、65①、67号窟。

---

① 圆觉洞第65号窟除靠近主尊左右两侧二武士像和主尊身下三身地鬼像外，其余像均经过改刻，从壁面上残存痕迹看，原像均大于改刻后的像，天王头顶上方还存有原来雕刻的遗迹，壁面上有三处改刻前原像的帛带残段。

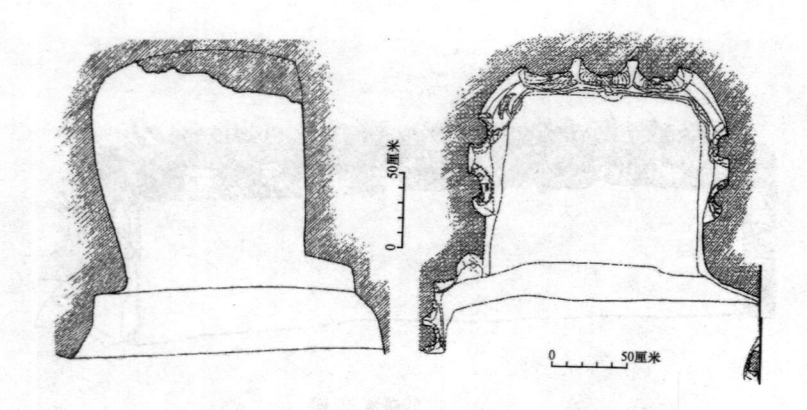

图 2.13　圆觉洞第 22 号窟平剖面实测图

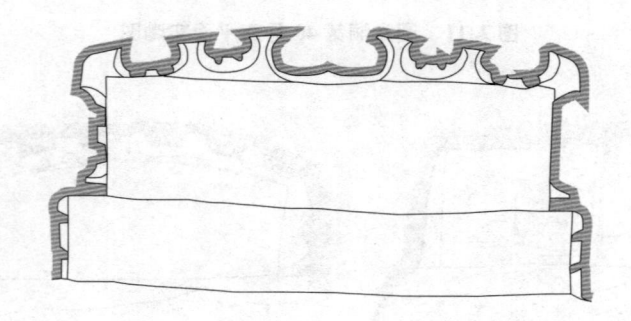

图 2.14　圆觉洞第 35 号窟平面示意图

Biii 型：三壁无坛，正壁开龛或起座，一般三壁皆有造像，3 个，即圆觉洞第 21（图 2.15）、23（图 2.16）、59 号窟。

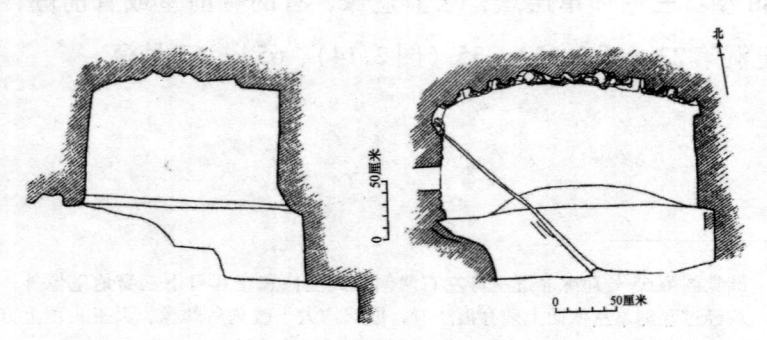

图 2.15　圆觉洞第 21 号窟平剖面实测图

40

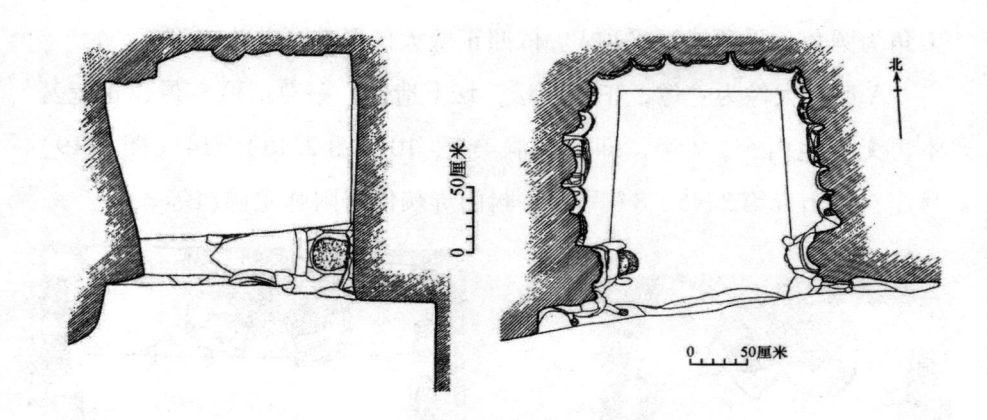

第二章 安岳唐宋窟龛造像的分期与年代

图 2.16　圆觉洞第 23 号窟平剖面实测图

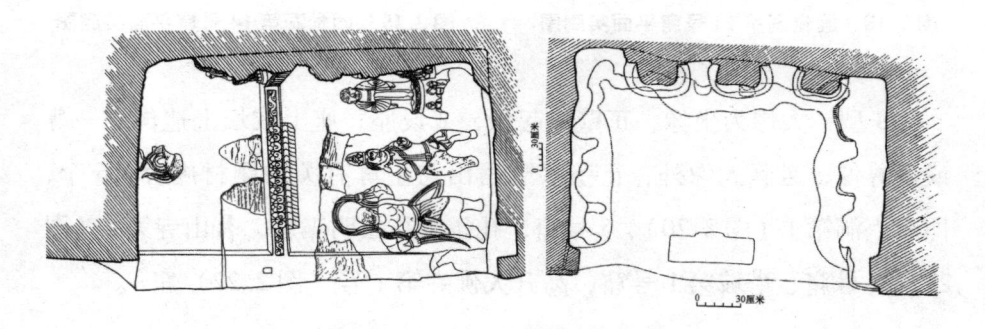

Biv 型：三壁无坛，三壁分双层造像，仅圆觉洞第 13 号（图 2.17）窟一例。

图 2.17　圆觉洞第 13 号窟平剖面实测图

3. 大像窟

大像窟是指那些仅正壁造像，并以一身或多身高于 3 米的佛像、菩萨像为主要内容的窟，平面方形或近长方形，窟口近长方形，有的窟口

41

上角为圆角，平顶或近平顶①。依照正壁大像形态可分为二型。

A 型：大像为立像，正壁起坛，坛上造像，一尊或两尊像，正壁基本再无其他内容，7个，即圆觉洞第7、10（图2.18）、14（图2.19）号窟，茗山寺第3、5、8②号窟、封门寺赖佛岩阿弥陀佛窟等。

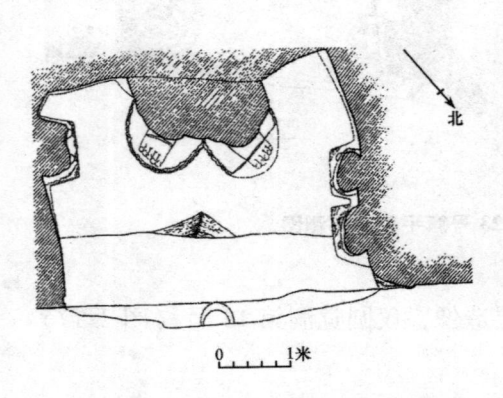

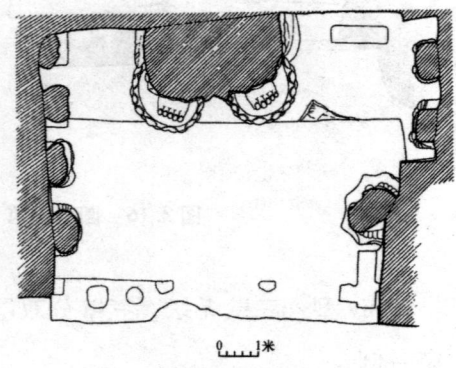

图2.18　圆觉洞第10号窟平面实测图　　图2.19　圆觉洞第14号窟平面实测图

B 型：大像为坐像，正壁或起坛，或设座，座上或坛上造像，一尊或多尊像，且除大像外，正壁多雕凿出与主尊有关的题材内容，6个，即毗卢洞第1（图2.20）、6号窟，孔雀洞孔雀明王窟，茗山寺第2（图2.21）号窟、塔坡第1号窟，高升大佛寺第1号（图2.22）窟③。

图2.20　毗卢洞第1号窟平面示意图

---

① 圆觉洞第14号窟现窟顶为后世修补，近穹隆顶，暂归入此型。
② 茗山寺第8号窟内主尊为两尊菩萨像。
③ 茗山寺两座窟内均为两身菩萨像，后两者为一佛二菩萨三身像。

第二章 安岳唐宋窟龛造像的分期与年代

图2.21 茗山寺第2号窟平面示意图　　图2.22 高升大佛寺第1号窟寺平面示意图

（二）造像题材及组合

大窟造像题材与组合较为多样，基本以佛和菩萨为主要造像，下面分别予以分析。

1. 造像题材

依据窟内主要造像可以将大窟分为四型。

A型：一佛，主尊雕凿正壁中央，为最常见题材，主尊两侧多有胁侍，20个，即千佛寨第8、28号窟，圆觉洞第10、33、35、39、40、42、47、59、63、67、69号窟，华严洞，大般若洞，塔坡第1号窟，高升大佛寺第1号窟，毗卢洞第5窟，封门寺阿弥陀佛窟，茗山寺第5号窟。

B型：一菩萨，主尊雕凿正壁中央，有的窟内壁面满布与主尊有关的内容，12个，即圆觉洞第7、14、21、56、60、65[①]号窟，毗卢洞第1[②]、6号窟，孔雀洞，茗山寺第2、3、8[③]号窟等。

C型：三佛，正壁中央雕凿三佛，5个，即圆觉洞第9、13、22、

---

① 圆觉洞第65号窟主尊为后世改造之毗沙门天王，暂归入此式。
② 毗卢洞第1号窟主尊为柳本尊，暂归入此式。
③ 茗山寺第2、8号窟主尊为两身菩萨像，暂归入此式。

43

23①号窟，毗卢洞第2号窟。

D型：多佛，窟壁上雕凿数量众多（成千上万尊）小型坐佛。有的直接雕凿在壁面上，有的在壁面上开诸多圆形小龛，龛内雕凿小佛像，5个，即千佛寨第28号窟，圆觉洞第42、47②号窟，塔坡第1号窟，毗卢洞第5号窟。

2. 造像组合

依据主体造像组合方式，可将大窟分为二型。

A型：一铺像，即正壁中央雕造主尊，两侧或者两壁雕凿胁侍像。依据组合不同，下分为五式：

Ai式：一铺三身像，一佛二菩萨或二罗汉（力士），7个，即千佛寨第8号窟③，圆觉洞第13④、21⑤号窟、毗卢洞第1、2⑥、5号窟，塔坡第1号窟等。

Aii式：一铺五身像，一佛四菩萨，或一佛二弟子二菩萨，或一佛二菩萨二神王，6个，即千佛寨第28窟，圆觉洞第22⑦、42、47、59号窟，大佛寺第1号窟。

Aiii式：一铺七身像或九身像，一佛二弟子四菩萨或一佛二弟子四

---

① 圆觉洞第23号为三壁造像，分别为正壁道教天尊、左壁老君、右壁立佛，暂归入此式。
② 圆觉洞第47号窟壁面为九排菩萨像，暂归入此式。
③ 千佛寨第8号窟窟内现造像为后世改造，根据遗迹判断原像组合可能为一佛二菩萨，暂归入此式。
④ 圆觉洞第13号窟主尊为一铺三身佛像，暂归入此式。
⑤ 圆觉洞第21号窟主尊为千手观音，暂归入此式。
⑥ 毗卢洞第2号窟为一铺三身佛，即主尊毗卢遮那佛，左为柳本尊，右为释迦佛，暂归入此式。
⑦ 圆觉洞第22号窟主尊为三佛，胁侍为二弟子二菩萨，暂归入此式。

菩萨二力士，3 个，即圆觉洞第 35、65、67①号窟。

Aiv 式：一铺多身像，超过九身，如一地藏菩萨十六判官，一佛二弟子二菩萨十六罗汉，一佛十二菩萨等，10 个，即圆觉洞第 9、33、39、40、56、60、63、69 号窟，华严洞，大般若洞。

Av 式：单身像，一佛或一菩萨，10 个，即圆觉洞第 7、10、14 号窟，封门寺阿弥陀佛窟，毗卢洞第 6 号窟，茗山寺第 2、3、5、8②号窟，孔雀洞。

B 型：三铺像，分别为正壁道教天尊、左壁老君、右壁立佛，仅圆觉洞第 23 号窟一例。

（三）造像特征

大窟造像包括佛、弟子、菩萨、力士、罗汉、千佛、天王、判官等。近年来，包括前述各主要地点的窟龛造像，安岳地区的石窟大多已不存原貌。除严重自然风化的因素以外，由于大部分地点仍为日常宗教活动场所，大量窟龛经过现代人为改造，造像或被彩绘妆銮，或被改凿破坏，仅少部分保留原凿样貌。因而本节主要对现存洞窟中少数目前原貌可辨且保存完好的造像进行考察，其余仅可做简单的类型排比。

1. 佛像

佛像是石窟寺造像的核心，佛像特征主要表现在法衣③、手印以及姿态等方面，以窟内主尊④为例，分法衣与姿态、头光和像座三部分。

---

① 圆觉洞第 65 号窟窟内造像为后世改造，根据遗迹可判断原像组合为一佛二弟子四菩萨，67 号窟窟内造像有损毁，根据遗迹可判断原像为一佛二弟子四菩萨二力士。
② 茗山寺第 2、8 号窟主尊为一铺两身菩萨像，暂归入此式。
③ 李崇峰. 龙门石窟唐代窟龛分期试论——以大型窟龛为例［J］. 石窟寺研究，2013（4）：69-78. 此文亦载于李崇峰《佛教考古——从印度到中国》一书，有关佛像法衣"披覆"方式具体可参考此文）
④ 有的窟内主尊为三佛，则分别入例。

（1）法衣与姿态

依据法衣"披覆"方式，可将唐宋窟分为五型。

A型：通肩式。佛结跏趺坐，大衣披搭双肩、通体遮覆，大衣衣纹自颈下呈圆弧状垂下，双腿间衣纹多为同心圆弧状，下摆多呈三瓣状垂覆座前，5尊像在5个窟内，即圆觉洞第22①（图2.23）、35、42、47、67（图2.24）号窟正壁主尊等。

图2.23　圆觉洞第22号窟内主尊实测图　图2.24　圆觉洞第67号窟主尊示意图

B型：交领式。佛结跏趺坐者，内着僧祇支，上衣衣纹自两肩直弧向下，两腿间衣纹多为自左向右弧形下降，下摆多呈三瓣状垂覆座前，4尊像在3个窟内，即圆觉洞第22号窟正壁主尊两侧佛像（图2.23）、第23号窟右壁主尊、圆觉洞第33号窟正壁主尊等。

---

① 圆觉洞第22号窟主尊两腿间衣纹为自左向右弧形下降。

C型：褒衣博带式①。佛多结跏趺坐，内着僧祇支，上衣覆搭两肩且于胸前束带打结；大衣边缘在颈部两侧向下垂至腹部，右侧边缘多上搭左小臂垂下，大衣造型肥大宽博，衣摆褶襞密集，多垂于座前，依据形态及服饰细节等可分为二式：

Ci式：体量较小，肩较削，头身比例协调，僧祇支衣缘略在胸前，束带结多在腹前，外衣衣缘在腹前，5尊像在4个窟内，即圆觉洞第39、40（图2.25）、69号窟正壁主尊，圆觉洞第13号窟正壁上层主尊与右侧佛像。

Cii式：体量较大，肩较宽厚，有的头身比例不协调，头大身小，多戴冠，僧祇支衣缘与束带结均在腹前，外衣衣缘在腹下，8尊像在8个窟内，即华严洞正壁主尊（图2.26）、大般若洞正壁主尊、塔坡第1号窟正壁主尊、高升大佛寺第1号窟正壁主尊、毗卢洞第2号窟主尊右侧佛像、毗卢洞第5号窟正壁主尊、茗山寺第5号窟主尊（图2.27）②、千佛寨第8号窟主尊③。

D型：袒右式。佛结跏趺坐，法衣覆盖左肩，袒露右肩，右侧边缘上搭左小臂垂下，仅圆觉洞第13号窟正壁上层左侧佛像（图2.28）一例。

---

① 李崇峰. 龙门石窟唐代窟龛分期试论——以大型窟龛为例［J］. 石窟寺研究，2013（4）：75.
② 茗山寺第5号窟主尊为立佛。
③ 千佛寨第8号窟，窟为唐代开凿，像为宋代改凿，主尊为立佛，暂归入此式。

图 2.25　圆觉洞第 40 号窟主尊示意图 　　图 2.26　华严洞主尊示意图

图 2.27　茗山寺第 5 号窟主尊 　　图 2.28　圆觉洞第 13 号窟
正壁上层左佛像示意图

>>> 第二章 安岳唐宋窟龛造像的分期与年代

E型：钩纽式。多为立佛，结跏趺坐仅一例，内着僧祇支；上衣覆搭双肩后于胸腹间束带打结，大衣从左肩披至右胁下后衣尾伸出，与左肩处衣头用纽结或圆环联结，立像衣下摆过膝，两腿间衣纹呈斜上阶梯状，坐像衣下摆垂覆座前，腿部衣纹近圆弧状，3尊像在3个窟内，即圆觉洞第10号窟主尊（图2.29）、封门寺阿弥陀佛窟主尊（图2.30），毗卢洞第2号窟正壁主尊左侧佛像[①]。

图2.29　圆觉洞第10号窟主尊实测图　　图2.30　封门寺阿弥陀佛窟主尊

（2）头光

依据佛像头光的主体纹饰，可将唐宋窟分作二型。

A型：桃形。依据头光内纹饰，下分三式：

[①] 圆觉洞第10号窟主尊为立佛，大衣用纽结联结；阿弥陀佛窟主尊为立佛，大衣用哲那环联结；毗卢洞第2号窟正壁主尊左侧佛像为坐佛，大衣用哲那环联结。

49

Ai 式：头光内为长椭圆形，外为桃形，内饰宝相花等，1例在1个窟内，即千佛寨第28号窟（图2.31）①。

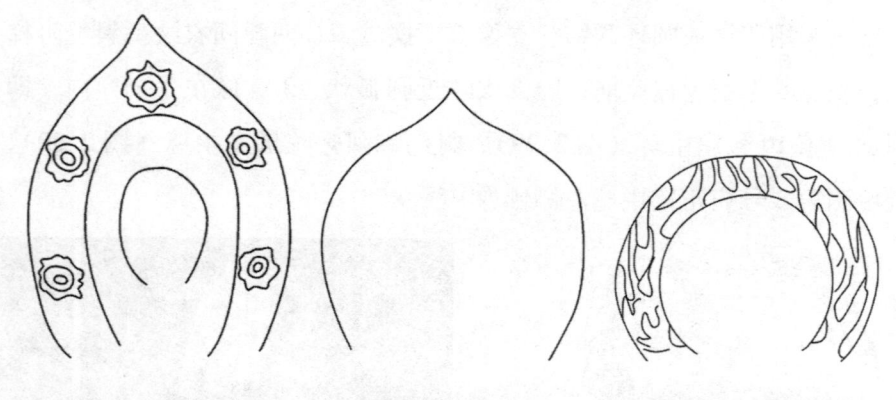

图2.31 千佛寨第28号窟主尊头光

图2.32 圆觉洞第23号窟佛头光

图2.33 华严洞主尊头光

Aii 式：头光内为长椭圆形，外为火焰纹桃形，9例在9个窟内，即圆觉洞10、21、22（参见图2.23）、33、39、40、47、59、69号窟。

Aiii 式：头光素面，5例在3个窟内，即千佛寨第8号窟②，圆觉洞第23（图2.32）、35号窟。

B型：圆形。大部分素面，有的内饰火焰纹等，9例在7个窟内，即圆觉洞第9、13号窟、华严洞（图2.33）、大般若洞、毗卢洞第2、5号窟、封门寺阿弥陀佛窟。

(3) 佛座

依据佛座结构和样式，可将唐宋窟分为三型：

A型：束腰仰莲座，束腰以上为三层仰莲座，以下多为覆莲座，依

---

① 千佛寨第28号窟主尊头光风化严重，根据遗迹以及菩萨头光推断应为带宝相花桃形。
② 千佛寨第8号窟内造像为宋代补凿，素面桃形。

据束腰及基座形态可分为二式：

Ai 式：束腰部分有圆鼓状凸出，6 例在 6 个窟内，即圆觉洞第 35、39、42、47、59（图 2.34）、67 号窟；

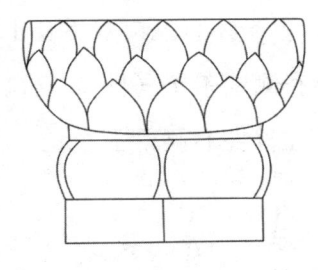

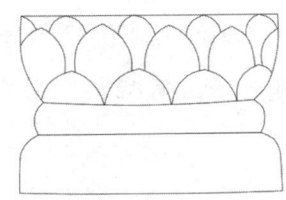

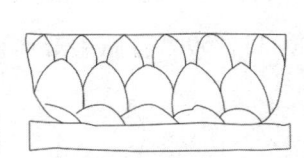

图 2.34　圆觉洞第 59 号窟主尊座

图 2.35　圆觉洞第 69 号窟主尊座

图 2.36　大般若洞主尊座

Aii 式：束腰部分无凸出，5 例在 5 个窟内，即圆觉洞第 21、33、40、63、69（图 2.35）号窟。

B 型：仰莲座，多为三层仰莲，依据仰莲座下结构可分为二式：

Bi 式：带茎仰莲座，仅圆觉洞第 22 号窟（参见图 2.23）一个。

Bii 式：仰莲座下有方台，方台大多素面，有的束腰，8 例在 8 个窟内，即千佛寨第 8 号窟，圆觉洞第 9、10①号窟，华严洞，大般若洞（图 2.36）、毗卢洞第 2②、5 号窟，茗山寺第 5 号窟等。

C 型：方座，2 例在 2 个窟内，即圆觉洞第 23、65 号窟③。

2. 弟子像

弟子像一般位于主尊两侧，安岳大窟中的弟子像基本都在佛殿窟

---

① 圆觉洞第 10 号窟佛像座为三层，上层仰莲，中层云纹，下层已毁损。
② 毗卢洞第 2 号窟佛像座仰莲座下为束腰方台。
③ 圆觉洞第 23、65 号窟内主尊分别为千手观音与毗沙门天王，善跏跌坐，仅可据外形辨出为方座，具体形状不可考。

内，不少风化严重，难以辨识原貌，今选取保存较好者进行排比。弟子法服基本同佛像，依据法服"披覆"方式，可将唐宋窟分为三型①：

A型：弟子内着"僧祇支"，上衣覆搭双肩后两衣缘自颈侧垂至腹前，大衣（复衣）作袒右式披覆②，外观呈筒状，身体直立，双手合十于胸前，7例在5个窟内，即圆觉洞第22号窟右侧壁弟子（图2.37）、第35、59③号窟主尊右侧弟子，第42、47号窟主尊左右侧弟子等。

图2.37 圆觉洞第22号窟右侧壁弟子　　图2.38 圆觉洞第22号窟左侧弟子

B型：弟子内着"交领衣"，上衣覆搭双肩后两衣缘自颈侧垂至腹前，唯左衣缘多被大衣遮覆；大衣作袒右式披覆；大多外观呈筒状，身体直立，双手合十于胸前，13例在8个窟内，即圆觉洞第22号窟左侧

---

① 安岳唐宋大窟内大多数弟子像左右服饰、形态大体相同或相似，故不再单分。
② 敦煌文物研究所．中国石窟·敦煌莫高窟：三[M]．北京：文物出版社，1987．
③ 圆觉洞第35、59、67号窟弟子大衣下部渐窄，暂归入各型，不再细分。

第二章 安岳唐宋窟龛造像的分期与年代

弟子（图2.38），第23号窟右壁主尊左右侧弟子，第33、39、40①、67号窟主尊左右侧弟子，第35、59号窟主尊左侧弟子。

图2.39 华严洞右壁比丘　　图2.40 千佛寨第28号窟左二菩萨

C型：钩纽式，内着僧祇支；上衣覆搭双肩后于胸腹间束带打结，大衣从左肩披至右胁下后衣尾伸出，与左肩处衣头用圆环联结，2例在2个窟内，即华严洞右壁比丘（图2.39）、大般若洞左壁弟子等。

3. 菩萨像

安岳大窟内的菩萨像包括窟内主尊两侧胁侍菩萨像和主尊菩萨像，是大窟造像的重要组成部分。同一时期的胁侍菩萨与单造菩萨像在面相、体征、服饰乃至细部装饰等方面都基本相同，故在此将它们一起进行排比。从服饰与体态、头光、像座三项进行考古类型学分析。

---

① 圆觉洞第40号龛内左弟子佛衣做通肩式，暂归入此式。

(1) 服饰与体态

依据菩萨像的服饰、面相与体征等，可将大窟分为三型。

A型：上身着掩腋，下着贴体长裙，依据形态及装饰可分为二式：

Ai式：掩腋在胸前打结，立于像座上，头戴卷云缠枝高宝冠，宝缯垂肩，饰项圈，项圈下垂复杂璎珞，于腹前交叉穿壁，披巾自两肩垂下，横于膝上两道，两道披巾上下分开，绕前臂垂体侧，面相丰圆，体态略修长，头身比例适中，肩略削，小腹微凸，身形微扭曲，4例在1个窟内，即千佛寨第28号窟两侧壁菩萨（图2.40、2.41）。

Aii式：掩腋多无结，多结跏趺坐或善跏趺坐于座上，亦有立于座上，多饰项圈，项圈下多有简单璎珞，或于腹前交叉穿壁垂至膝下，披巾自两肩垂下，横于膝上一道或两道，两道披巾多上下相接，绕前臂垂体侧，善跏趺坐与结跏趺坐者，披巾垂于座两侧；下着贴体长裙，腹部系带腰间束裙大带下垂如绅，面相浑圆，体态略扁平，削肩，小腹平，立像身形直立，头身比例略有失当，神态略僵硬，26例在13个窟内，即圆觉洞第21号窟主尊菩萨（图2.43）、第22号窟左右壁菩萨（图2.42）、第23号窟三壁底层胁侍菩萨；第33、35、40、42、47、59、63、67、69号窟主尊两侧菩萨、毗卢洞第6（图2.45）号窟主尊菩萨[①]。

[①] 圆觉洞第22、23、35号窟胁侍菩萨像为立像；第33、39、42、67、69号窟胁侍菩萨像为结跏趺坐；第21号窟主尊菩萨像，第40、47、59、63、号窟胁侍菩萨像为善跏趺坐。

>>> 第二章　安岳唐宋窟龛造像的分期与年代

图 2.41　千佛寨第 28 号窟右一菩萨　　图 2.42　圆觉洞第 22 号窟左壁菩萨

图 2.43　圆觉洞第 21 号窟正壁实测图

B 型：上衣作"交领式"，半跏趺坐，戴风帽，手持锡杖，应为地藏菩萨，2 例在 2 个窟内，即圆觉洞第 56、60（图 2.44）号窟主尊菩萨。

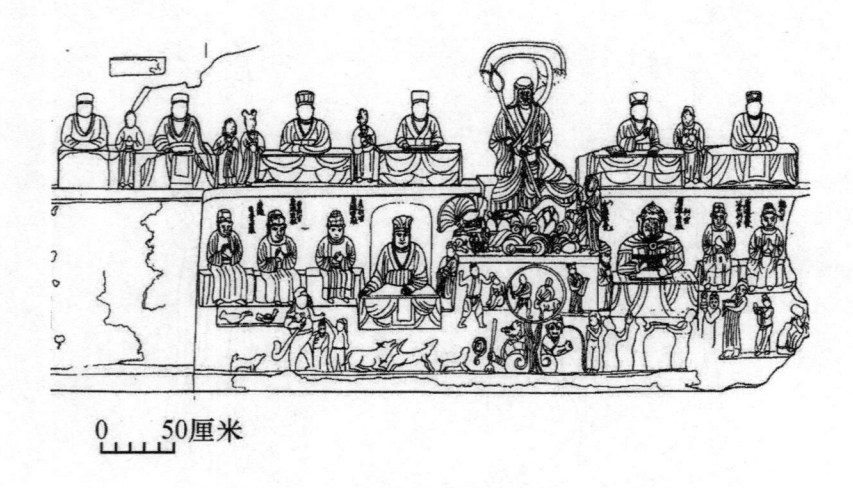

图 2.44　圆觉洞第 60 号窟正立面实测图

C 型：外披大衣，大衣造型肥大宽博，衣摆褶襞密集。有的内着僧祇支，大衣边缘在颈部两侧向下垂至腹部，作褒衣博带式；有的上衣覆搭双肩且于胸腹前束带打结，大衣覆左肩，右侧衣缘从右胁下伸出搭于左手垂下，做袒右式。披巾自肩垂下，搭于右手垂下；主尊菩萨多立像，胁侍菩萨多结跏趺坐或游戏坐。菩萨像多头戴卷云花蔓纹高宝冠，冠前中部有小佛像立于仰莲台上，宝缯垂肩，戴耳饰、手镯，有的只饰有项圈，大部分胸部饰繁复勾连链状璎珞，有部分为网状璎珞，且小腿以下裙摆上露出繁复的璎珞，腰间束裙大带下垂如绅，面相长圆，身体丰满，肩膀宽厚，立像身形较直，42 例在 14 个窟内，即圆觉洞第 7（图 2.46）、9、14 号窟主尊菩萨，茗山寺第 2、3（图 2.47）、8 号窟主尊菩萨，毗卢洞第 1 号窟主尊菩萨、第 5 号窟主尊左右侧菩萨，华严洞内胁侍及左右壁菩萨（图 2.48），大般若洞主尊两侧胁侍菩萨，孔雀洞主尊，塔坡第 1 号窟主尊左右两侧菩萨，大佛寺第1号窟主尊左右两侧菩萨等①。

（2）头光

依据菩萨像头光的主体纹饰，可将大窟分作二型。

A型：桃形。依据头光内纹饰，可分为三式：

Ai式：头光内为长椭圆形，外为带宝相花桃形，4例在1个窟内，即千佛寨第28号窟②胁侍菩萨（参见图2.31）。

Aii式：头光内为长椭圆形，外为火焰纹桃形（参见图2.23），21例在12个窟内，即圆觉洞7、14、21、39、40、42、47、56、59、60、67、69号窟胁侍菩萨像。

图2.45　毗卢洞第6号窟　　　　图2.46　圆觉洞第7号窟实测图

---

① 推测圆觉洞第9号窟内菩萨也应为此种型式，惜为后世重修改造，原貌不得知。圆觉洞第7、14号窟主尊菩萨像、茗山寺第3、8号窟主尊菩萨像为立像；茗山寺第2号窟、毗卢洞第1号、孔雀洞主尊菩萨像，毗卢洞第5号窟、塔坡第1号窟、大佛寺第1号窟、华严洞胁侍菩萨像，华严洞左右壁第三尊菩萨像为结跏趺坐像；毗卢洞第6号窟主尊菩萨像、华严洞左右壁除第三尊菩萨以外八尊菩萨像为游戏坐像。

② 千佛寨第28号窟主尊头光风化严重，根据菩萨头光推断应为带宝相花桃形。

图 2.47　茗山寺第 3 号窟菩萨示意图　　图 2.48　华严洞左壁第四尊菩萨像示意图①

Aiii 式：头光素面，12 例在 5 个窟，即千佛寨第 8 号窟②，圆觉洞第 22、23（参见图 2.32）、33、35 号窟胁侍菩萨。

B 型：圆形。多素面，有的内饰火焰纹等纹饰，33 例在 7 个窟内，即圆觉洞第 9、13 号窟、华严洞（参见图 2.33）、大般若洞、封门寺阿弥陀佛窟胁侍菩萨，孔雀洞、毗卢洞第 2 号窟主尊菩萨。

（3）像座

依据佛座结构和样式，可将唐宋窟分为三型。

A 型：束腰仰莲座，束腰以上为三层仰莲座，以下多为覆莲座，依据束腰及基座形态可分为二式：

Ai 式：束腰部分有圆鼓状凸出，4 例在 2 个窟内，即圆觉洞第 59

---

① 齐庆媛. 四川宋代石刻菩萨像造型分析 [J]. 石窟寺研究，2014（5）：314.（图 2.47 与图 2.48 均采自此文）
② 千佛寨第 8 号窟内造像为宋代补凿，素面桃形。

（参见图2.34）、67号窟胁侍菩萨。

Aii式：束腰部分无凸出（参见图2.35），5例在3个窟内，即圆觉洞第21号主尊菩萨、第40、63号窟胁侍菩萨。

B型：仰莲座，多为三层仰莲，依据仰莲座结构可分为三式：

Bi式：纯仰莲座，6例在2个窟内，圆觉洞第22、23号窟胁侍菩萨。

Bii式：仰莲座下为兽座，7例在4个窟内，圆觉洞第33、39、69（图2.49）号窟胁侍菩萨，孔雀洞主尊菩萨。

Biii式：仰莲座下有台座，多为方台，有的方台束腰，也有小圆台，26例在11个窟内，即千佛寨第8号窟胁侍菩萨①，圆觉洞第7②、14③、21号主尊菩萨，第9、35号窟胁侍菩萨，华严洞、大般若洞胁侍菩萨（参见图2.36），毗卢洞第1号主尊菩萨，第5号窟胁侍菩萨，茗山寺第2号窟主尊菩萨。

图2.49　圆觉洞第69号窟正壁一佛二菩萨实测图

C型：束腰方座，3例在3个窟内，即圆觉洞第56（参见图2.44）、

---

① 千佛寨第8号窟菩萨像为后凿。
② 圆觉洞第7号窟菩萨像座为二层，上层仰莲，下层已毁损。
③ 圆觉洞第14号窟菩萨像座三层，上层仰莲，中层云纹，下层素面。

60号窟胁侍菩萨，毗卢洞第6号窟主尊菩萨①。

4. 其他内容

安岳大窟内其他造像内容一般按题材分布于相应窟内，并不统一，现择取有特色的内容简单介绍如下。

（1）刻经②

一般出现在刻经窟，15例在15个窟内，即卧佛院第1、2、29、33、46、51（图2.50）、59、66、71、73、76、83、85、109、110号窟。

（2）千佛

一般出现在Ai式佛殿窟中，通壁雕凿，大多风化严重，有的仅存残痕，从现存迹象可见，部分有桃形头光，服饰有通肩、交领袈裟，手印有禅定印、施无畏印等，3例在3个窟内，即千佛寨第28号、圆觉洞第42（图2.51）、47③号窟。

图2.50　卧佛院第51号窟左壁刻经　　**图2.51　圆觉洞第42号窟壁面**

① 毗卢洞第6号窟紫竹观音像座为类方座，暂归入此式。
② 刻经虽不是造像，但作为刻经窟内最主要的雕凿内容，暂归于此处讨论。
③ 圆觉洞第47号窟内壁面雕凿菩萨像，暂归入此式。

（3）神王（天王）① 像

大窟内作为护法出现的神王像，戴着盔甲，手持剑斧等兵器，帔帛绕于脑后，4 例在 2 个窟内，即毗卢洞第 1 号窟（图 2.52、2.53）和大佛寺第 1 号窟两侧壁的神王像。

图 2.52　毗卢洞第 1 号窟右壁神王　　**图 2.53　毗卢洞第 1 号窟左壁神王**

（4）力士像

大窟内力士一般袒上身，刻画出胸肌，腰系及膝短裙，腰束带，帛带在后背头上高高飘起，戴手镯，或右手持帛带，6 例在 3 个窟内，即圆觉洞第 23、35（图 2.54）、67 号窟力士。

---

① 关于神王的命名参见李崇峰. 龙门石窟唐代窟龛分期试论——以大型窟龛为例 [J]. 石窟寺研究，2013（4）：67：注 1. 文章亦载李崇峰. 佛教考古——从印度到中国 [M]. 上海：上海古籍出版社，2014：449：注 5.

图 2.54　圆觉洞第 35 号窟右壁力士　　　图 2.55　大般若洞罗汉像

图 2.56　圆觉洞第 60 号窟正壁主尊右侧下层判官造像

(5) 罗汉像

依据雕刻技法可分为二型。

A 型：浮雕，人像姿势单一，内容简单，80 例在 5 个窟内，即圆觉洞第 33、39、40、63、69（参见 2.49）号窟内罗汉像。

B 型：半圆雕，人像姿势多样，内容复杂，18 例在 1 个窟内，即大般若洞内罗汉像（图 2.55）。

（6）判官像

一般与地藏菩萨配合出现，分上下层雕刻，位于案几之后，18例在2个窟内，即圆觉洞第56、60（参见图2.44、图2.56）号窟。

二、龛的类型

安岳的龛有两种，一种是直接在岩面上开凿的大龛，有自己的设计规划，一种是不属于洞窟原始设计，主要是后代在大窟内部补凿的小龛。大龛特征明显，一般保存较好，是考察的主要对象；大多数小龛位置灵活，内容形制与大龛相差不多，或略有简化，有些小龛带有纪年，也是重要的参考材料。加刻小龛主要集中于刻经窟以及 Ai 式佛殿窟中，不过很多小龛保存情况不佳，风化严重。为抓取典型、便于描述，我们将主要对独立大龛做类型分析。可供本书进行分期断代的龛有80个[①]，以下就逐项进行讨论。

（一）龛的形制

依据龛内平面的差异，安岳大龛可分为方形龛与半圆形龛二类，以下将依次分析。

1. 方形龛

方形龛指那些龛内平面为长方形的造像龛。依据龛内平面、龛口形制以及龛内造像内容可分为二型。

A 型：龛内平面横长条形。此型龛内进深较浅，有的龛正壁壁面内

[①] 圆觉洞第26、58、71号龛，卧佛院第3、31、43、45、49、50、61、62、64、67、68、69、70、82号龛，玄妙观第1、6、8、10、12、13、15、16、17、18、19、20、21号龛，千佛寨第1、2、4、5、10、12、15、16、17、18、19、20、24、25、29、30、32、40、41、47、48、49、62、66号龛，木鱼山23号龛，高升千佛岩第9、15号龛，西禅寺西寨门第1、8号龛，西禅寺东寨门第2号龛，灵游院第1、2、3、5、7、8号龛，庵堂寺第1、2、4、6、8、10、11、13、15、16、17、19、21、22号龛。

凹略呈弧形，平顶，正壁造像，单尊或多尊佛、菩萨列像，列像多通壁，侧壁基本不造像，依据龛口形制以及龛内造像内容可分为二式：

Ai 式：单层龛口，龛口立面为长方形或横长方形，18 个，即卧佛院第 3、43（图 2.57）、45、49、50①、64、67 号龛，庵堂寺第 8、22 号龛，圆觉洞第 58 号龛，千佛寨第 12②（图 2.58）、19、47、62 号龛，玄妙观第 15 号龛，灵游院第 2、3、5 号龛。

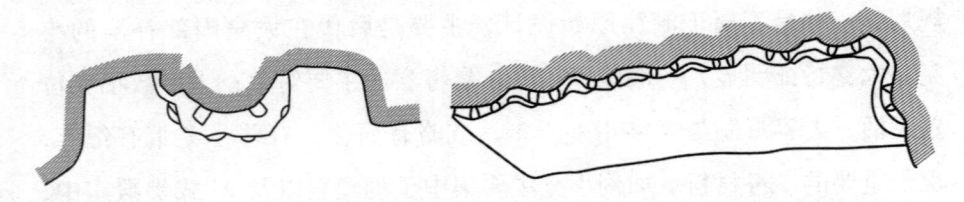

图 2.57　卧佛院第 43 号龛平面示意图　　图 2.58　千佛寨第 12 号龛平面示意图

Aii 式：双层龛口，内外龛口立面均为长方形，8 个，即庵堂寺第 2、10（图 2.59）、11、13、16、17（图 2.60）号龛，圆觉洞第 26 号龛，灵游院第 1 号龛。

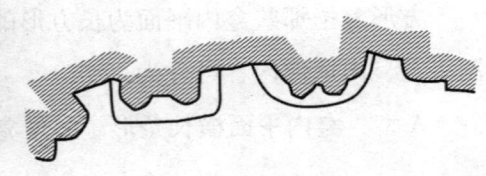

图 2.59　庵堂寺第 10 号龛立面　　图 2.60　庵堂寺第 17 号龛平面示意图

---

① 卧佛院第 3、49、50 号龛为摩崖造像，暂归入此式。
② 千佛寨第 12 号龛左侧壁造一尊像，侧壁造像仅此一例。

<<< 第二章 安岳唐宋窟龛造像的分期与年代

B型：龛内平面长方形。此型龛内进深较深，有的龛正壁壁面内凹略呈弧形，平顶，三壁造像，多有经变像，依据龛口形制以及龛内造像内容可分为四式：

Bi式：单层龛口，龛口立面为长方形，正壁起坛，坛上造像，两侧壁分层造像，1个，即千佛寨第66号（图2.61）龛。

图2.61 千佛寨第66号龛平面示意图

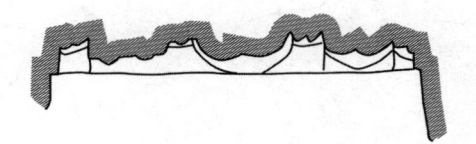

图2.62 庵堂寺第4号龛平面示意图

Bii式：双层龛口，内外龛口立面为长方形，龛内三壁分层造像，有的侧壁造有立像，5个，即千佛寨第1、48、49号龛，西禅寺西寨门第8号龛（图2.63），灵游院第8号龛。

Biii式：双层龛口，内外龛口立面均为长方形，内龛口外侧多分格造像，内龛正壁起坛或设座，坛上、座上造像，4个，即高升千佛岩第15号龛、西禅寺西寨门第1号龛（图2.64）、灵游院第7号龛、庵堂寺第21号龛。

65

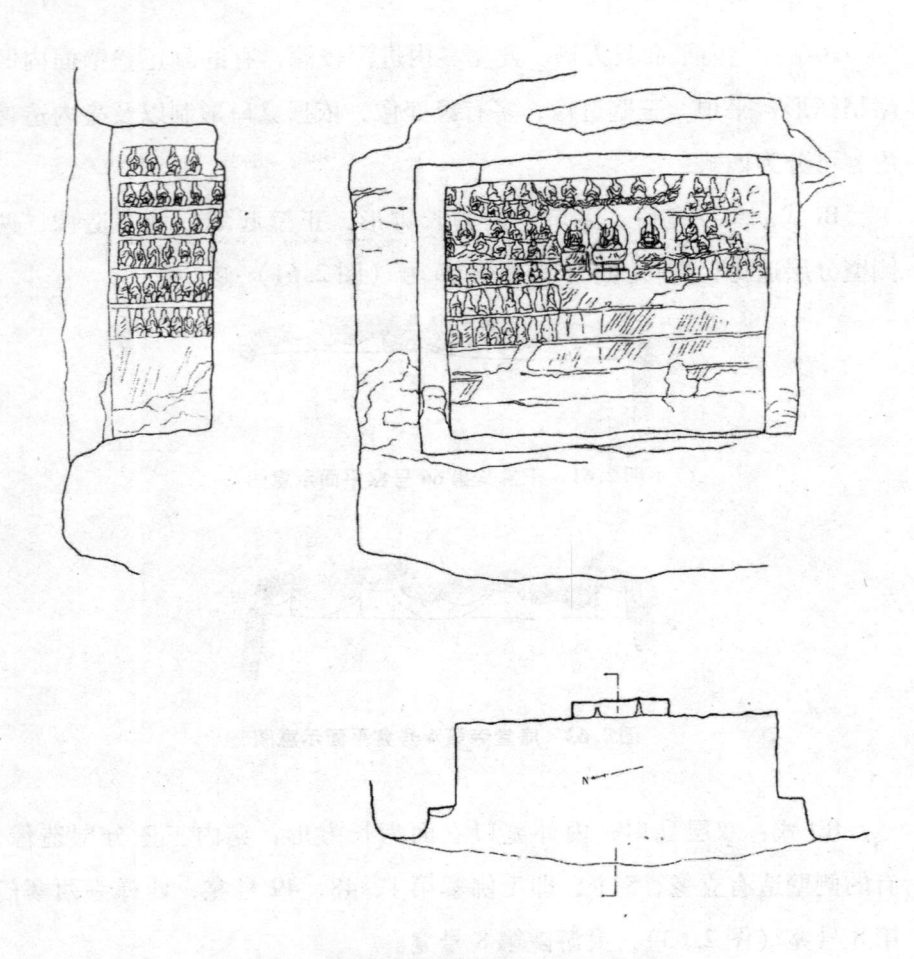

图 2.63　西禅寺西寨门第 8 号龛实测图

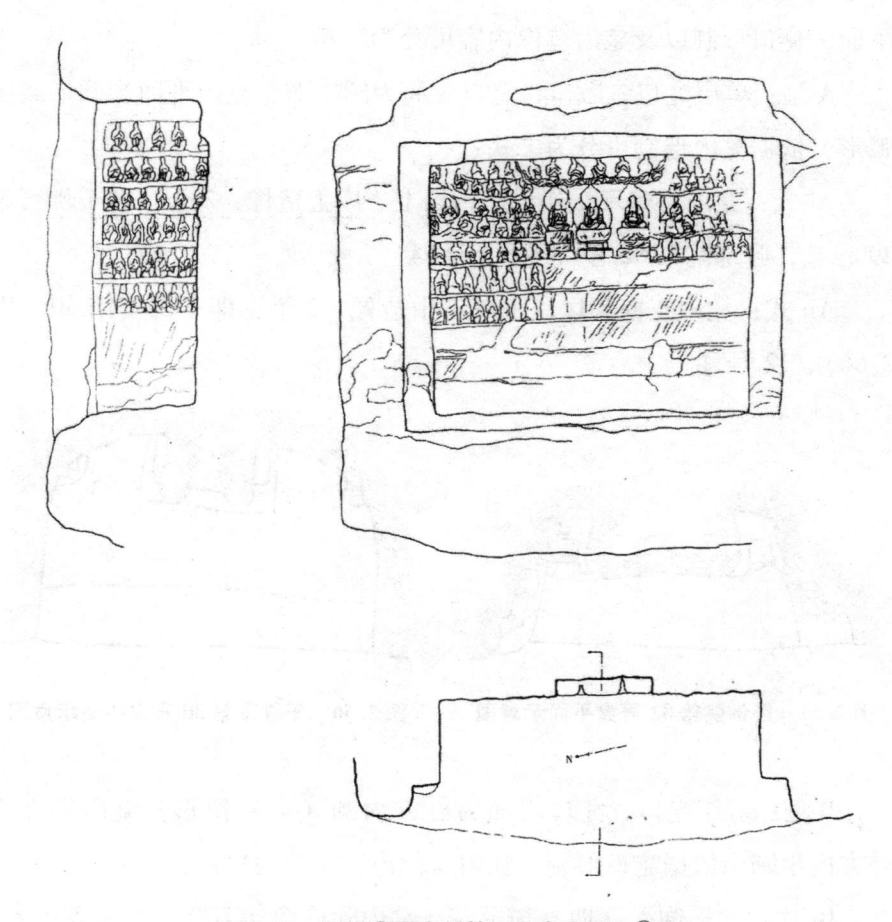

<<< 第二章 安岳唐宋窟龛造像的分期与年代

图 2.64　西禅寺西寨门第 1 号龛实测图①

Biv 式：双层龛口，内外龛口立面均为长方形，内龛正壁直接造像，5 个，庵堂寺第 1、4（图 2.62）、6、15、19 号龛。

2. 半圆形龛

半圆形龛即那些龛内平面为半圆形或半椭圆形的造像龛。依据龛内

---

① 图 2.63、2.64 见重庆大足石刻艺术博物馆，四川安岳县文物局. 四川省安岳县西禅寺石窟调查简报［J］. 艺术史研究，2008（10）：530，545.

67

平面、龛口形制以及龛内造像内容可分为三型。

A型：单层龛口，敞口，龛口立面为圆拱形，龛内平面半圆形或圆弧形，依据龛内形制可分为二式：

Ai式：龛内三壁环坛或设座，坛上、座上造像，2个，即千佛寨第29号龛，卧佛院第82号（图2.65）龛。

Aii式：龛内正壁起坛，正壁正中造像，2个，即千佛寨第30（图2.66）、32号龛。

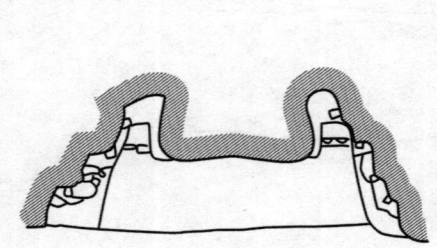

图2.65　卧佛院第82号龛平面示意图　　图2.66　千佛寨第30号龛平面示意图

B型：双层龛口，龛口立面为外方内圆（尖）拱形，龛内平面为外方内半圆，依据龛口形制及龛内造像内容可分为三式：

Bi式：龛楣饰六（四）瓣莲花，龛内除尊像外多有菩提树等内容，内龛口外侧力士所在台座低于龛内尊像台座，18个，即圆觉洞第71号龛[1]、千佛寨第2、4、5、17、18[2]、24、25（图2.67）、40、41号龛、玄妙观第8、10、16、18、19、20、21[3]号龛，西禅寺东寨门第2号（图2.68）龛。

---

[1]　圆觉洞第71号龛残破，根据现有遗迹推断，暂归入此式。
[2]　千佛寨第17号龛环壁造3尊立佛像，第18号龛环壁造3尊立菩萨像，暂归入此式。
[3]　玄妙观各龛内龛龛楣饰四瓣莲花，龛内多道教题材，暂归入此式。

>>> 第二章　安岳唐宋窟龛造像的分期与年代

图2.67　千佛寨第24、25号龛（图片左侧为25号龛，右侧为24号龛）

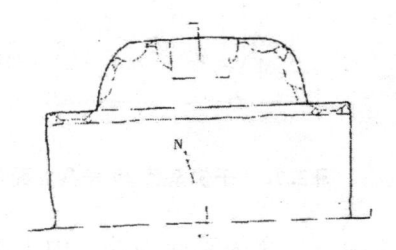

图2.68　西禅寺东寨门第2号龛实测图

69

Bii 式：龛楣多饰缠枝忍冬，龛基多有香炉、狮子等，龛内除尊像外多有菩提树等内容，内龛口外侧力士所在台座低于龛内尊像台座，8个，即玄妙观第 6、12、13 号龛，卧佛院第 61、62（图 2.69）、68、69、70（图 2.70）号龛。

图 2.69　卧佛院第 62 号龛平面示意图　　图 2.70　卧佛院第 70 号龛

Biii 式：龛楣饰六瓣莲花，龛内内容相对简单，基本无装饰内容，内龛口外侧力士所在台座与龛内尊像台座基本持平，有的龛无力士，4个，即千佛寨第 10（图 2.71）、15、16、20（图 2.72）号龛。

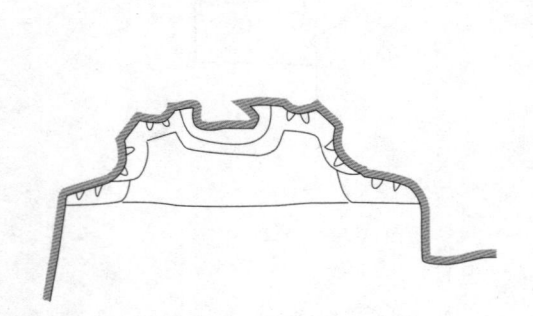

图 2.71　千佛寨第 10 号龛平面示意图　　图 2.72　千佛寨第 20 号龛立面示意图

C 型：双层龛口，龛口立面外方内方，龛内平面为外方内半圆，三壁或设坛，内龛口外侧力士所在台座低于龛内尊像台座，6个，即玄妙观第1、17号①龛，卧佛院第31号龛②，木鱼山第23号（图2.74）龛，高升千佛岩第9号龛③，千佛寨第48号龛（图2.73）。

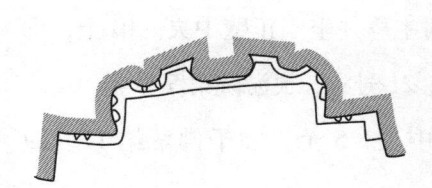

图2.73　千佛寨第48号龛平面示意图　　图2.74　木鱼山第23号龛

（二）造像题材及组合

1. 造像题材

依据龛内主要造像可以将唐宋龛分作六型。

A型：一佛，主尊雕凿正壁中央，两侧多有胁侍像。45个，即卧佛院第3、31、49、61、62、64、68、69、70、82号龛，千佛寨第2、4、5、10、12、15、16、19、20、24、25、30、40、41、47、48、66号龛，玄妙观第12、13号龛，木鱼山第23号龛，高升千佛岩第9、15号龛，西禅寺西寨门第1号龛、东寨门第2号龛，灵游院第1、2、3、7、8号龛，庵堂寺第1、6、15、21、22号龛等。

---

① 玄妙观第1号龛内正壁起坛龛外为真人与神将，第17号龛内三壁起坛龛外为菩萨像，暂归入此式。
② 卧佛院第31号龛三壁起坛，力士像在龛内，暂归入此式。
③ 此处木鱼山、千佛岩洞窟编号依照安岳文物局现行所编序号，墨书或白灰书于龛上。

71

B型：一菩萨①，主尊雕凿正壁中央。14个，即卧佛院第43、45、67号龛，千佛寨第18、32、62号龛，圆觉洞第26、58号龛②，玄妙观第15号龛，庵堂寺第2、10、13、16、17③号龛。

C型：一老君（天尊），主尊雕凿正壁中央。3个，即圆觉洞第71号龛、玄妙观第1号龛、庵堂寺第8号龛。

D型：一老君（天尊）一释迦佛，两主尊并坐于正壁中央。10个，即玄妙观第6、8、10、16、17、18、19、20、21号龛，灵游院第5号龛。

E型：三佛，主尊三世佛雕凿正壁中央。5个，即千佛寨第17、29号龛，庵堂寺第4、11、19号龛。

F型：多佛（菩萨），龛壁上雕凿数量众多（或成千上万尊）小型坐佛（菩萨）。8个，即卧佛院第50号龛，千佛寨第1、49、66号龛，千佛岩第15号龛，西禅寺西寨门第8号龛，灵游院第8号龛④，庵堂寺第11号龛。

2. 造像组合

依据主体造像组合形式，可将唐宋龛分作五型。

A型：一铺一身像，即一佛或一菩萨，也包括二菩萨，18个，即卧佛院卧佛院第3、43、45、49、64、67号龛，千佛寨第18、30、32、62号龛，圆觉洞第26、58号龛⑤，玄妙观第15号龛，庵堂寺第2、10、13、16、17号龛。

B型：一铺三身或五身像，即一佛二菩萨或一佛二弟子二菩萨，还

---

① 此型包括两菩萨为主尊的龛，暂归入此式。
② 圆觉洞第58号龛主尊为一凡人，暂归入此式。
③ 庵堂寺第17号龛主尊为地藏、观音两尊菩萨像，暂归入此式。
④ 灵游院第8号龛龛壁造十一层罗汉像，暂归入此式。
⑤ 圆觉洞第58号龛主尊为一凡人，暂归入此式。

包括一佛二菩萨二力士、一佛二弟子二天王，部分龛内主尊为三佛，构成三佛二弟子二菩萨；部分龛内菩萨为四尊，构成一佛二弟子四菩萨。17个，即灵游院第1、2、3、7、8号龛，千佛寨第15、19、29①、48号龛，庵堂寺第1、4、6、15、19、21号龛，千佛岩第15号龛，卧佛院第82号龛②。

C型：一铺七身像，即一佛二弟子二菩萨二力士；部分龛内主尊为三佛，构成三佛二弟子二菩萨二力士，部分龛内菩萨为四尊，构成一佛二弟子四菩萨二力士。23个，即玄妙观第1③、12、13号龛，卧佛院第31、61、62、68、69、70号龛，千佛岩第9号龛，千佛寨2、4、5、10、16、20、24、25、40、41号龛，西禅寺东寨门第2号龛，木鱼山第23号龛④，庵堂寺第11号龛⑤。

D型：一铺八身像，基本为一老君一侍者一真人一佛一弟子一菩萨二力士，10个，即玄妙观第6、8、10、16、17、18、19、20、21号龛，灵游院第5号龛⑥。

E型：一铺多身像，九身及超过九身，前者即一佛八菩萨，1个，即千佛寨第66号龛；后者即一佛十六罗汉，1个，即庵堂寺第22号龛。

（三）造像特征

大龛造像包括佛、弟子、菩萨、力士、神王、千佛、老君或天尊、

---

① 千佛寨第29号龛内为三佛，暂归入此式。
② 卧佛院第82号龛组合为一佛二弟子二天王；庵堂寺第4、19号龛组合为三佛弟子二菩萨；灵游院第1号龛，庵堂寺第1、6、15号龛组合为一佛二弟子四菩萨，暂归入此式。
③ 玄妙观第1号龛主尊为一老君，组合为一老君二胁侍二女真二护法等，暂归入此式。
④ 木鱼山第23号龛组合为三佛二弟子二菩萨暂归入此式。
⑤ 木鱼山第23号龛组合为一佛二弟子四菩萨二弟子，庵堂寺第11号龛组合为三佛二弟子二菩萨二力士，暂归入此式。
⑥ 灵游院第5号龛组合为一天尊一童子一真人一天王，一佛一弟子一菩萨一力士，暂归入此式。

道教真人等。本节主要对现存龛像中少数目前原貌可辨且保存完好的造像进行考察，其余内容仅可做简单的类型排比。

1. 佛像

（1）法衣与坐姿

依据法衣"披覆"方式，可将唐宋龛分为四型。

A型：袒右式。佛多结跏趺坐，仅一例立像，披着法衣时覆盖左肩，袒露右肩，有的内着僧祇支，3尊像分布在3个龛内，即卧佛院第49①（图2.75）、62（图2.76）号龛，玄妙观第6号龛。

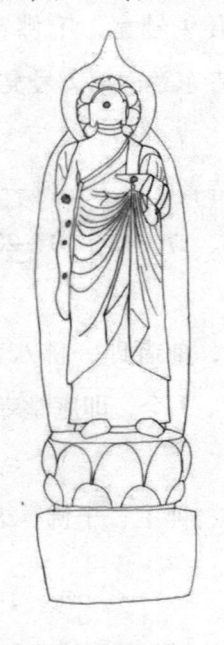

图2.75　卧佛院第49号龛主尊（任②）　　图2.76　卧佛院第62号龛主尊（任）

---

① 卧佛院第49号龛为摩崖造立佛像。
② 本书中卧佛院相关图名标注（任）之图均改绘自任婧硕士论文《安岳卧佛院佛教遗迹的初步整理》中的相关线图。

>>> 第二章 安岳唐宋窟龛造像的分期与年代

B型：通肩式。佛结跏趺坐或站立，大衣披搭双肩、通体遮覆，衣纹自颈下呈圆弧状垂下，双腿间衣纹多为同心圆弧状，坐佛下摆多呈三瓣状垂覆座前，16尊像分布在14个龛内，即卧佛院第61（图2.77）号龛，玄妙观第12①（图2.78）号龛，千佛寨第17、29号龛主尊左侧佛像，千佛寨第19（图2.79）、47、48号龛主尊，木鱼山第23号龛主尊，高升千佛岩第9、15号龛主尊，庵堂寺第15、21号龛主尊，庵堂寺第11号龛主尊与左侧佛像，庵堂寺第19号龛主尊左右两侧佛像。

C型：褒衣博带式。佛姿态多样，或结跏趺坐、或善跏趺坐、或站立，内着僧祇支，上衣自身后覆肩，右衣角直接垂搭右肘，且内侧掖入外衣内，上衣束带于胸腹前打结，大衣或通覆两肩垂下，或仅覆左肩，右衣角自右腋下绕过搭左肩，大衣造型肥大宽博，衣摆褶襞密集，多垂于座前，依据形态及服饰细节等可分为二式：

C_i式：肩较削，头身比例较协调，僧祇支衣缘略高在胸前，束带结多在腹前，衣纹纹路较多，34尊像分布在33个龛内，即卧佛院第3、64（图2.80）、68、69、70、82（图2.81）号龛主尊，玄妙观第8、10、13、16、17、18、19、20、21号龛主尊佛像，千佛寨第2、4、24、25、29、40、41、66②号龛主尊，千佛寨第17号龛主尊右侧佛像，千佛寨第47号龛主尊左侧佛像，灵游院第1、2、3号龛主尊，庵堂寺第1、6、19、22号龛主尊，庵堂寺第4号龛主尊（图2.82）及左侧佛像。

---

① 玄妙观第12号龛主尊立佛两腿膝上各有独立的椭圆同心圆。
② 卧佛院第82号龛、玄妙观第13号龛、千佛寨第66号龛主尊上衣覆背时略遮覆右肩，形成偏衫。

图 2.77　卧佛院第 61 号龛主尊 　　图 2.78　玄妙观第 12 号龛主尊

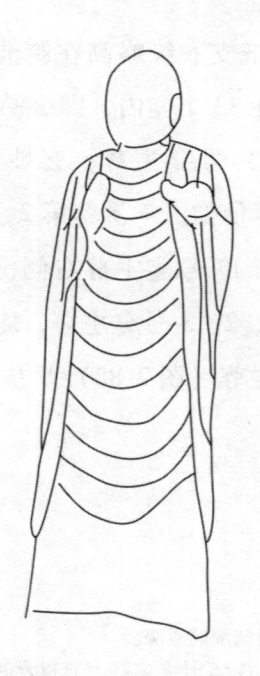

图 2.79　千佛寨第 19 号龛主尊 　　图 2.80　卧佛院第 64 号龛主尊（任）

<<< 第二章 安岳唐宋窟龛造像的分期与年代

图 2.81 卧佛院第 82 号龛主尊（任） 　　图 2.82 庵堂寺第 4 号龛主尊

Cii 式：身肩较宽厚，头身比例不协调，头部显得较大，基本都为外衣披覆双肩垂下，僧祇支衣缘与束带结均在腹前，衣纹较简单，6 尊像分布在 6 个龛内，即千佛寨第 5、10（图 2.83）、15、16、20（图 2.84）、30 号龛主尊。

图 2.83 千佛寨第 10 号龛主尊 　　图 2.84 千佛寨第 20 号龛主尊

D型：钩纽式。佛结跏趺坐或善跏趺坐或站立，内着僧祇支；上衣覆搭双肩后于胸腹间束带打结，大衣从左肩披至右胁下后衣尾伸出，与左肩处衣头用钩纽联结，依据钩纽的不同可分为二式：

Di式：钩纽为纽扣挂，佛结跏趺坐或善跏趺坐，结跏趺坐者坐像衣下摆垂覆座前，腿部衣纹近圆弧状，善跏趺坐者膝前衣纹竖直向下，立像衣下摆过膝，两腿间衣纹呈斜上阶梯状，9尊像分布在9个龛内，即西禅师西寨门第1、8号龛主尊，西禅师东寨门第2号主尊，灵游院第5（图2.85）、7号龛主尊，庵堂寺第4号龛主尊右侧佛像，庵堂寺第11号龛主尊右侧佛像①，庵堂寺第19号龛主尊等。

图2.85 灵游院第5号龛佛像

Dii式：钩纽为圆环，佛站立或结跏趺坐，立像较扁平，头身比例略不协调，6尊像分布在3个龛内，即千佛寨第12号龛正壁右起第2、5（图2.86）、7尊立佛像以及左侧壁立佛像，千佛寨第19号龛主尊右侧立佛像，灵游院第8号龛主尊②等。

图2.86 千佛寨第12号龛正壁右起第5尊立佛

（2）依据佛像头光的主体纹饰，可将唐宋窟分作二型。

A型：桃形。依据头光内纹饰，下分二式：

---

① 庵堂寺第4、11号龛钩纽式佛像均为善跏趺坐像，余为结跏趺坐像。
② 灵游院第8号龛主尊为宋代改造，结跏趺坐。

>>> 第二章　安岳唐宋窟龛造像的分期与年代

Ai 式：头光内为圆形或长椭圆形，内或饰莲花等，外为桃形，内或饰宝相花等，47 例在 43 个龛内，即卧佛院第 31、49、61、62、68、69（图 2.87）、70、82 号①龛，千佛寨第 2、4、5、10、12、15、16、17、19、24（图 2.88）、25、40、41、47、48 号窟，玄妙观第 6、8、10、12、13、16、17、18、19、20、21 号龛，木鱼山第 23 号龛，高升千佛岩第 9、15 号龛，灵游院第 1 号龛，西禅寺西寨门第 1、8 号，东寨门第 2 号龛，庵堂寺第 11 号龛等。

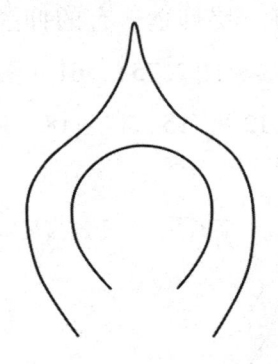

图 2.87　卧佛院第 69 号龛主尊头光　　图 2.88　千佛寨第 24 号龛主尊头光

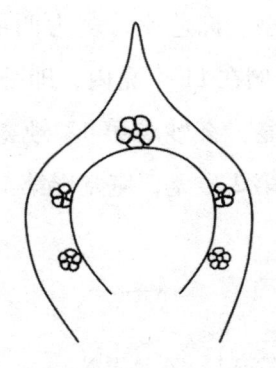

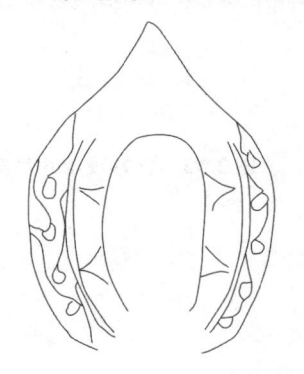

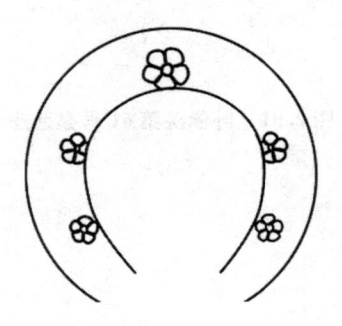

图 2.89　灵游院第 8 号龛主尊头光　　图 2.90　卧佛院第 64 号龛主尊头光

① 卧佛院第 62 号龛头光与六拏具相连形成背屏，70 号龛主尊内头光内有以佛光为中心的放射性三角纹。

Aii式：头光内为长椭圆形，外为火焰纹桃形，13例在9个龛内，即千佛寨第29号龛，灵游院第2、3、5、7、8（图2.89）号龛，庵堂寺第1、4、19号龛。

B型：双层圆形。多为素面，或在外层饰宝相花，3例在3个龛内，即卧佛院第64（图2.90）号龛，千佛寨第20、66号龛。

（3）佛座

依据佛座结构和样式，可将唐宋窟分为三型：

A型：仰莲座，多为两层仰莲，也有三层仰莲，有的仰莲下带莲茎，16例在11个龛内，即卧佛院第49（参见图2.75）、61（图2.91）、64①号龛，玄妙观第12号龛，千佛寨第12②、15、17、18、19号龛，灵游院第2号龛，庵堂寺第19号③龛。

图2.91　卧佛院第61号龛莲座（任）　　图2.92　玄妙观第6号龛莲座

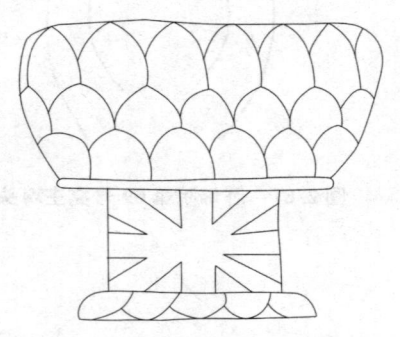

---

① 卧佛院第61号龛主尊仰莲座下带莲茎，64号龛主尊为覆莲座，暂归入此式。
② 千佛寨第12号龛龛内有四尊佛像皆为此座。
③ 庵堂寺第19号龛龛内有三尊佛像皆为此座。

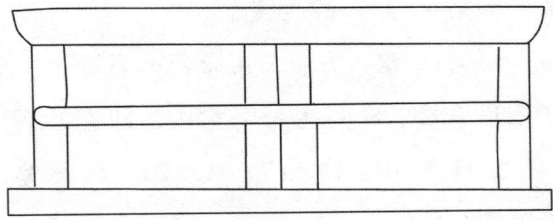

第二章　安岳唐宋窟龛造像的分期与年代

图 2.93　卧佛院第 70 号龛莲座

图 2.94　玄妙观第 8 号龛方座

B 型：束腰仰莲座，束腰以上为三层仰莲座，有的束腰上有装饰，依据基座形态可分为二式：

Bi 式：基座为覆莲座，9 例在 8 个龛内，即卧佛院第 68、69 号龛，玄妙观第 6 号（图 2.92）① 龛，千佛寨第 2、29② 号龛，灵游院第 3、7、8 号龛。

Bii 式：基座为方台，15 例在 14 个龛内，即卧佛院第 70 号（图 2.93）③ 龛，木鱼山第 23 号龛，高升千佛岩第 9、15 号龛，千佛寨第 48 号龛，灵游院第 1 号龛，庵堂寺第 1、4、6、11、15、21 号④龛，西禅寺西寨门第 8 号龛、东寨门第 2 号龛。

C 型：束腰方座，有的束腰部分有装饰，依据方座形态可分为两个亚型：

Ci 型：独立方座，22 例在 22 个龛内，即卧佛院第 31、62⑤（参见图 2.76）、82 号龛，玄妙观第 13 号龛，千佛寨第 4、5、10、16、20、24、25、29、30、32、40、41、47、66 号龛，西禅寺西寨门第 1 号龛，

---

① 玄妙观第 6 号龛束腰上饰有米字纹。
② 千佛寨第 29 号龛龛内有两尊佛像皆为此座。
③ 卧佛院第 70 号龛束腰上饰有莲茎、莲叶。
④ 庵堂寺各龛多在方台上刻饰束枝，第 4 号龛龛内有两尊佛像为此座。
⑤ 卧佛院第 62 号龛束腰处刻有两尊力士举座。

81

庵堂寺第4、11、22号龛。

Cii型：双人方座，束腰部分素面，主要见于佛道合龛，8例在8个龛内，即玄妙观第8（图2.94）、10、16、17、19、20、21号龛，灵游院第5号龛。

2. 弟子像

弟子一般立于主尊两侧，佛道合龛中，弟子立于佛侧。头光基本为圆形素面头光，极少的头光里装饰莲瓣①，弟子或直接立于坛上，或立于仰莲座上。依据法服"披覆"方式，可将唐宋龛分为三型：

A型：通肩式。弟子大衣披搭双肩、通体遮覆，衣纹自颈下呈圆弧状垂下，2例在1个龛内，即卧佛院第3号龛卧佛上方主尊左侧第三（图2.95）、右侧第五身弟子像。

图2.95　卧佛院第3号龛卧佛上方左三弟子（任）

B型：袒右式。弟子法衣覆盖左肩，袒露右肩，2例在2个龛内，即卧佛院第82号龛左弟子（图2.96）与第3号龛卧佛上方主尊右侧第二身弟子像。

C型：弟子内着"交领衫"；上衣覆搭双肩后两衣缘自颈侧垂至腹前，唯左衣缘多被大衣遮覆；大衣右角宽搭左肩，垂之背后，左侧边缘自颈外垂下，右侧边缘自右胁下绕出覆腹后衣尾上

图2.96　卧佛院第82号龛左弟子（任）

---

① 卧佛院第31号龛左弟子与第70号龛右弟子头光内装饰莲瓣，灵游院第1号龛弟子头光内装饰太阳纹。

搭左臂，作右袒式披覆，内衣下摆长于大衣，垂覆脚面。依据体态及大衣外观，可分为二式：

Ci 式：身体比例适中、直立，有的大衣右角在左肩处用钩纽挂住，大衣下半部略收窄，上衣衣缘在右手处卷起，50 例在 30 个龛内，即千佛寨第 2、4、5、24、25、40、41 号龛，高升千佛岩第 9、15 号龛，卧佛院第 31、61、62、68（图 2.97）、69①、70、82 号龛，庵堂寺第 11 号龛，灵游院第 8 号龛，玄妙观第 6、8、10、12、13、16、17、18、19、20、21 号龛，西禅寺东寨门第 2 号龛。

图 2.97　卧佛院第 68 号龛左弟子像（任）

Cii 式：上身略短，肩略宽厚，直立，大衣外观多近似筒状，上衣衣缘左右皆垂下，基本与大衣下摆齐平，14 例在 7 个龛内，即千佛寨第 10 号龛，庵堂寺第 4、15（图 2.98）、19 号龛，灵游院第 1、5、7 号龛。

3. 菩萨像

（1）服饰与体态

A 型：上身着掩腋，下着贴体长裙，腰系带，依据形态及装饰可分为二式：

Ai 式：掩腋在胸前打结，多立于座上，亦有结跏趺坐与半跏趺坐像，头戴冠，宝缯垂肩，饰项圈，项圈下垂复杂璎珞，于腹前交叉穿璧

图 2.98　庵堂寺第 15 号龛右弟子像

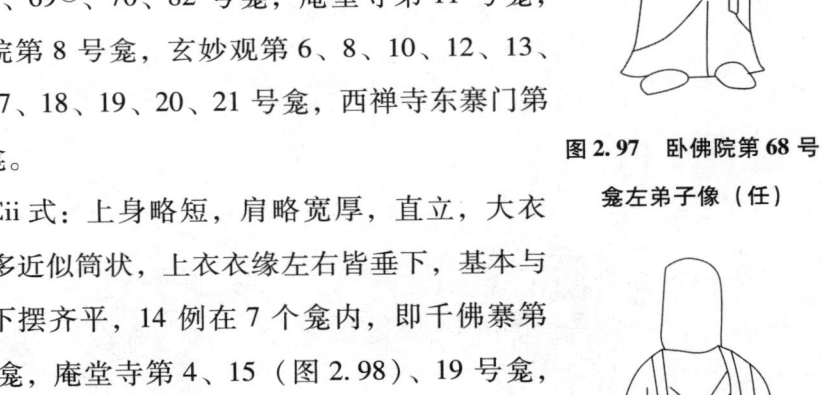

---

① 卧佛院第 69 号龛主尊左侧弟子着钩纽式大衣，暂归入此式。

安岳唐宋石窟研究 >>>

膝前饰简单璎珞，披巾自两肩垂下，多横于膝上两道，绕前臂垂体侧，或径直下垂至脚侧，面相丰圆，体态略修长，头身比例适中，肩略削，小腹微凸，身形微扭曲，83例在39个龛内，即千佛寨第2、4、5、12（图2.102）①、18、24、25、40、41、47②（图2.99）、48、62号龛，高升千佛岩第9、15③号龛，卧佛院第3、31、43、45（图2.100）、61、62、67、68、69、70号龛，木鱼山第23号龛，玄妙观第6、8、10、12、13、15、16、17、18、19、20、21号龛，西禅寺西寨门第8④号龛、东寨门第2号龛。

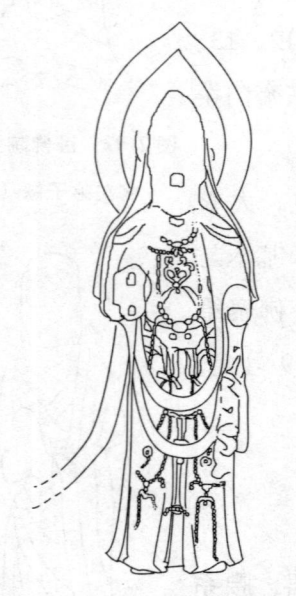

图2.99　千佛寨第47号龛菩萨（张雯绘）　图2.100　卧佛院第45号龛菩萨（任）

① 千佛寨第12号龛龛内4身菩萨像服饰与本式同，但头身比例略有失当，头略小，身体较扁平，身形扭曲，鼓腹，风格改变明显，应为后代仿前代所做，暂归入本式。
② 千佛寨第47号龛龛右起第一尊为结跏趺坐菩萨像。
③ 千佛岩第15号龛龛内菩萨像为半跏趺坐像。
④ 西禅寺西寨门第8号龛龛内菩萨像为结跏趺坐像。

第二章 安岳唐宋窟龛造像的分期与年代

Aii 式：掩腋多无结带，多立于座上，亦有结跏趺坐与半跏趺坐像，头戴冠，多饰项圈，项圈下多有简单璎珞，或于腹前交叉穿璧垂至膝下，膝前多饰简单璎珞，披巾自两肩垂下，横于膝上一道或两道，有的两道披巾交揉在一起，绕前臂垂体侧，善跏趺坐与结跏趺坐者，披巾垂于座两侧，腰间束裙大带下垂如绅，面相浑圆，身体略扁平，肩略宽厚，小腹平，立像身形多为直立，头身比例略有失当，39 例在 19 个龛内，即千佛寨第 19、66①号龛，庵堂寺第 1、2、4、6、10、11、13、15、19（图 2.101）、21②号龛，灵游院第 1、2、3、5、7、8 号龛，圆觉洞第 26 号龛。

图 2.101　庵堂寺第 19 号龛左菩萨像　　图 2.102　千佛寨第 12 号龛内菩萨像

---

① 千佛寨第 66 号龛龛内 8 尊菩萨像除右侧起第三尊菩萨着通肩袈裟外，余皆 Aii 式服饰，身体略扭曲。
② 庵堂寺第 11、21 号龛龛内菩萨像为结跏趺坐像，第 13 号龛龛内菩萨像为抱膝坐像。

B型：外披大衣，或作"交领式"，或作"通肩式"，着"交领式"者半跏趺坐座上，戴风帽，手持锡杖，为地藏菩萨像，着"通肩式"者立于座上，冠上披头巾，为白衣观音像，2例在2个龛内，即庵堂寺第16（图2.103）、17（图2.104）号龛。

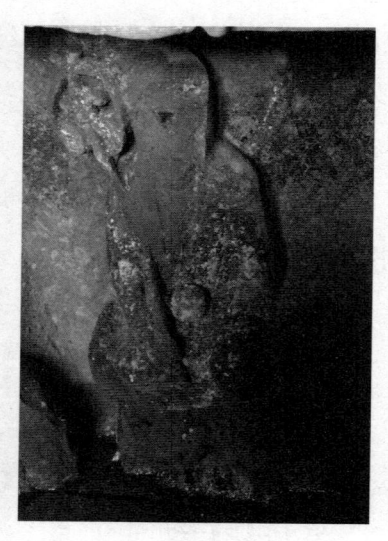

图2.103　庵堂寺第16号龛白衣观音　　图2.104　庵堂寺第17号龛地藏

C型：外披大衣，上衣覆搭双肩且于胸腹前束带打结，大衣边缘在颈部两侧向下垂至腹部，作褒衣博带式，大衣造型肥大宽博，衣摆褶襞密集，下着贴体长裙，腹部系带，结跏趺坐或立于座上，主尊菩萨多立像。菩萨像多头戴卷云花蔓纹高宝冠，冠前中部有小佛像立于仰莲台上，宝缯垂肩或飘起，戴耳饰、手镯，有的只饰有项圈，大部分胸部饰繁复勾连链状璎珞，有部分为网状璎珞，且小腿以下裙摆上露出繁复的璎珞，腰间束裙大带下垂如绅，面相长圆，身体丰满，肩膀宽厚，立像身形较直，9例在5个龛内，即千佛寨第10（图2.105）、15（图2.106）、16、20、32号龛。

第二章　安岳唐宋窟龛造像的分期与年代

图2.105　千佛寨第10号龛左菩萨像　　图2.106　千佛寨第15号龛左菩萨

（2）头光

依据菩萨像头光的主体纹饰，可将唐宋龛分作二型。

A型：桃形。依据头光内纹饰，可分为三式：

Ai式：头光内为圆形或长椭圆形，外或带宝相花等，如千佛寨第2、4、5、18、19、24（参见图2.88）、25、40、41、47、48号龛，卧佛院第31、43、61、62、67、68、69、70号[①]龛，庵堂寺第11、15、17、21号龛，木鱼山第23号龛，玄妙观第6、8、10、12、13、15、16、17、18、19、20、21号龛，西禅寺西寨门第8号龛、东寨门第2号龛等。

Aii式：头光内素面，如千佛寨第10、12号龛，高升千佛岩第9、15号龛等。

---

① 卧佛院第31号龛龛内左菩萨头光内饰莲瓣，43号龛龛内菩萨头光饰宝相花，70号龛内右菩萨头光内饰卷草纹，再于其外饰宝相花和宝珠。

87

Aiii 式：头光内为长椭圆形，外为火焰纹桃形，如庵堂寺第 19 号龛，灵游院第 1、2、3、5、7、8（参见图 2.89）号龛等。

B 型：圆形。依据头光内纹饰，可分为二式：

Bi 式：双重圆形，内外圆间修饰连珠纹和宝相花，如卧佛院第 45 号（参见图 2.100）龛。

Bii 式：素面，如千佛寨第 15、16、66 号龛。

(3) 像座

依据佛座结构和样式，可将唐宋窟分为三型。

A 型：仰莲座，多为二层仰莲，有的下接莲茎，有的下接兽座，其上为立菩萨像，如千佛寨第 2、4、5、10、12（参见图 2.102）、15①、18、19、20、24、25、40、41 号龛，卧佛院第 31、43、45（参见 2.100）、61②、62、67、68、69、70 号龛，玄妙观第 6、8、10、12、13、15、16、17、18、19、20、21 号龛，木鱼山第 23 号龛，高升千佛岩第 9、15 号龛，庵堂寺第 1、2、4、6、11③、15 号龛，灵游院第 2 号龛，西禅寺西寨门第 8 号龛、东寨门第 2 号龛等。

B 型：束腰仰莲座，束腰以上为三层仰莲座，以下多为覆莲座，其上为结跏趺坐菩萨像，如千佛寨第 47、48（图 2.107）号龛，庵堂寺第 13④、21 号龛，灵游院第 3、8 号龛等。

C 型：束腰方座，其上为善跏趺坐菩萨像，如庵堂寺第 10、17 号龛，圆觉洞第 26 号龛（图 2.108），灵游院第 1、7 号龛，千佛寨第 32 号龛等。

---

① 千佛寨第 15 号龛内菩萨像座为覆莲座，暂归入此式。
② 卧佛院第 61 号龛内菩萨像座下接莲茎。
③ 庵堂寺第 11 号龛内菩萨像座下接兽座。
④ 庵堂寺第 13 号龛内菩萨像为抱膝坐。

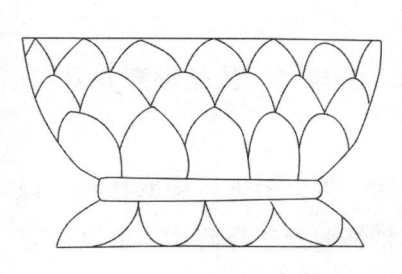

<<< 第二章 安岳唐宋窟龛造像的分期与年代

图 2.107　千佛寨第 48 号龛莲座　　　　图 2.108　圆觉洞第 26 号龛方座

4. 神王像

神王，通常位于胁侍菩萨外侧且成对出现，大多头束髻，着铠甲。安岳唐宋龛中神王像出现较少，目前保存较好的神王像，颈围项护，肩覆披膊，胸护上缘用带向后与背甲扣联，胸甲装饰繁复；甲带由颈下纵束至胸前，打结后再向左右分束于背后；腰系带，其下左右各一片膝裙，膝裙摆边多作百褶状，下露战裙，脚着战靴，如卧佛院第 82 号龛神王（图 2.109）。

图2.109　卧佛院第 82 号龛左神王（任）

89

5. 力士像

力士，通常位于前庭正壁龛门两侧且对称雕凿，依据形态和服饰，安岳唐宋龛可分为二型：

A型：头束髻，有的发髻长束带向上飘，头巾于头后扬成环状，袒上身，下着裙，腰间系带，裙腰外翻，帛带绕肩飘于身两侧，依据体态与身体比例可分为二式：

Ai式：身体比例适中，上半身肌肉发达，胸臂肌肉明显，一手屈举至肩，一手握拳置于体侧，胯部扭动，52例在27个龛内，即卧佛院3、31、61、62、68（图2.110）、69、70号龛龛口两侧力士，千佛寨2、4、24、25、40、41号龛龛口两侧力士，玄妙观第6、8、10、12、13、16、17、18、19、20、21号龛，高升千佛岩第9号龛，木鱼山第23号龛，西禅寺东寨门第2号龛。

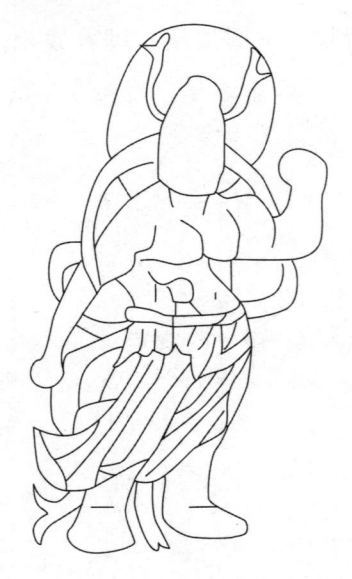

图2.110　卧佛院第68号龛左力士像（任）

>>> 第二章　安岳唐宋窟龛造像的分期与年代

Aii 式：身体比例失当，手长身短，肌肉不明显，一手上举、一手下置，多张开手掌，手掌偏大，6 例在 3 个龛内，即灵游院第 5 号龛两侧力士、庵堂寺第 11 号龛龛口两侧力士、千佛寨第 5 号龛龛口两侧力士（图 2.111）。

B 型：胸前饰璎珞，帛带多垂于身侧，身体比例失当，上大下小，无明显肌肉，6 例在 3 个龛内，即千佛寨第 10（图 2.112）、16、20 号龛龛口两侧力士。

图 2.111　千佛寨第 5 号龛右力士　　　图 2.112　千佛寨第 10 号龛左力士

6. 老君或天尊、道教真人等道教内容

一般主尊结跏趺坐于八角形束腰座上，有内圆外桃形头光，头光外圈上均匀饰五朵六曲葵形花瓣，面相方圆，内着两层交领衣，外披对襟阔袖道袍，胸腹间系带，带端下垂于腿上，道袍下摆垂覆于座上，左手置左腿上。真人一般戴道冠，穿道袍，着交领衣，外披袒右袍，有的抱拳，有的手执如意、拂尘、长扇，也有空手着法印的，共 13 个，即圆觉洞第 71 号龛（图 2.113）、玄妙观第 1（图 2.114）、6、8、10、16、

91

17、18、19、20、21号龛，灵游院第5号龛，庵堂寺第8号龛①。

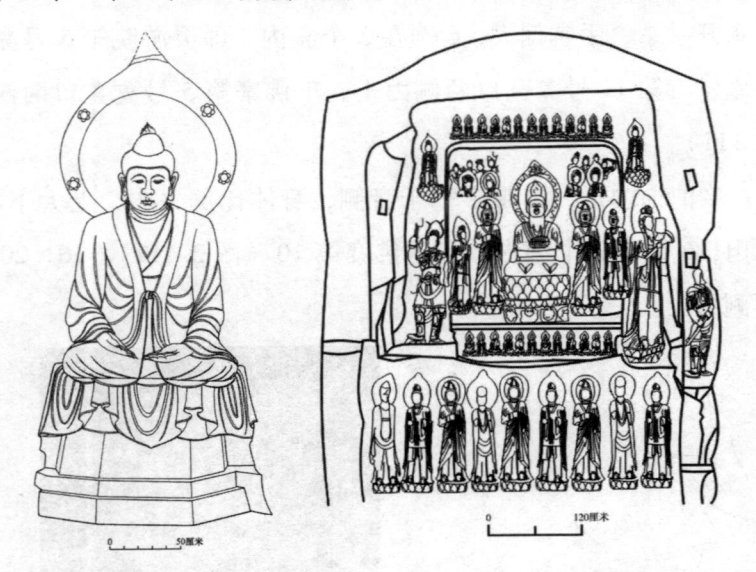

图 2.113　圆 71 主尊实测图　　图 2.114　玄妙观第 1 号龛实测图②

第二节　安岳唐宋窟龛的分组与年代

一、安岳唐宋窟龛的分组与序列

1. 窟的分组与序列

由于自然和人为破坏，上述 60 个窟现存状况不完全一致，列入考古类型学分析的三项 16 个部分，有的窟内并不完全具备，但大多可依

---

① 庵堂寺第 8 号龛主尊外披对襟阔袖道袍，胸腹间系带，结跏趺坐于束腰方座，胸前置三足凭几，左手抚凭几，右手举胸侧，残。右侧胁侍为一尊道士像。题记为救苦天尊。
② 曾德仁. 四川安岳县玄妙观道教摩崖造像［J］. 四川文物，2014（4）：84.

<<< 第二章 安岳唐宋窟龛造像的分期与年代

据现存迹象参与排比。

依据以上对安岳石窟唐宋窟形制、造像题材与组合以及题材内容等组成部分的类型排比分析，制作《安岳地区唐宋石窟"窟"型式与组合表》（附表一），并依据此表讨论窟的分组情况如下：

在附表一中可以看出，第1—23号窟所含各窟均为刻经窟，且不论何种形制均刻有经文，故这些窟应为一组。第24—27号所包括的各个洞窟，各组成部分基本相同，个别形式不同，但也极为接近，应为另一组。第28—42号窟所包括的各个洞窟，各组成部分大多相同或相近，应为一组。第42—60号窟所包括的各个洞窟，各组成部分基本相同或相近，则再为一组。

根据上述窟型式相同和相近的情况，我们可以把安岳石窟唐宋窟分作如下四组。

第一组，23个，即卧佛院第1、2、29、33、46、51、58、59、65、66、71、72、73、75、76、81、83、84、85、109、110、116、119号窟。窟平面布局基本为方形，略有不同，差异不大，均无原凿造像。

第二组，4个，即千佛寨第8、28号窟，圆觉洞第42、47号窟。窟平面布局都为Ai式佛殿窟，造像题材皆为A、D型，造像组合多为Aii式。至于造像特征，佛像皆为A型，佛像座多为Ai式；弟子像皆为A型；菩萨像分Ai式与Aii式，后者较多，头光多为Aiii式，且都有千佛。

第三组，15个，即圆觉洞第13、21、22、23、33、35、39、40、56、60、63、65、67、69号等窟。窟平面布局基本为B型佛殿窟，题材分A、B、C型，A型居多，组合多为Aiii式与Aiv式。造像特征方面，佛像分别有A型、B型、Ci式和D型，主要是前三者，头光多为Aiii式，佛座主要为A型；弟子像分A和B型，主要为后者；菩萨像分Aii式和B型，主要为前者，头光主要为Aii式与Aiii式，像座各式均

93

有。另有力士、A型罗汉和判官像。

第四组，18个，即毗卢洞第1、2、5、6号窟，孔雀洞，圆觉洞第7、9、10、14号窟，茗山寺第2、3、5、8号窟，封门寺阿弥陀佛窟，塔坡第1号窟，大佛寺第1号窟，华严洞，大般若洞。窟平面布局分为大像窟和Aii式佛殿窟，造像题材多为A、B型，组合多为Aii与Av式。在造像特征方面，佛像多为Cii式与E型，头光主要为B型，佛座多为C式；弟子多为C型；菩萨像均为C型，头光都为B型，像座多为Bii式；另有神王与B型罗汉。

通过上述类型排比和各组成部分形式异同的分析，我们将安岳石窟唐宋窟分作四组，下面进一步讨论四组的演化序列问题。

第一组窟内刻经内有大量开元年间题记，同时窟内外有开元纪年题记的造像小龛；第二组窟千佛寨第28号龛有开元十年（722年）左右残碑题记，千佛寨第8号龛有"天宝四载（745年）九月廿三日裱装迄就设斋"题记，所以，第一组与第二组当在同一时期。第三组窟中，圆觉洞第22号窟有前蜀天汉元年（917年）的开窟题记；第四组窟中，圆觉洞第14号窟有北宋大观二年（1108年）的开窟题记，圆觉洞第9号窟有南宋庆元四年（1198年）[①]的开窟题记。由此，我们可以比较肯定地说，上述四组窟的演化序列应为第一组＝第二组→第三组→第四组。

---

① 过去学者多依据清代光绪《安岳县志》的记载，将此窟断为北宋庆历四年（1044年）开凿，根据最新调查和研究，基本可以确定应是南宋庆元四年开凿。（李崇峰. 安岳圆觉洞窟群调查记［C］//重庆大足石刻艺术博物馆. 2005年重庆大足石刻国际学术研讨会论文集. 北京：文物出版社，2007：565-577；王剑平，雷玉华，傅成金. 四川安岳圆觉洞造像的初步研究［M］//成都文物考古研究所. 成都考古研究（二）. 北京：科学出版社，2013：320-356.）

2. 龛的分组与序列

安岳石窟唐宋龛的保存状况，虽比窟稍差，但列入考古类型学分析的 3 项 13 部分，上述 80 个龛中大部分龛的现存遗迹都可参与排比。

依据以上对安岳石窟唐宋龛形制、造像题材与组合以及题材内容等组成部分的类型排比分析，制作《安岳地区唐宋石窟"龛"型式与组合表》（附表二）并依据此表讨论龛的分组情况如下：

从附表二中可以看出，第 1—18 号所含各龛的绝大多数项目，类型相同或相近，应为一组；第 19—50 号所包括的各龛，各组成部分、类型大多相同，个别龛类型不同，但也极为相近，应为另一组；第 51—72 号所包括的各龛，各组成部分、类型多相同或相近，应再分为一组；第 73—80 号所含的各龛，各组成部分、类型亦多相同或相近，可为一组。

根据上述龛型式相同和相近的情况，我们可以把安岳石窟唐宋窟分作如下四组：

第一组，18 个，即卧佛院第 3、43、45、49、50、64、67、82 号龛，千佛寨第 1、29、47、49、62、66 号龛，玄妙观第 15 号龛，西禅寺西寨门第 1、8 号龛，高升千佛岩第 15 号龛。龛平面布局多为 Ai 式、Bi 式、Bii 式、Biii 式方形龛以及 Ai 式半圆形龛，以方形龛为主；题材有 A 型、B 型与 F 型，组合主要为 A 型和 B 型。造像特征方面，有 A 型、B 型、Ci 式与 Di 式佛像，Ci 式居多，头光多为 Ai 式，佛座有 A 型、Bii 式、Ci 式，以 Ci 式为主；弟子有 A 型、B 型和 Ci 式；菩萨主要为 Ai 式，头光也为 Ai 式，像座以 A 型为主；另有 Ai 式力士。

第二组，32 个，即圆觉洞第 71 号龛，千佛寨第 2、4、5、17、18、24、25、40、41、48 号龛，玄妙观第 1、6、8、10、12、13、16、17、18、19、20、21 号龛，西禅寺东寨门第 2 号龛，卧佛院第 31、61、62、68、69、70 号龛，木鱼山第 23 号龛，高升千佛岩第 9 号龛。龛平面布

95

局有 Bi 式、Bii 式与 C 型半圆形龛，造像题材以 A 型、D 型为主，组合以 C 型、D 型为主；造像特征方面，佛像有 A 型、B 型、Ci 式，以后两者为主，头光都为 Ai 式，佛座各形式均有，Ci 式居多；弟子均为 Ci 式；菩萨像均为 Ai 式，头光均为 Ai 式，像座均为 A 型；力士也均为 Ai 式。除此以外还有大量道教造像。

第三组，22 个，即灵游院 1、2、3、5、7、8 号龛，庵堂寺第 1、2、4、6、8、10、11、13、15、16、17、19、21、22 号龛，圆觉洞第 26、58 号龛。龛平面布局主要有 Ai 式、Aii 式、Biii 式、Biv 式方形龛，题材各型均有，主要为 A 型与 B 型，组合有 A 型、B 型、D 型、E 型，以 A 型、B 型为主；造像特征方面，佛像有 A 型、B 型、Ci 式、Di 式，主要为 Ci 式，头光为 A 型，主要为 Aii 式，佛座有 B 型与 C 型各式，主要为 Bii 式与 Cii 式；弟子主要为 Cii 式；菩萨像均为 Aii 式，头光有 Ai 式与 Aii 式，像座有 A 型、B 型、C 型，以 A 型、C 型为主；力士均为 Aii 式。偶有道教造像。

第四组，8 个，即千佛寨 10、12、15、16、19、20、30、32 号龛。龛平面布局有 Ai 式方形龛、Aii 式和 Biii 式半圆形龛，以半圆形龛为主，题材有 A 型、B 型，主要为 A 型，组合有 A 型、B 型与 C 型，主要为 A 型与 C 型；造像特征方面，佛像为 Cii 式、Dii 式，头光不多见，佛座为 A 型与 Cii 式；弟子不多见，偶有 Cii 式；菩萨像多为 C 型，亦有 Aii 式，头光多为 Aii 式、Bii 式，像座多为 A 型、C 型；力士均为 B 型。未见道教造像。

通过上述类型排比和各组成部分形式异同的分析，我们将安岳石窟唐宋龛分作四组，下面进一步讨论四组的演化序列问题。

因为第一组龛中，卧佛院第 50 号龛有开元十一年（723 年）的开龛题记，西禅寺西寨门第 1 号龛有元和十三年（818 年）的开龛题记；

第二组龛内，圆觉洞第 71 号龛有开元廿四年（736 年）的开龛题记，玄妙观第 1 号龛有天宝八年（749 年）追记开元十八年（730 年）的开龛题记，木鱼山第 23 号龛有贞元元年（785 年）的开龛题记，高升千佛岩第 9 号龛有开成二年（837 年）的开龛题记，所以，第一组与第二组当在同一时期。第三组龛中，庵堂寺第 10 号龛有天复七年（907 年，天复本为唐昭宗年号，只有四年，前蜀高祖王建一直沿用到七年）的开龛题记，第 8 号龛有武成元年（908 年）的开龛题记，第四组千佛寨第 30、32 号龛有南宋庆元二年（1196 年）的造像题记。由此，我们可以比较肯定地说，上述四组龛的演化序列应为第一组＝第二组→第三组→第四组。

二、安岳唐宋窟龛的分期

安岳石窟中，虽然窟龛大小、形制有别，但各组在造像特征上却多有相同，如除大小外，窟中 Ci 式、Cii 式、E 型佛像分别与龛中 Ci 式、Cii 式、Dii 式佛像在形象上基本一致，窟中 Ai 式、Aii 式、C 型菩萨像分别与龛中 Ai 式、Aii 式、C 型菩萨像在形象上基本一致，其余窟龛内各部分、各型式造像相互之间均能找到大体特征上相同或相似的型式。通过对造像特征的对比，可以发现，窟第二组与龛第一组、第二组基本相近，窟第三组与龛第三组基本一致，窟第四组与龛第四组基本相同。由此，可将窟龛分组序列表示如下：

窟第一组＝窟第二组＝龛第一组＝龛第二组

↓

窟第三组＝龛第三组

↓

窟第四组＝龛第四组

综上所述，我们可以把安岳唐宋窟龛分作如下三期：

第一期：包括窟第一、二组与龛第一、二组的所有窟龛，77个，即卧佛院第1、2、29、33、46、51、58、59、65、66、71、72、73、75、76、81、83、84、85、109、110、116、119号窟，千佛寨第8、28号窟，圆觉洞第42、47号窟等；卧佛院第3、31、43、45、49、50、61、62、64、67、68、69、70、82号龛，千佛寨第1、2、4、5、17、18、24、25、29、40、41、47、48、49、62、66号龛，西禅寺西寨门第1、8号龛，西禅寺东寨门第2号龛，高升千佛岩第9、15号龛，圆觉洞第71号龛，玄妙观第1、6、8、10、12、13、15、16、17、18、19、20、21号龛，木鱼山第23号龛。

第二期：包括窟第三组与龛第三组的所有窟龛，37个，即圆觉洞第13、21、22、23、33、35、39、40、56、60、63、65、67、69号窟等；灵游院1、2、3、5、7、8号龛，庵堂寺第1、2、4、6、8、10、11、13、15、16、17、19、21、22号龛，圆觉洞第26、58号龛等。

第三期：包括窟第四组与龛第四组的所有窟龛，26个，即毗卢洞第1、2、5、6号窟，孔雀洞，圆觉洞第7、9、10、14号窟，茗山寺第2、3、5、8号窟，封门寺阿弥陀佛窟，塔坡第1号窟，大佛寺第1号窟，华严洞，大般若洞；千佛寨10、12、15、16、19、20、30、32号龛。

三、安岳唐宋各期窟龛的主要特点及年代

经过类型排比与分析以及实地考察，我们发现，安岳唐宋各期窟龛在形制、造像题材及组合、造像内容特征等方面，相互间既有承继关系，彼此又有许多不同之处。现按三期先后序列，分述各期窟龛的主要特点及相互关系。而后，对各期窟龛的相对年代及反映的历史问题做初

<<< 第二章 安岳唐宋窟龛造像的分期与年代

步探讨。

1. 第一期

（1）窟龛形制及造像特征

第一期窟龛形制，既有不见于别处的方形刻经窟，又有普遍流行于四川地区的半圆形龛，窟龛形制种类众多，不拘泥于传统。

窟的平面主要为方形与后壁圆弧近半椭圆形（Ai式佛殿窟）。龛的平面主要为方形（Ai式、Bi式、Bii式、Biii式方形）与半圆形（Ai式、Bi式、Bii式、C型）。

方形刻经窟内只刻经不造像，其余窟龛内主尊雕凿于正壁中央，两侧多有胁侍像。窟的造像组合多为一铺五身像（Aiii式），即一佛二弟子二菩萨，龛的造像题材与组合均较为多样，独立单尊造像较多，组合有一铺一身像（A型）、一铺三身或五身像（B型）、一铺七身像（C型）或一铺八身像（D型）。窟龛造像题材主要有涅槃变、释迦、阿弥陀、观音及变相、地藏、西方净土变、药师经变、神异僧人[①]等。

造像特征方面，佛像多结跏趺坐，亦有立像，佛衣有通肩式（窟A型、龛B型）、袒右式（龛A型）、褒衣博带式（龛Ci式）、钩纽式（龛Di式），其中以褒衣博带式为多，僧祇支衣缘略高在胸前，束带结多在腹前，衣纹纹路略多。头光内为圆形或长椭圆形，内或饰莲花等，外为桃形，内或饰宝相花等（龛Ai式）。窟内佛座多为束腰莲座，束腰部分有圆鼓状凸出（窟Ai式），龛内佛座多为仰莲座（龛A型）与方座（龛C型）。弟子多内着"交领衫"，上衣覆搭双肩后，两衣缘自颈侧垂至腹前，唯左衣缘多被大衣遮覆；大衣右角宽搭左肩，垂于背后，左侧边缘自颈外垂下，右侧边缘自右胁下绕出覆腹后衣尾上搭左

---

① 西方净土变、药师经变、神异僧人题材内容主要出现在B型方形龛中。

99

臂，内衣下摆长于大衣，垂覆脚面，上衣衣缘在右手处卷起（龛 Ci 式）。菩萨掩腋在胸前打结，多立于座上，亦有结跏趺坐与半跏趺坐像，头戴冠，宝缯垂肩，饰项圈，项圈下垂复杂璎珞，于腹前交叉穿璧，膝前饰简单璎珞，披巾自两肩垂下，或横于膝上一道或两道，绕前臂垂体侧，或径直下垂至脚侧，面相丰圆，体态略修长，头身比例适中，肩略削，小腹微凸，身形微扭曲（窟 Ai 式、龛 Ai 式），菩萨头光内为圆形或长椭圆形，外或带宝相花（窟 Ai 式、龛 Ai 式），像座多为仰莲座（龛 A 型）。大窟内无力士，小龛内力士身体比例适中，上半身肌肉发达，胸臂肌肉明显，一手屈举至肩，一手握拳置于体侧，胯部扭动（龛 Ai 式）。大窟内多有千佛、小龛多有道教造像。

（2）相关问题及年代推定

安岳唐宋第一期窟龛中纪年题记较多，最早的碑刻题记应为千佛寨第 28 号窟旁残碑，碑文残记"普州刺史韦忠"，据南宋王象之《舆地纪胜》卷一五八·普州条中所记"唐西岩禅师受戒序，普州刺史韦忠开元十年（722 年）建"[1]，可以推知最早于开元十年，千佛寨已有佛教石刻活动，但是否开窟造像，并无可知。目前安岳境内最早的造像纪年题记为卧佛院第 50 号龛"开元十一年（723 年）"杨善造千佛题记，由于杨善题记打破了第 46、51 号窟之间的墙壁，由此可知，卧佛院开窟在其作题记之前。

唐玄宗"初即位，务修德政，军国庶务，多访于（姚）崇"[2]。开元二年（714 年）正月丙寅，"姚崇上言请检责天下僧尼，以伪滥还俗者二万余人"[3]。二月"丁未，敕：'自今所在毋得创建佛寺，旧寺颓

---

[1] 王象之. 舆地纪胜：卷一百五十八·普州［M］. 北京：中华书局，2003：4304.
[2] 刘昫. 旧唐书：卷九十六·姚崇［M］. 北京：中华书局，1975：3025.
[3] 刘昫. 旧唐书：卷八·本纪第八·玄宗［M］. 北京：中华书局，1975：172.

坏应葺者，诣有司陈牒检视，然后听之'……（七月）戊申，禁百官家毋得与僧尼、道士往还。壬子，禁人间铸佛、写经"①。开元九年（721年），姚崇卒，临终前有《遗令诫子孙文》，谓历史上崇佛者"命不得延，国亦随灭"②。这一时期，玄宗抑佛的同时，亦推行崇道政策，开元九年，玄宗又遣使"迎（司马承祯）入京，亲受法箓，前后赏赐甚厚"③。"九年三月，置石柱于景龙观，令天台道士司马承祯依蔡邕石柱三体书写《老子》道德经。"④在这样的政治环境下，佛教僧尼感受到了危机，为保存佛法，参照前朝开窟刻经的旧例，并借鉴当朝承祯石刻法，开窟刻经是合理的，故卧佛院刻经应始于开元九年至十年（721—722年）之间。

前述开元十一年（723年）杨善题记打破了卧佛院第46、51号窟之间的墙壁，故第46、51号窟开凿应在开元十一年之前，很可能是卧佛院的第一批刻经窟，而第46号窟内刻有释静泰撰写的《大唐东京大敬爱寺一切经论目序》，如为保存佛法，刻经以备未来经本，经目当为首要，这也从另一个角度证明了第46号窟开凿最早。第46、51号窟内另刻有昙无谶译的《大般涅槃经》，而在其斜对面崖壁，正造有涅槃像，即第3号卧佛龛；第46、51号龛与第3号卧佛龛分别位于卧佛院南北崖壁最佳位置，这都说明当时刻经与造像是统一规划和进行的。由此可知，安岳地区开窟造像也与刻经是同时开始的，都在开元九年至十

---

① 司马光. 资治通鉴：卷二百一十一·唐纪二十七·开元二年［M］. 北京：中华书局，1956：6696，6703.
② 刘昫. 旧唐书：卷九十六·姚崇［M］. 北京：中华书局，1975：3026.
③ 刘昫. 旧唐书：卷一九二·列传第一四二·司马承祯传［M］. 北京：中华书局，1975：5182.
④ 王钦若. 册府元龟：卷五三·帝王部·尚黄老［M］. 北京：中华书局，1960：588.

年之间。

不过，玄宗虽然在佛、道两教中比较偏重道教，但他并没有放弃对佛教的利用。实际上，开元初期之后，也并没有再颁布更严苛的政策限制佛教发展。在"开元三大士"来华后，玄宗对佛教亦加礼遇，"俱住长安，结坛灌顶，祷雨禳灾"①，玄宗除"敕迎就慈恩寺……使一行禅师谨密侯之（金刚智）"外，开元十一年（723年）还敕金刚智于资圣寺翻译密教经《瑜伽念诵经》等②。玄宗亦曾诏不空"入内立坛，为帝灌顶"③，开元二十四年（736年），因"僧徒固请、欲以兴教"，玄宗把他"心有所得、辄复疏之"的《御注金刚般若经》颁行天下④，故而可知佛教在玄宗朝仍有发展，安岳唐宋石窟中多有开元造像题记也证明了这一点。如玄妙观第15号龛旁的"开元十八年，玄口撰般若波多经造观音自在菩萨"题记，千佛寨第17、18号龛之间的"开元廿年岁次壬申十二月庚午朔十八日丁亥/前安岳县录事骑都尉勋官五品黎令宾愿平/安造东面三世诸佛一龛又为亡父亡母及亡妻/敬造西面救苦观世音菩萨一龛三身并永为供/养前安居县市令普慈县助教笈恪男前州市令/县尉勋官七品虔亦永供养寺上座玄应书"⑤。而玄妙观天宝八年（749年）所立"启大唐御立集圣山玄妙观胜境碑"表明从开元十八年（730年）起，安岳开始凿造道教造像，这些道教龛多以佛道合龛的形式出现，也说明了这一时期，佛教并没有完全被道教压制，而是共同发展的。

---

① 汤用彤. 隋唐佛教史稿［M］. 北京：中华书局，1982：27.
② 赞宁. 宋高僧传：卷一·金刚智传［M］. 北京：中华书局，1987：5-6.
③ 赞宁. 宋高僧传：卷一·不空传［M］. 北京：中华书局，1987：8.
④ 董诰，等. 全唐文：卷三十·答张九龄等贺御注（金刚经）手诏［M］. 北京：中华书局，1982：343.
⑤ 李崇峰. 安岳圆觉洞窟群调查记［C］//重庆大足石刻艺术博物馆. 2005年重庆大足石刻国际学术研讨会论文集. 北京：文物出版社，2007：566.

第二章 安岳唐宋窟龛造像的分期与年代

玄宗之后，唐皇室多崇佛。肃宗时，"至德初銮驾在灵武凤翔，空常密奉表起居。肃宗亦密遣使者求秘密法。洎收京反正之日，事如所料。乾元中帝请入内，建道场护摩法，为帝受转轮王位七宝灌顶。上元末帝不豫，空以大随求真言被除至七过，翼日乃瘳。帝愈加殊礼焉，空表请入山"①。代宗下令诵经、建寺、度僧，"常于禁中饭僧百余人"，乃至"京畿良田美利多归僧寺"②。德宗曾下诏："释道二教，福利群生，馆宇经行，必资严洁，今后寺观不得容外客居住，破坏之处，随宜修葺"，贞元"六年（790年）正月，诏迎凤翔法门寺释迦佛骨，入禁中供养，传至诸寺瞻礼。二月迎佛骨归寺"③。宪宗佞佛，屡迎佛骨，元和十四年（819年），"中使迎佛骨至京师，上留禁中三日，乃历送诸寺，王公士民瞻奉舍施，唯恐弗及，有竭产充施者，有燃香臂顶供养"④。

这一时期，安岳石窟开窟不辍。如"贞元元年（785年）"开凿的木鱼山第23号龛，"元和十三年（818年）"开凿的西禅寺西寨门第1号龛和"开成二年（837年）岁次丁巳正月廿三日"开凿的千佛岩第9号龛。

"开成二年"之后，咸通年间安岳地区尚有零星的开龛造像记录⑤，其后一直到五代初方有明确标注了纪年的开龛题记，这表明安岳地区唐代大规模开龛造像大致自开成二年开始衰落，这一现象的发生是受两方

---

① 赞宁.宋高僧传：卷一·不空传［M］.北京：中华书局，1987：8-9.
② 司马光.资治通鉴：卷二百一十一·唐纪四十·大历二年［M］.北京：中华书局，1956：7196.
③ 志磐.佛祖统纪：卷四十二·德宗［M］.释道法，校注.上海：上海古籍出版社，2012：966.
④ 司马光.资治通鉴：卷二百一十一·唐纪五十七·元和十四年［M］.北京：中华书局，1956：7758.
⑤ 如佛耳岩内小龛中有咸通年间（860—874年）题记，位于安岳民主乡石锣村的石锣沟摩崖造像中就有咸通十二年（871年）的题记，不过造像多已风化。

面的影响。

　　唐武宗自会昌五年（845年）三月敕不许天下寺置庄园，由此开始毁法、检括、收遣僧尼、拆汰寺庙、毁坏佛像，中原佛教，深受打击①，史称"会昌法难"。关于"会昌法难"对四川佛教的打击，后人多有记述，如"会昌年除毁后，余大圣慈一寺佛像得存"②。唐人赵璘也曾在《因话录》中记道："汉州开元寺，有菩萨像。自顶及焰光坐趺，都是一段青石。洁腻可爱，雕琢极工，高数尺，会昌毁寺时，佛像多遭摧折刓缺，惟此不伤丝毫。"③这则故事虽然是讲佛教神异故事，但从中亦可看出，"会昌法难"对四川佛教的影响。寺毁像摧，石窟的开凿恐亦受到了影响。虽然唐武宗会昌毁佛后一年而薨，其政即行告覆，"武宗会昌六年三月二十三日崩，宣宗五月即敕复佛寺，可知佛教势力仍甚强也"④。安岳的石窟开凿有所恢复，但并不显著，这与晚唐川内形势以及大足石窟的开凿有关。

　　唐文宗太和三年（829年），"丙申，西川节度使杜元颖奏南诏入寇。元颖以旧相，文雅自高，不晓军事……南诏自嵯颠谋大举入寇，边州屡以告，元颖不之信。嵯颠兵至，边城一无备御。蛮以蜀卒为乡导，袭陷巂、戎二州。甲辰，元颖遣兵与战于邛州南，蜀兵大败，蛮遂陷邛州。武宁节度使王智兴入朝。诏发东川、兴元、荆南兵以救西川。十二月，丁未朔，又发鄂岳、襄邓、陈许等兵继之。以王智兴为忠武节度

---

① 汤用彤. 隋唐佛教史稿：第一章第六节·会昌法难［M］. 北京：中华书局，1982：40-50.
② 黄休复. 益州名画录［M］. 北京：中华书局，1991：7-8.
③ 赵璘. 因话录：卷六［M］//文渊阁四库全书·子部·艺术类. 香港：香港迪志文化出版有限公司，2001：34.
④ 汤用彤. 隋唐佛教史稿：第一章第六节·会昌法难［M］. 北京：中华书局，1982：51.

使。己酉，以东川节度使郭钊为西川节度使，兼权东川节度事。嵯颠自邛州引兵径抵成都。庚戌，陷其外郭。杜元颖帅众保牙城以拒之，欲遁去者数四……己未，以右领军大将军董重质为神策、诸道西川行营节度使，又发太原、凤翔兵赴西川。南诏寇东川，入梓州西郭……蛮留成都西郭十日……将行，乃大掠子女、百工数万人及珍货而去"①。

太和四年（830年），"十月，戊申，以义成节度使李德裕为西川节度使……德裕至镇，作筹边楼，图蜀地形，南入南诏，西达吐蕃。日召老于军旅、习边事者，虽走卒蛮夷无所间，访以山川、城邑、道路险易广狭远近，未逾月，皆若身尝涉历……德裕乃练士卒，葺堡鄣，积粮储以备边，蜀人粗安"②。

懿宗咸通十年（869年）十月，"南诏骠信酋龙倾国入寇，引数万众击董春乌部，破之。十一月，蛮进寇巂州……十二月，丁酉，蛮……陷犍为，纵兵焚掠陵、荣二州之境……壬子，陷嘉州……蛮进陷黎、雅"③。

十一年（870年）正月，癸酉，"蛮军抵成都城下……丁丑，王昼以兴元、资、简兵三千余人军于毗桥，遇蛮前锋，与战不利，退保汉州……二月……庚寅，复进攻城。辛卯，城中出兵击之，乃退。……庚子，官军至城下与蛮战，夺其升迁桥，是夕，蛮自烧攻具遁去……黎州刺史严师本收散卒数千保邛州，蛮围之，二日，不克，亦舍去。颜庆复始教蜀人筑瓮门城，穿堑引水满之，植鹿角，分营铺。蛮知有备，自是

---

① 司马光. 资治通鉴：卷二百四十四·唐纪六十·太和三年[M]. 北京：中华书局，1956：7867-7868.
② 司马光. 资治通鉴：卷二百四十四·唐纪六十·太和四年[M]. 北京：中华书局，1956：7872-7873.
③ 司马光. 资治通鉴：卷二百五十一·唐纪六十八·咸通十年[M]. 北京：中华书局，1956：8151-8152.

不复犯成都矣"①。

唐与南诏的战争持续数十年，蜀中民众深受其害，如前文所述，简、资州兵多为诏发，普州地区虽在蜀地腹心，但蜀地凡有战乱，无论远近，恐亦被波及。玄妙观"启大唐御立集圣山玄妙观胜境碑"碑文中记述的道徒左识相在开元间被军队强征讨伐蛮戎之事②，查诸相关史料，仅开元四年（716年）二月，"吐蕃围松州……癸酉，松州都督孙仁献袭击吐蕃于城下，大破之"③。松州，即今川西阿坝地区，与普州相去甚远，但普州百姓亦因此而被征役。此次唐战南诏于蜀地腹心，简、资州兵民已发，普州亦不得免。

晚唐僖宗乾符之际（874年—879年），黄巢义军席卷中原，"洎黄巢侵陷京阙，銮舆出幸成都，四海波腾，三川鼎沸"，荣昌县令韦君靖"睹兹遐僻，民不聊生，遂合置义兵，招安户口，抑强扶弱，务织劝农，足食足兵，以杀去杀"。同时因军功，"进忠节检校御史大夫、除拜普州刺史"④。虽然除拜普州刺史，但是韦君靖的治所依然在大足，这就意味着晚唐时，大足已成为区域的政治中心，普州在政治上实际已经成为昌州即大足的附庸，加之当时战乱频仍，各种人力物力资源也随之向大足集聚，这里面自然也包括石刻工匠。宋代大足石刻中多工匠题名，其中多次出现岳阳文氏的题名，这里的岳阳即是普州安岳之岳阳。有学者考证，此处文氏以岳阳自称，指祖籍是岳阳⑤。既是祖籍，那么

---

① 司马光. 资治通鉴：卷二百五十一·唐纪六十八·咸通十一年 [M]. 北京：中华书局，1956：8153-8158.
② 曾德仁. 四川安岳县玄妙观道教摩崖造像 [J]. 四川文物，2014（4）：88.
③ 司马光. 资治通鉴：卷二百一十一·唐纪二十七·开元四年 [M]. 北京：中华书局，1956：6716.
④ 王家祐，徐学书. 大足《韦君靖碑》与韦君靖史事考辩 [J]. 四川文物，2003（5）：58.
⑤ 张划. 大足石刻宋代镌匠考述 [J]. 四川文物，1993（3）：41-46.

其祖上离开安岳的时间可能即是晚唐韦君靖时期。韦君靖"唐景福壬子岁（元年，892年）春正月，于寨内西□□□□□□翠壁，凿出金仙，现千手眼之威神，具八十种相好"，开始在大足开窟造像，他所依仗的很可能就是这时期迁往昌州的普州工匠。这也意味着晚唐时期，安岳石窟开凿开始陷入衰落和停滞。

综上，安岳唐宋窟龛本期的时间上限，可定于开元九年（721年），时间下限，可定于唐昭宗景福年间（892—893年），即本期年代为公元721年—893年。

2. 第二期

（1）窟龛形制及造像特征

第二期窟龛形制，开始趋于简单，无论窟龛，基本形制均为方形（窟B型，龛Ai式、Aii式、Biii式、Biv式）。

窟龛内主尊雕凿于正壁中央，两侧多有胁侍像。窟的造像组合多为一铺七身像或九身像（Aiv式）和一铺多身像（Av式），龛的造像题材与组合均较为多样，组合以一铺一身像（A型）、一铺三身或五身像（B型）为多。窟龛题材多为阿弥陀、观音及变相、地藏、西方净土变、罗汉、解冤结菩萨等。

造像特征方面，佛像坐姿较丰富，结跏趺坐、善跏趺坐、立像均有，佛衣有通肩式（窟A型、龛B型）、袒右式（窟D型）、褒衣博带式（窟Ci式、龛Ci式）、钩纽式（龛Di式），新出现大衣作"交领式"（窟B型），其中褒衣博带式居多，僧祇支衣缘略高在胸前，束带结多在腹前，衣纹纹路略多。头光开始简化，内为圆形或长椭圆形，外为桃形（窟Aiii式、龛Aii式）。窟内佛座多为束腰莲座（窟A型），束腰部分圆鼓状凸出消失（窟Aii式），龛内佛座开始多为仰莲座（龛Bii式），方座（龛Cii式）依然存在。弟子除内着"交领衫"，上衣覆搭双肩后两衣缘自颈侧垂至腹前,唯左衣缘多被大衣遮覆;大衣右角宽搭左肩,垂之背后,左侧边缘自颈外垂下,右侧边缘自右胁下绕出覆腹后衣尾上搭左臂,内衣下摆长于大衣,垂覆脚面,上衣衣缘在右手处卷起(窟B型、龛Ci式)外,上衣衣缘左右皆垂下,基本与大衣下摆齐平开始成为主流(龛Cii式)。菩萨掩腋开始不再打结(窟Aii式、龛Aii式),并出现有着外披"交领式"外衣(窟B型、龛B型)以及"通肩式"外衣(龛B型)的菩萨,菩萨头光开始简化,多不再有宝相花(窟Aii式与Aiii式、龛Ai式与Aii式),像座开始多样化,出现了束腰仰莲座(窟A型、龛B型)和束腰方座(窟C型和龛C型)。力士发生变化,身体比例变得失当,手长身短,肌肉不明显,一手上举、一手下置,多张开手掌,手掌偏大(窟力士、龛Aii式)。大窟内开始出现浮雕,人像姿势单一,内容为简单的罗汉(窟A型)以及判官像,小龛内道教造像变少。

(2) 相关问题及年代推定

乾宁四年(897年)五月,"丙戌,王建以节度副使张琳守成都,自将兵五万攻东川……王建与顾彦晖五十余战,九月,癸酉朔,围梓州。蜀州刺史周德权言于建曰:'公与彦晖争东川三年,士卒疲于矢石,百姓困于输挽。东川群盗多据州县。'十月壬子,知遂州侯绍帅众二万,乙卯,知合州王仁威帅众千人,戊午,凤翔将李继溥以援兵二千,皆降于王建。建攻梓州益急……建入梓州,城中兵尚七万人,建命王宗绾分兵徇昌、普等州,以王宗涤为东川留后"[①]。

天佑四年(907年)三月甲辰,唐昭宣帝李祝"降御札禅位于

---

① 司马光.资治通鉴:卷二百六十一·唐纪七十七·乾宁四年[M].北京:中华书局,1956:8504-8509.

梁"，朱全忠四月壬戌"更名晃，……甲子，……即皇帝位，……戊辰，大赦、改元，国号大梁"①，史称后梁。同年九月乙亥，王建于成都"即皇帝位，……国号大蜀"②，史称前蜀，蜀地进入五代时期。王建称帝后，多循唐制，"蜀主虽目不知书，好与书生谈论，粗晓其理。是时唐衣冠之族多避乱在蜀，蜀主礼而用之，使修举故事，故其典章文物有唐之遗风"③。而王建对于佛教，亦多有好感，"王氏将图僭伪，邀四方贤士，得休甚喜，盛被礼遇，赐赍隆洽，署号禅月大师。蜀主常呼为'得得来和尚'。时韦蔼举其美号……至梁乾化二年终于所居，春秋八十一。蜀主惨怛，一皆官葬，塔号白莲。于城都北门外升迁为浮图，乃伪蜀乾德中，即梁乾化三年癸酉岁也"④。

前蜀时期，蜀地仍多有征战，前蜀永平元年（后梁乾化元年，911年）三月，"岐王聚兵临蜀东鄙，蜀主……以兼侍中王宗祐、太子少师王宗贺、山南节度使唐道袭为三招讨使，左金吾大将军王宗绍为宗祐之副，帅步骑十二万伐岐"。永平三年（后梁乾化三年，913年）七月，"丁未旦，太子入白蜀主曰：'潘峭、毛文锡离间兄弟。'蜀主怒，命贬逐峭、文锡，以前武泰节度使兼侍中潘炕为内枢密使。太子出，道袭入，蜀主以其事告之，道袭曰：'太子谋作乱，欲召诸将、诸王，以兵锢之，然后举事耳。'蜀主疑焉，遂不出；道袭请召屯营兵入宿卫，许之。内外戒严。太子初不为备，闻道袭召兵，乃以天武甲士自卫，捕潘

---

① 司马光. 资治通鉴：卷二百六十六·后梁纪·开平元年［M］. 北京：中华书局，1956：8670－8674.
② 司马光. 资治通鉴：卷二百六十六·后梁纪·开平元年［M］. 北京：中华书局，1956：8685.
③ 司马光. 资治通鉴：卷二百六十六·后梁纪·开平元年［M］. 北京：中华书局，1956：8685.
④ 赞宁. 宋高僧传：卷三十·贯休传［M］. 北京：中华书局，1987：749－750.

峭、毛文锡至,杖之几死,囚诸东宫;又捕成都尹潘峤,囚诸得贤门。戊申,徐瑶、常谦与怀胜军使严璘等各帅所部兵奉太子攻道袭。至清风楼,道袭引屯营兵出拒战;道袭中流矢,逐至城西,斩之。杀屯营兵甚众,中外惊扰"①。

后唐同光三年(925年),"帝将伐蜀,辛卯,诏天下括市战马……冬,十月,排陈斩斫使李绍琛与李严将骁骑三千、步兵万人为前锋……癸亥,蜀主引兵数万发成都,甲子,至汉州……乙酉,成州刺史王承朴弃城走。李绍琛等与蜀三招讨战于三泉,蜀兵大败,斩首五千级,余众溃走……己酉,魏王继岌至绵州,蜀主命翰林学士李昊草降表,又命中书侍郎、同平章事王锴草降书,遣兵部侍郎欧阳彬奉之以迎继岌及郭崇韬"②。

前蜀时期,在蜀地如此大规模的征战内斗之中,普州民众难逃其害,生活不易。

反映到石窟造像中,这一时期,安岳石窟所造龛像主题多为祈福救苦,观音造像居多。庵堂寺内多此实例,如第10号龛"敬造大悲菩萨壹龛……天复七年(907年)丁卯岁",第15号龛"……弥陀佛观世音菩萨大势至菩萨并侍……蜀天汉(王建的年号,只有一年,为917年)……十二月",第16号龛"敬造白衣观音壹身,愿亡者承此功德离苦解脱,自在逍遥,愿自在安乐,福寿延长,永为供养,咸康元年(前蜀后主王衍年号,925年)四月廿三日修造讫",第17号龛"维大唐天成四年(后唐明宗李亶年号,929年)……镌造……观音地藏菩萨一

---

① 司马光. 资治通鉴:卷二百六十六·后梁纪·开平元年[M]. 北京:中华书局,1956:8773-8774.
② 司马光. 资治通鉴:卷二百七十三-二百七十四·后唐纪·同光三年[M]. 北京:中华书局,1956:8934-8943.

龛",第 13 号龛"敬镌造曜像白衣观音菩萨一身……天成五年（930年）庚寅岁二月廿五日比丘怀真题记永为供养",在圆觉洞第 22 号窟内亦有小龛题记"敬镌造救苦白衣观音记……大蜀天汉元年"等①。

后唐清泰元年（934 年）闰正月，"甲寅……蜀将吏劝蜀王知祥称帝。己巳，知祥即皇帝位于成都"②。史称后蜀，蜀地进入新纪元。后蜀国祚较长，治下多平，蜀中经济社会多有发展。后蜀多画士，其中擅佛道者众多，蜀中佛寺多有相关画作。如"黄筌，字要叔，成都人，至孟蜀加检校少府监……有佛道、天王等图传于世。""杜敬安……事孟蜀为翰林待诏……成都大慈寺与其父同画列壁。""蒲延昌……工画佛道鬼神外，尤精狮子。""张玄，简州金水石城山人，善图僧相，画罗汉名播天下，称金水张家罗汉也。""丘文播……并工佛道人物……成都并其乡里，颇有画迹。""杨元真……工画佛道，……蜀川颇有画迹。""董从晦……佛道人物，举意皆精，成都福感寺有画壁。""张景思，蜀人，工画佛道，蜀中有画壁。"③这些记载中的壁画现都已不见其踪，不过这些记载反映出了后蜀壁画创作的发达，而这样发达的壁画创作，也会影响开窟造像。安岳唐宋窟龛中，有关后蜀的题记内容多为后世修复，少见开龛造像，即使是在五代造像丰富的大足，后蜀开龛题记也并不多，或可为证据。安岳后蜀修复题记有灵游院第 5 号龛内的"众社户发心妆释……妆老君并部众共……时以广政七年（公元 944

---

① 成都市文物考古研究所，安岳县文物局. 四川安岳县庵堂寺摩崖造像调查简报[M]//成都市文物考古研究所. 成都考古发现（2007）. 北京：科学出版社，2009：608-617.
② 司马光. 资治通鉴：卷二百七十八·后唐纪·清泰元年[M]. 北京：中华书局，1956：9102.
③ 郭若虚. 图画见闻录：卷二[M]. 黄苗子，点校. 北京：人民美术出版社，1963：47-53.

年）十月八……"① 和卧佛院第 82 号龛内的"弟子蒙彦进并罗氏同发心修妆前件功德……广政□□年□□月□□日"② 等。另卧佛院第 52 号龛为一经幢，功德主为前摄龙州兼普州军事衙推五音地理王彦超，造于广政二十四年（961 年），为五代最晚的造像题记。此龛先在壁面上浅刻一圭形平面，平面内浅浮雕经幢。经幢束腰圆座，座底雕四尊半身力士承托，座基底部饰莲瓣一周，莲瓣上方雕二壸门，壸门内各雕一异兽。束腰处二龙交缠，龙身下雕云朵状水花。座上方为平座，平座上雕四身倚坐天王，头均残。天王上方饰莲瓣、璎珞。天王坐长方形台座上，天王之间雕饰花朵。幢身长方形，底部雕仰莲瓣，有三层风铃，顶上有宝珠，宝珠下方雕如意状山花蕉叶，其下雕宝盖，宝盖下雕四佛，四佛下饰仰莲。幢顶各有一朵祥云。此经幢（图 2.115）及其装饰雕凿精美，体现了五代时工匠的精湛技艺。这之后，安岳地区再无五代纪年题记。其后四年，广政二十八年，

图 2.115 卧佛院第 52 号龛

---

① 安岳县文物局，成都市文物考古研究所. 安岳县灵游院摩崖石刻造像调查简报[M]//成都市文物考古研究所. 成都考古发现（2002）. 北京：科学出版社，2004：437.

② 北京大学中国考古学研究中心，成都市文物考古研究所，安岳县文物局. 安岳卧佛院调查简报[M]//成都市文物考古研究所. 成都考古发现（2006）. 北京：科学出版社，2008：392.

即宋太祖乾德三年（965年），后蜀灭亡。安岳石窟雕凿再次陷入沉寂。

综上，安岳唐宋窟龛本期的时间上限，可定于天复七年（907年），时间下限，可定于后蜀后主广政年末、后蜀亡国之时（965年），即本期年代为907年—965年。

3. 第三期

（1）窟龛形制及造像特征

第三期窟龛形制，略有变化，基本形制仍为方形（大像窟和Aii式佛殿窟，龛Ai式），半圆形龛再次出现（龛Aii式、Biii式）。

窟龛内主尊雕凿于正壁中央，两侧少有胁侍像。窟的造像多为一佛（A型）、一菩萨（B型），组合变得单调，多为一铺一身像（Ai式）和一铺三身像（Aii式）；龛的造像题材与组合也变得单调，主要为一佛（A型）、一菩萨（B型），组合以一铺一身像（A型）、一铺七身像（C型）为多，一铺七身组合重新出现。题材有阿弥陀、观音及变相、神异僧人、华严经变等。

造像特征方面，佛像多结跏趺坐、立像，亦有善跏趺坐像，佛衣种类变少，仅剩下褒衣博带式（窟Cii式、龛Cii式）、钩纽式（窟E型、龛Dii式），褒衣博带式佛像开始有戴冠，僧祇支衣缘与束带位置向下移，均至腹前，钩纽式佛像的钩纽变成了圆环。大部分佛像不再有头光，剩下的头光继续简化，变为素面（窟B型）。窟内佛座基本都为仰莲方座（窟Bii式），龛内佛座多方座（龛Ci式）。弟子上衣衣缘左右皆垂下，基本与大衣下摆齐平开始成为主流（龛Cii式），另外出现着钩纽式即使用圆环的弟子（窟C型）。菩萨掩腋又开始打结，但形态变得僵硬（龛Ai式的仿制品），菩萨像开始外披褒衣博带式大衣，上衣覆搭双肩且于胸腹前束带打结，大衣边缘在颈部两侧向下垂至腹部，大衣造型肥大宽博，衣摆褶襞密集，亦有作"右袒式"的；下着贴体长

113

裙，腹部系带，结跏趺坐或立于座上，主尊菩萨多立像。菩萨像多头戴卷云花蔓纹高宝冠，冠前中部有小佛像立于仰莲台上，宝缯垂肩或飘起，戴耳饰、手镯，有的只饰有项圈，大部分胸部饰繁复勾连链状璎珞，有部分为网状璎珞，且小腿以下裙摆上露出繁复的璎珞，腰间束裙大带下垂如绅，面相长圆，身体丰满，肩膀宽厚，立像身形较直（窟C型、龛C型），菩萨头光多为圆形书面（窟B型、龛Bii式），像座开始简化，多为仰莲座（窟Biii式、龛A型），偶有束腰方座（龛C型）。力士继续变化，胸前饰璎珞，帛带多垂于身侧，身体比例失当，上大下小，无明显肌肉（龛B型）。大窟内另有作为护法出现的、戴盔着甲、帔帛绕于脑后的神王及半圆雕的、人像姿势多样、内容复杂的罗汉（B型），小龛内已不见道教造像。

（2）相关问题及年代推定

宋一代，除徽宗朝外，皆重佛法。建隆元年（960年）六月，宋太祖赵匡胤即位不久，便"诏诸路寺院，经显德二年当废未毁者听存，其已毁寺所有佛像许移置存留。于是人间所藏铜像稍稍得出。""开宝二年（969年），长春节诏天下沙门。殿试经律论义十条，全中者赐紫衣。""五年（972年），诏僧道，每当朝集，僧先道后，并立殿廷，僧东道西，间杂副职，若遇郊天。道左僧右。""八年（975年）三月，上幸洛阳至龙门山广化寺，开无畏三藏塔瞻敬真体。四月上将郊天而雨不止，遣使祷无畏塔，及期而霁。上自洛阳回京师，手书金刚经常自读诵。"[①]太宗太平兴国元年（976年），"初，周世宗废龙兴寺以为官仓。国初，寺僧击鼓求复，至是不已。上遣使持剑诘之曰：'前朝为仓日

---

① 志磐．佛祖统纪：卷四十四［M］．释道法，校注．上海：上海古籍出版社，2012：1017-1024.

久，何为烦渎天廷。'且密戒，惧即斩之。僧辞自若曰：'前朝不道，毁像废寺，正赖今日圣明兴复之耳。贫道何畏一死？'中使以闻。上大感叹。敕复以为寺"。"雍熙元年（984年）三月……敕造罗汉像五百十六身。奉安天台寿昌寺。""二年，……诏两街供奉僧于内殿建道场，为民祈福，岁以为常。""端拱元年，翰林通慧大师赞宁上表进高僧传三十卷，玺书褒美，令遍入大藏，敕住京师天寿寺。"[1]以上略表宋太祖、宋太宗重佛事宜，其他宋代各帝对于佛教礼遇故事可参见《佛祖统纪》卷四十三至四十八的相关记述。

北宋早期各帝对佛教的推崇还体现在铸像与立寺上。"至开宝四年（971年）七月二十日，下手修铸大悲菩萨，诸节度、军州差取到下军三千人工役……足至头顶，举高七十三尺……所有四十二臂，并是铸铜筒子……帝乃倾心崇建，四众恳切皈依。"[2]太平兴国四年（979年），宋太宗发兵征讨北汉后，于五月丁酉下诏："并门底定，銮辂凯旋，宜崇众善之因，以记一戎之业，其行在所创为佛寺，仍赐号平晋寺，御制《平晋记》，建于寺内。"[3]端拱二年（989年）八月，"先是，上遣使取杭州释迦佛舍利塔置阙下，度开宝寺西北隅地，造浮图十一级以藏之，上下三百六十尺，所费亿万计，前后逾八年。癸亥，工毕，巨丽精巧，近代所无。"[4]地面佛寺铸像的兴盛，对石窟开凿也有影响。

另外，宋徽宗与之前诸帝不同，崇道抑佛。他于大观元年（1107年）"敕道士位居僧上"，政和七年（1117年）以道士林灵素之说，因

---

[1] 志磐. 佛祖统纪：卷四十四 [M]. 释道法，校注. 上海：上海古籍出版社，2012：1024–1037.
[2] 王昶. 金石萃编 [M]. 北京：中国书店，1985：45.
[3] 宋大诏令集 [M]. 司义祖，点校. 北京：中华书局. 1962：646.
[4] 李焘. 续资治通鉴长编 [M]. 北京：中华书局，1979：686.

自号教主道君皇帝，建宝箓宫设长生青华二帝像。诏改天下天宁观为神霄玉清宫。灵素既得幸，念楚州之辱，日夜以毁佛为事。引方士刘栋为己助，上益安其说（云云）……灵素遂纵言曰："佛教害道久矣，今虽不可灭，宜与改正。以佛刹为宫观，释迦为天尊。菩萨为大士，僧为德士，皆留发顶冠执笏。"①

"宣和元年（1119年）正月，诏曰：'自先王之泽竭，而胡教始行于中国，虽其言不同，要其归与道为一教，虽不可废而犹为中国礼义害，故不可不革。其以佛为大觉金仙，服天尊服。菩萨为大士，僧为德士，尼为女德士，服巾冠执木笏。寺为宫，院为观，住持为知宫观事。禁毋得留铜钹塔像……上以京执不肯行，遂罢辅相之议，专决于左右，盛章逼僧录洪炳，上表奉旨。于是尽改僧为德士，悉从冠服，否则毁之。京数恳列于上前曰：'天下佛像非诸僧自为之，皆子为其父，臣为其君，以祈福报恩耳。今大毁之，适足以动人心念，非社稷之利也。'上意为之少回。"②

宋徽宗施行这样的政策必定会影响佛法传播，并有可能影响信众开窟造像。

宋代佛教早期大体上可分为两大主要派别，即律宗和禅宗。所谓"东西分祖，南北异宗，以摄戒名律，以见理名禅，此禅所由盛也"③。以地域来划分的话，北方多律宗，而南方多禅宗。禅宗，可谓中国化了

---

① 志磐. 佛祖统纪：卷四十四 [M]. 释道法，校注. 上海：上海古籍出版社，2012：1103，1107–1108.
② 志磐. 佛祖统纪：卷四十四 [M]. 释道法，校注. 上海：上海古籍出版社，2012：1109–1110.
③ 孙应时，鲍廉，卢镇. 琴川志 [M] //宋元方志丛刊. 北京：中华书局，1990：1291.

的佛教；自谓"教外别传，不立文字，直指人心，见性成佛"①。除禅宗外，净土宗也极具中国化特色，净土宗三祖善导鼎力弘教，其"最要之方法，则在称名念佛，禅定之念佛反不重要"②。由于禅宗与净土宗的兴起，"使原来作为像教的佛教，不大重视造像而注重宗教仪式与活动，人们对宗教的要求发生一定变化，寺院崇拜超过了石窟崇拜"③。

此外，安岳本地经济状况以及大足石刻在宋代的兴盛也是安岳宋代石窟衰落的重要原因，这部分内容将在下文中专题论述，于此不赘。

现今发现的最早的宋代纪年开窟题记为圆觉洞第14号窟"元符乙卯创，初大观丁亥（1108年）告毕"。第10号窟与第14号窟在造像风格上非常相似："第一是莲座，莲瓣下放的云头刻法和形式相同，其次是两尊像衣边边缘折纹以平面来表现的形式相同，说明二者雕刻年代和手法相近，但莲座有一些细微的不同。而且14号窟造像铭记中并未提及10号窟，所以二者又不是同时开凿的。从崖面位置和保存状况看，10号释迦窟位于7号、14号两窟观音像之间，是东北面崖壁造大像最好的位置，其时代应较14号莲花观音窟早，从风格上看亦应是北宋时期的作品"④。虽然10号窟释迦像比14号窟观音像修凿更早，但也应该看出其并不会早太多，所以推定其完成大致在元符年间，即1098—1100年。宋代，特别是南宋时期，大足开窟造像极为兴盛，这也很可能使得大部分资源如工匠等选择在大足开窟造像，安岳造像进入衰落期。

---

① 郑昂.《景德传灯录》跋［M］//大正新修大藏经：第五十一册.东京：大正一切经刊行会印刷所，1927：465.
② 汤用彤.隋唐佛教史稿［M］.北京：中华书局，1982：191.
③ 丁明夷.龙门石窟唐代造像的分期与类型［J］.考古学报，1979（4）：544.
④ 王剑平，雷玉华，傅成金.四川安岳圆觉洞造像的初步研究［M］//成都文物考古研究所.成都考古研究（二）.北京：科学出版社，2013：354.

现今发现的最晚的宋代开窟题记为圆觉洞第9号窟,当是庆元四年(1198年)①。虽然在大般若洞还发现了"庚子嘉熙,赵应存敬书,大般若洞"的题记,但并不能确定其为开窟题记,可能只是修复题记,故不予考虑。另外在千佛寨第30、32号龛还发现了"庆元二年佛弟子王天麟"造坐佛与解冤结菩萨的题记。从造像风格上看,无论是圆觉洞第9号窟还是千佛寨第32号龛,菩萨像与第三期其它窟龛菩萨像都相差不多,所以造像时间上也不会相去太远,由此本期时间的下限可推断为庆元年间。

综上,安岳唐宋窟龛本期的时间上限,可定于北宋元符年间,即1098—1100年;时间下限,可定于南宋庆元年间,即1195—1200年,故本期年代为1098年—1200年。

四、小结

综上所述,我们将安岳唐宋窟龛分作三期,分期与分区关系较为明显:

第一期窟龛,包括卧佛院第1、2、29、33、46、51、58、59、65、66、71、72、73、75、76、81、83、84、85、109、110、116、119号,千佛寨第8、28号,圆觉洞第42、47号等窟以及卧佛院第3、31、43、45、49、50、61、62、64、67、68、69、70、82号,千佛寨第1、2、4、5、17、18、24、25、29、40、41、47、48、49、62、66号,西禅寺西寨门第1、8号,西禅寺东寨门第2号,高升千佛岩第9、15号,圆觉洞第71号,玄妙观第1、6、8、10、12、13、15、16、17、18、19、

---

① 李崇峰.安岳圆觉洞窟群调查记[C]//重庆大足石刻艺术博物馆.2005年重庆大足石刻国际学术研讨会文集.北京:文物出版社,2007:571-574.

20、21号，木鱼山第23号等龛，即集中见于卧佛院、千佛寨、玄妙观，又散见于安岳各地，大致年代为开元九年至晚唐景福年间，即721—893年，是安岳唐宋窟龛开凿的兴盛期。

第二期窟龛，包括圆觉洞第13、21、22、23、33、35、39、40、56、60、63、65、67、69号等窟以及灵游院1、2、3、5、7、8号，庵堂寺第1、2、4、6、8、10、11、13、15、16、17、19、21、22号，圆觉洞第26、58号等龛。主要集中在圆觉洞、灵游院、庵堂寺，也散见于安岳各地，但分布范围比前期小，规模与数量也大为减少，大致完工于前蜀天复七年至后蜀被灭国时，即907—965年，是安岳唐宋窟龛的延续期。

第三期窟龛，包括毗卢洞第1、2、5、6号，孔雀洞，圆觉洞第7、9、10、14号，茗山寺第2、3、5、8号，封门寺阿弥陀佛窟，塔坡第1号，大佛寺第1号，华严洞，大般若洞等窟以及千佛寨10、12、15、16、19、20、30、32号等龛，散见于安岳各地，范围继续变小，规模与数量继续缩小，大约完工于北宋元符年间至南宋庆元年间，本期年代为1098—1200年，是安岳唐宋窟龛的衰落期。

119

第三章

安岳石窟窟龛造像研究

第一节 窟龛形制研究

本节拟以第二章对安岳唐宋窟龛造像的类型研究和分期研究为基础，对安岳唐宋窟龛形制的渊源与流变试作探讨。

一、窟型

根据第二章的类型划分，安岳唐宋窟形依据结构差异可分为刻经窟、佛殿窟和大像窟三大类。刻经窟下分 A、B、C 三型，但各型差异不大；佛殿窟型式稍多，分 A、B 二型，A 型下分为二式，B 型下分为四个亚型；大像窟下分 A、B 二型。

根据第二章的分期排年，它们在唐宋各期的分布情况如下：

第一期：刻经窟（参见图2.1、图2.2、图2.4）与佛殿窟（Ai 式佛殿窟参见图2.6）；第二期：B 型佛殿窟（参见图2.10、图2.13、图2.15、图2.17）；第三期：大像窟（参见图2.18、图2.22）与 Aii 式佛殿窟（参见图2.9）。可见窟在唐宋各期都有分布，不过第一期窟形较为简单，内容也较为简单，这可能是因为大量造像内容都造在了龛像里。第二期窟形虽然都为 B 型佛殿窟，但是具体到窟内形制，种类却变得更加丰富，造像内容也更加丰富。到了第三期，窟内形制再次变得简单，种类也变少了，造像内容简单与复杂两极分化，一般大像窟内造像内容较简单，而佛殿窟内造像内容则颇为复杂。

1. 第一期

刻经窟主要是与开窟目的有关，即专为刻经所用。这种窟形与功能在四川其它地区不曾出现，在中原北方，也仅见于河北涉县的娲皇宫南北窟。李裕群先生在《邺城地区石窟与刻经》中记述到："娲皇宫南、北窟（图 3.1）是一组南北毗邻的双窟，平面均方形，无坛，纵券顶，敞口。刻经分布于窟内左、右、后三壁及窟外崖面，使窟内外刻经浑然一体。这种窟形不见于邺城地区诸石窟，也不见于其它地区的石窟。况且，窟内造像（北齐雕造）是在洞窟开凿之后移入窟内，与刻经没有任何联系。因此，娲皇宫二窟是刻经所需特意开凿的，是纯粹的刻经窟。"同时，依据刻经题记与现存遗迹，可推断二窟刻经为唐邕所为，开凿完工年代大约为 575 年，但不会太早[①]。北朝刻经主要与末法思想有关，目的为保存佛法，而安岳地区刻经的目的也是为保存佛法；娲皇宫南北窟为双窟设计，而卧佛院里也有双窟设计，这两者或有一定联系。不过方形窟功能、形制简单，开凿较易，而卧佛院内尚有单窟设计的刻经窟，况且河北、四川两地相去甚远，安岳本地僧众工匠自行设计开凿的可能性也较大。

---

① 李裕群. 邺城地区石窟与刻经 [J]. 考古学报，1997（4）：447 – 453.

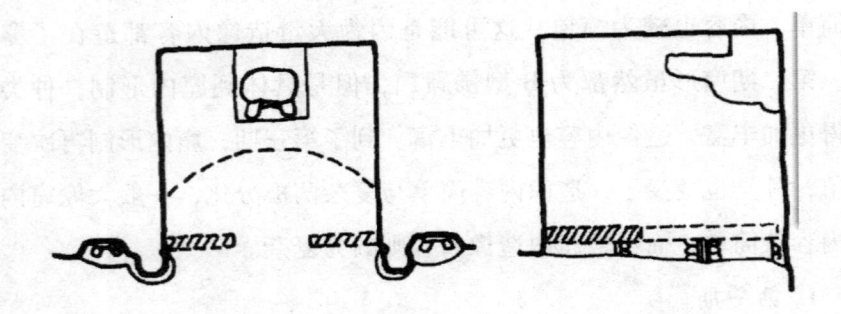

图 3.1　娲皇宫石窟北窟平、剖面图①

Ai式佛殿窟，从平面上考量，四川地区与之最相近的是广元皇泽寺第28号窟，但两者略有不同。这种平面近椭圆形的大窟，最早起源于北方，如云冈第一期石窟②。不过随着时间的推移，北方地区到盛唐时，此类洞窟平面已不多见。广元皇泽寺第28号窟大致年代下限被推定为公元700年③，与安岳地区此类洞窟的出现，在时间上略能衔接，故笔者认为安岳此种洞窟的出现是受到了广元的影响。

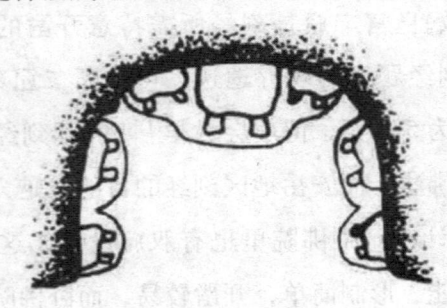

图 3.2　广元皇泽寺第 28 号窟平面图

---

① 李裕群．邺城地区石窟与刻经[J]．考古学报，1997（4）：447-453.
② 宿白．中国石窟寺研究[M]．北京：文物出版社，1996：120-121.
③ 姚崇新．广元唐代石窟造像分期研究[J]．考古学报，2007（4）：424-468.（本文中广元窟龛相关平面图均引自此文）

2. 第二期

这一期洞窟的基本形制即为方形，呈现出长方形或近方形，不同的是窟内的布局。窟内布局大致又可分为单层造像与双层造像。方形造像窟于前一期中不见，这一期出现，形制来源可能为上一期方形造像龛，但上一期方形造像龛内多为正壁造列像，与本期方形造像窟内内容并不相同，所以本期方形造像龛也可能另有来源。龙门石窟在唐代武周至玄宗时期，多方形平面，三壁起坛造像（图3.3），这样的布局与安岳这一期B型窟多近似。史载，天宝"十四载（755年），十一月，安禄山反，陷河北诸郡……十二月……丁酉，陷东京。十五载（756年），六月……甲午，诏亲征……丁酉，次马嵬……乙亥，禄山陷京师……七月甲子，次普安郡……庚午，次巴西郡……庚辰，次蜀郡"[①]，至德二载（557年）"九月，郭子仪收复两京。十月，肃宗遣中使啖廷瑶入蜀奉迎。丁卯，上皇发蜀郡。十一月丙申，次凤翔郡。肃宗遣精骑三千至扶风迎卫。十二月……丁未，至京师"[②]。唐玄宗因"安史之乱"幸蜀，关中高僧多因战乱逃往南方。"神邕……天宝中……乃游问长安，居安国寺。公卿藉其风宇，迫慕者结辙而至。方欲大阐禅律，俄遇禄山兵乱。东归江湖，经历襄阳，御史中丞庾光先出镇荆南，邀留数月"[③]，"释乘恩……及天宝末，关中版荡，因避地姑臧"[④]。相信这其中也有散至蜀地者。广明元年（880年）"十一月辛亥朔。已巳，贼（黄巢军）陷东都，留守刘允章率分司官属迎谒之，贼供顿而去，坊市晏然。壬

---

① 欧阳修，宋祁. 新唐书：卷五·本纪第五 [M]. 北京：中华书局，1975：150-153.
② 刘昫. 旧唐书：卷九·本纪九 [M]. 北京：中华书局，1975：234-235.
③ 赞宁. 宋高僧传：卷十七·神邕传 [M]. 北京：中华书局，1987：422.
④ 赞宁. 宋高僧传：卷六·乘恩传 [M]. 北京：中华书局，1987：128.

申，陷虢州。丙子，攻潼关，守关诸将望风自溃。十二月庚辰朔。辛巳，贼据潼关"，甲申"日，上与诸王、妃、后数百骑，自子城由含光殿金光门出幸山南"，中和元年"六月，沙陀退还代州。车驾幸成都府，西川节度使阵敬瑄自来迎奉。七月丁未朔。乙卯，车驾至西蜀"，"光启元年（885年）春正月丁巳朔，车驾在成都府。己卯，僖宗自蜀还京……三月丙辰朔。丁卯，车驾至京师"①。唐僖宗因黄巢之乱，播越蜀地长达五年。关中僧人多随之入蜀，"以广明中，巢寇犯阙，僖宗幸蜀。其夕（僧）彻内宿，明日仓黄与杜光庭先生扈从入于岷峨，再见悟达，痛序艰难。彻极多著述，碑颂歌诗。不知所终。内翰侍郎乐朋龟为真赞，凤翔、嘉州皆写其真相。弟子秦蜀之间愈多传法者"②。在前述历史时期特别是僖宗幸蜀时期，关中僧人带来龙门型式似不为奇，安岳工匠很可能在此基础上，凿出B型窟。双层窟内多为特殊题材，如地藏与地狱十王、十六罗汉等，这类题材未见于前一期，这一期为首见。四川地区乃至国内现存最早的地藏十王像龛③，见于绵阳北山院④和资中西岩（资中第83号与第85号地藏十王像龛），其中第83号龛内有"光化二年"（899年）的题记，此二龛平面横长方形，窟内造像布局大致与安岳相似。考虑到资中与安岳相去不远，因此，安岳此种题材窟很可能受到了资中的影响。

---

① 刘昫. 旧唐书：卷十九·本纪十九［M］. 北京：中华书局，1975：709，720.
② 赞宁. 宋高僧传：卷六·僧彻传［M］. 北京：中华书局，1987：134.
③ 张总. 地藏信仰研究［M］. 北京：宗教文化出版社，2003：197.
④ 张总. 四川绵阳北山院地藏十王龛像［J］. 敦煌学辑刊，2008（4）：84-92.

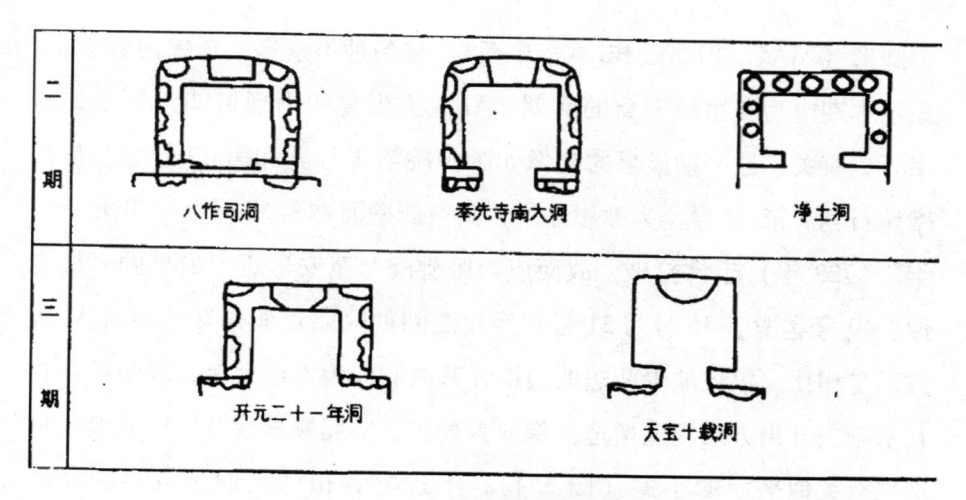

[图示：龙门唐窟分期平面示意图，二期包括八作司洞、奉先寺南大洞、净土洞；三期包括开元二十一年洞、天宝十载洞]

图 3.3　龙门唐窟分期平面示意图①

3. 第三期

本期主要为大像窟与 Aii 式佛殿窟。大像窟为此前未见之形制，来源可能为大足。事实上，这一期安岳的大窟造像，无论是形制还是题材，都可能受到大足影响，原因有二：第一，大足逐渐成为区域政治中心，人力物力资源的集中使得开窟造像最重要的因素——工匠大批前往大足。第二，大足逐渐成为区域佛教中心，南宋赵凤智在大足宝顶山开道场，一方面集聚了区域内佛教相关资源，使得周边地区开窟造像变少；另一方面又将大足造像影响辐射至周边，使得周边石窟在同时期开窟造像时多以大足为范本。

二、龛型

1. 第一期

本期龛的平面主要为方形（Ai 式、Bi 式、Bii 式、Biii 式方形）与

---

① 丁明夷. 龙门石窟唐代造像的分期与类型 [J]. 考古学报, 1979 (4)：519 – 545.

半圆形（Ai式、Bi式、Bii式、C型）。龛型种类众多，造像内容丰富，显示本期应为安岳唐宋龛的盛期。Ai式方形龛的出现可能与最早的摩崖石刻有关，这一期最早的龛像如卧佛院第3号龛和第49号龛，都是摩崖石刻。第49号龛为摩崖立佛，其右侧壁面被第50号龛"开元十一年"（723年）千佛打破，故而应为卧佛院乃至安岳唐宋最早的一批龛像。49号龛凿于46号与51号刻经窟之间的隔墙正面，其平面与Ai式方形龛相比，仅仅缺少两边的边框，其两侧即为方形大窟，故而后期在其基础上开出方形小龛凿造立像或者列像，实属顺理成章。广元地区早期也有类似平面的小龛（图3.4），不过笔者相信它们是各自独立产生的。

图3.4　广元千佛崖第17、150号龛平面图

　　Bi、Bii、Biii式方形龛主要都与经变内容有关①，Bi式龛中表现为药师经变，在四川摩崖石刻乃至全国石窟中均罕见②，故而这种龛型应是安岳本地工匠自创的。Bii、Biii式中主要为阿弥陀佛和五十二菩萨经

---

① 此处经变题材包括有西方净土经变、观无量寿经变、药师经变以及神异僧人事迹等，题材大多具有特殊性，在安岳并不常见，故未列入类型排比，仅做题材分析。
② 胡文和．四川摩崖造像中的《药师变》和《药师经变》[J]．文博，1988（2）：56．

变以及西方净土变①，相当于雷玉华在《四川摩崖石刻中的阿弥陀佛与五十二菩萨》②一文中所分的 B 型（图 3.5）与 Cii 式经变（参见图 1.18），这种题材在四川多地都有发现，同型式间差别不大，略有细节不同，不足以区分其修建时间的早晚，另研究表明四川的阿弥陀佛与五十二菩萨造像的表现形式更多的是受长安风格的影响③，故安岳此类窟龛的出现与长安地区的影响有一定关系。

图 3.5　巴中南龛第 33 号龛④

Ai 式半圆形龛的形制可能受到 Ai 式佛殿窟的影响，千佛寨第 29 号龛与千佛寨第 28 号窟相邻，可能在平面上会有所借鉴，广元唐代小龛里也颇多此种平面小龛（图 3.6），不过大多是简单的平面，且多为在大窟内的后补小龛，所以这种龛型很可能来源于本地的 Ai 式佛殿窟。

---

① 胡文和. 四川唐代摩崖造像中的"西方净土变"[J]. 四川文物，1989（1）：27 - 33.
② 雷玉华. 四川摩崖石刻中的阿弥陀佛与五十二菩萨 [J]. 考古与文物，2005（2）：76 - 79.
③ 雷玉华. 四川摩崖石刻中的阿弥陀佛与五十二菩萨 [J]. 考古与文物，2005（2）：79.
④ 四川省文物管理局，成都文物考古研究所，北京大学中国考古学研究中心. 巴中石窟内容总录 [M]. 成都：四川出版集团巴蜀书社. 2006：57.

Bi、Bii 式与 C 型半圆形龛，在平面上比较相近，区别主要在龛口以及龛楣。这种平面的小龛，流行于龙门唐龛中，最早出现于初唐，主要集中于高宗、武后时期，广元的同类龛流行时间与龙门大体相同，只是延续时间更长①（图 3.7）。安岳在唐时前往两京地区，大致路线为普州→遂州→果州→长安，不用取道广元②，如前所述，玄宗末期，有僧众自关中两京地区来蜀，所以安岳地区此类龛的开凿也会受到龙门的直接影响。

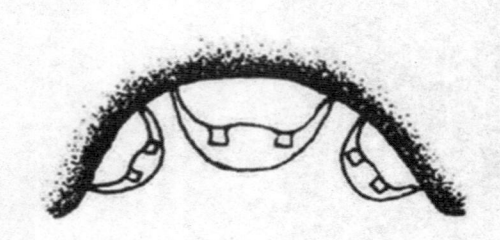

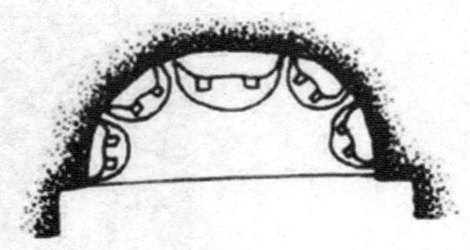

图 3.6　广元皇泽寺第 20 号龛平面图　　**图 3.7　广元皇泽寺第 51 号龛平面图**

2. 第二期

本期龛的基本形制为方形（龛 Ai 式、Aii 式、Bii 式、Biii 式、Biv 式）。除了 Bii 式龛外，本期龛的形制都在简化。Aii 式方形龛显然受半圆形龛双层龛口的影响而在 Ai 式方形龛的基础上发展而来。Biv 式则是在简化 Bii、Biii 式的基础上发展而来的。

3. 第三期

本期龛的基本形制为半圆形龛，分别为 Aii 式 Biii 式。半圆形龛再次出现，或许是由于地理位置的缘故，本期龛基本都在千佛寨，而在前

---

① 姚崇新. 广元唐代石窟造像分期研究 [J]. 考古学报，2007（4）：424-468.
② 严耕望. 唐代交通图考：第四卷·山剑滇黔区·篇三十·嘉陵江中江水流域纵横交通线 [M]. 台北："中央研究院" 历史语言文化所，1986：1175.

两期，千佛寨的主要龛型是 Ai 式和 Bi、Bii 式半圆形龛，因而这期龛型都是直接在前两期龛型的基础上变化而来的。Aii 式是在 Ai 式的基础上变化而来的，正壁先设通壁坛，然后在坛上造像，广元的此类平面龛也有着这样的演变过程，只是这个过程在唐代就已结束。Biii 式亦是在 Bi、Bii 式基础上演变而来的，只是变得更简化而已。

三、小结

通过以上分析不难看出，安岳的窟龛形制除少数属本地创造外，大部分应源于两京地区（即长安和洛阳）尤其是洛阳地区的石窟寺。由于使用不同的通道来往于两京之间，所以安岳石窟与川北如广元石窟并没有特别紧密的联系。而且，由于社会经济形势的发展，安岳与周边其他石窟特别是大足石窟的关系越来越密切，彼此之间互有影响。

第二节　造像题材研究

安岳石窟造像内容丰富、题材多样，主要有刻经、涅槃经变、释迦、阿弥陀、观音各变相、天龙八部、西方净土变、药师经变、地藏、神异僧人、十六罗汉、解冤结菩萨、华严经变等。它们之中，阿弥陀题材贯穿始终，这与自唐以来的弥陀净土信仰有关。安岳唐代多有一佛二弟子二菩萨二力士组合，是受唐代两京地区的影响[①]；五代至宋多为一

[①] 姚崇新. 巴蜀佛教石窟造像初步研究——以川北地区为中心 [M]. 北京：中华书局，2011：163 - 165.（有关唐代两京地区阿弥陀造像盛况与四川的关系可参见此书）

佛二菩萨组合，将更多内容放入了净土变造像中去表现。其余题材有的延续时间较长，但更多的是随着时代的变迁而消长，因而具有一定的时代特征。本章将在前章分期研究的基础上，结合唐宋佛教史，特别是四川地区佛教史发展的大背景，以时间为轴，大致以题材出现的时间为序，选取相关内容依次探讨。

一、刻经缘起与涅槃经变

1. 刻经缘起

刻经，作为佛教信徒保存佛法、传播佛法的一种重要手段，始于北朝，早期代表作有河北邯郸响堂山石窟北齐刻经及山东邹城铁山石颂北周刻经。这一时期，刻经之所以会出现，一方面与北朝晚期流行的末法思想有关[1]，另一方面也与当时发生两次大规模的"法难"——北魏太武帝毁佛与北周武帝毁佛——有密切关系。佛教徒在见证了"法难"对佛教的巨大破坏以后，更加相信"末法"的存在，也更加迫切地需要一种可使佛法长久保存的方法，于是刻经便应运而生。"北齐南岳慧思大师，虑东土藏教有毁灭时，发愿刻石藏，闭封岩壑中，以度人劫。"[2]慧思大师所刻石经已无处可寻，但刻经这一方法却流传开来。各地刻经题记中也明确表达了这一思想，如北响堂石窟南洞前的唐邕刻

---

[1] 李裕群. 邺城地区的石窟与刻经［J］. 考古学报，1997（4）：454；马忠理. 邺都近邑北齐佛教刻经初探［M］//中国书法家协会山东分会，山东石刻艺术博物馆. 北朝摩崖刻经研究. 济南：齐鲁书社，1991：171；桐谷征一. 泰山、铁山刻经同出北周论［M］//山东省石刻艺术博物馆，河北省邯郸市文物局. 北朝摩崖刻经研究（三）. 呼和浩特：内蒙古人民出版社，2006：100.（邺城乃至北朝刻经的出现与末法有关的观点可参见以上文章）

[2] 刘侗，于奕正. 帝京景物略：卷八·畿辅名迹［M］. 孙小力，校注. 上海：上海古籍出版社，2001：502.

经碑记:"眷言法宝,是所归依,以为缣缃有坏,简策非久,金牒难求,皮纸易灭。于是发七处之印,开七宝之函,访莲花之书,命银钩之迹,一音所说,尽勒名山。……杀青有缺,韦编有绝,一托贞坚,永垂昭晰。"①山东邹城市铁山刻经之《石颂》:"从今镌构,逢劫火而莫烧,神□□□,对灾风而常住。尔其丹青□唯,所以图其盛法;金石长存。□以雕之不朽,此岩不琢,后世何观?……缣竹易销,金石难灭,托以高山,永留不绝。"②

有唐一代,佛教与道教在政治地位上的争夺一直比较激烈,李唐皇室出于政治上的需要③,自认是道教创始人老子的后裔,为其立庙、上"老君"尊号,"武德三年五月,晋州人吉善行于羊角山。见一老叟,乘白马朱鬣,仪容甚伟,曰:'谓吾语唐天子,吾汝祖也。今年平贼后,子孙享国千岁。'高祖异之。乃立庙于其地。乾封元年(666年)三月二十日,追尊老君为太上玄元皇帝。"④进而对道教多加扶植和尊崇,政策上多有先道后佛之序,如道宣《集古今佛道论衡》中记唐高祖武德八年(625年)下诏:"老教孔教此土元基,释教后兴宜崇客礼,今可老先次孔,末后释宗。"⑤即将道教排于最先,而将佛教排于最后。

唐太宗贞观十一年(637年)正月二十五日亦下诏:"原夫老君垂

---

① 张林堂,许培兰. 响堂山石窟碑刻题记总录·第 2 卷 [M]. 北京:外文出版社, 2007:117;赵立春. 响堂山石窟北朝刻经试论 [J]. 文物春秋,2003(4):36.
② 段为民. 浅议北朝佛教刻经的产生原因 [J]. 美术史论,2012(3):64.
③ 任继愈. 中国道教史:第七章·唐代道教与政治 [M]. 上海:上海人民出版社, 1990:265-274.
④ 王溥. 唐会要:卷五十·尊崇道教 [M]. 上海:上海古籍出版社,1991:1013; 谢守灏. 混元圣纪:卷八 [M] // 张宇初,张宇清,邵以正,等. 正统道藏:第30 册. 台北:艺文印书馆,1977:23820.
⑤ 道宣. 集古今佛道论衡:卷三·高祖幸国学当集三教问僧道是佛师事第二 [M] // 大正新修大藏经:第五十二册. 东京:大正一切经刊行会印刷所,1927:381.

范,义在清虚。释迦贻则,理存因果。……然则大道之行,肇于遂古,源出无名之始,事高有形之外,迈两仪而运行,包万物而亭育,故能经邦致理,返朴还淳。至如佛教之兴,基于西域,爰自东汉,方被中土,神变之理多方,报应之缘匪一。……况朕之本系,出自柱史,鼎祚克昌,既凭上德之庆,天下大定亦赖无为之功,宜有改张,阐兹真化。自今已后,斋供行立至于称谓,其道士、女冠宜在僧、尼之前,庶敦本之俗,畅于九土,尊祖之风,贻诸万叶。告报天下,主者施行。①

这则诏令特别强调了道教为中华本土之教,教义多与教化世俗有益;而佛教为西域外来之教,教义只在说明因果但于世俗并无教化之功;再者,道教与李唐皇室关系密切,故而排定道士、女冠在僧尼之前,即先道后佛。贞观初年,太宗对佛教禁令严峻,多有检校。《续高僧传》中多有记载,如"《明导传》谓,贞观初导行达陈州,逢敕简僧,唯留三十。导以德声久被,遂应斯举。又《智实传》谓,贞观元年遣治书侍御史杜正伦,检校佛法,清肃非滥。又《法冲传》谓,贞观初年下敕,有私度者,处以极刑。时崿阳山多有逃僧避难,资给告穷云云。又《法向传》谓,贞观三年天下大括义宁(隋恭帝年号)私度,不出者斩,闻此咸畏。得头巾者并依还俗,其不得者现今出家"。②

李唐王朝施行这样的宗教政策,不能不使当时的佛教徒有所畏惧,从而再次刻经,为未来法难之时,留作经本,"[静]琬敬白:未来之世,一切道俗,法幢将没,六趣昏冥,人无惠眼,出离难期,每寻斯

---

① 道宣. 集古今佛道论衡:卷三·太宗下敕道先佛后僧等上谏事第四 [M] //大正新修大藏经:第五十二册. 东京:大正一切经刊行会印刷所,1927:382;宋敏求. 唐大诏令集:卷一一三·道士女冠在僧尼之上诏 [M]. 上海:学林出版社,1992:537;贾善翔. 犹龙传:卷五 [M] //张宇初,张宇清,邵以正,等. 正统道藏:第30册. 台北:艺文印书馆,1977:23949-23950.
② 汤用彤. 隋唐佛教史稿 [M]. 北京:中华书局,1982:12-13.

事，悲恨伤心。今于此山，镌凿华严经一部，永留石室，劫火不焚，使千载之下，惠灯常照，万代之后，法炬［恒］明，咸闻正道……此经为未来佛［法］难时，拟充经本，世若有经，愿勿辄开"①。活动于隋唐之际的静琬法师，就于当时的幽州即今天的北京市房山区石经山，刻造石经。

"幽州沙门释智苑（即静琬），精练有学识。隋大业中，发心造石一切经藏，以备法灭。既而于幽州西山凿岩为石室，即磨四壁而以写经。又取方石，别更磨写，藏诸室内。每一室满，即以石塞门，融铁锢之。……苑所造石经满七室。至唐贞观十三年卒，弟子犹继其功。"②

1989年北京房山云居寺文物管理处在石经山雷音洞前面的石栏板下面掘出一方残碑，碑文录为：

"正法五百岁，像运一［千］［年］，［正］［德］八年岁次乙酉……恐一朝磨灭，纸叶难固长，琬为护正法，［就］［此］［山］［顶］［刊］［刻］石经一十二部，余十一部，……冀天地之有穷……望……流通万代，利益无穷……得究竟无上菩［提］。"③

根据碑文内容可推定此题记对应所刻经文为《大般涅槃经》④，即静琬最早所刻出之经，又有贞观二年题记：

"［释］［迦］［如］［来］［正］［法］［像］［法］［凡］［千］［五］［百］［余］载，至今［贞］观二年，［既］［浸］［末］法七十五载，佛日既没，［冥］［夜］方深，赞目群生，众兹失导。静跪为护

---

① 云桂荣. 云居寺贞石录［M］. 北京：燕山出版社，2008：8.
② 唐临. 冥报记［M］//释道世. 法苑珠林校注：卷十八. 北京：中华书局，2003：603.
③ 田福月. 石经山发现唐武德八年静琬题记残碑［J］. 法音，1990（2）：35.
④ 黄炳章. 房山石经静琬刻成《涅槃经》题记残石考［J］. 法音，1990（9）：28-30.

133

正［法］，率己门徒，知识及好［施］［植］越，就此山顶刊华严［经］［等］一十二部，冀于旷［劫］，［济］［度］苍生，一切道俗。"①

从这两则题记中可知，武德八年（625年），《涅槃经》刻成，之后三年至贞观二年（628年），《华严经》十二部刻成。依据这样的刻经速度推算，静琬从开始刻《涅槃经》到经成，所花时间可能仅几个月，即静琬刻经应始于武德八年，与初唐时唐高祖的宗教政策特别是武德八年的诏令相关。

贞观末年，太宗自征辽之后，气力不如平昔，有忧生之虑，遂颇留心佛法，亲制《圣教序》，敕令天下度僧尼，计一万八千五十人，均从玄奘之情也。② 佛法由之开始复兴。其后，高宗、武后好佛法。③ 武后为了削弱李唐皇室统治的神授基础，抑制道教发展，先去老子"玄元皇帝"尊号，"至永昌元年（689年），却称'老君'。"④与此同时，武后又利用佛教为自己代唐做舆论准备，载初元年（690年）"有沙门十人伪撰《大云经》，表上之，盛言神皇受命之事。制颁于天下，令诸州各置大云寺，总度僧千人。"⑤武后藉此谶，于同年"九月九日壬午，革唐命，改国号为周。改元为天授"⑥。武后称帝后，尊崇佛教，推行

---

① 云桂荣．云居寺贞石录［M］．北京：燕山出版社，2008：4，7．
② 汤用彤．隋唐佛教史稿：第一章·隋唐佛教势力之消长［M］．北京：中华书局，1982：18．
③ 汤用彤．隋唐佛教史稿：第一章·隋唐佛教势力之消长［M］．北京：中华书局，1982：22-27．
④ 王溥．唐会要：卷五十·尊崇道教［M］．上海：上海古籍出版社，1991：1013；谢守灏．混元圣纪：卷八［M］//张宇初，张宇清，邵以正，等．正统道藏：第30册．台北：艺文印书馆，1977：23820．
⑤ 刘昫．旧唐书：卷六·本纪第六·则天皇后［M］．北京：中华书局，1975：121；司马光．资治通鉴：卷二百四［M］．北京：中华书局，1956：6466．
⑥ 刘昫．旧唐书：卷六·本纪第六·则天皇后［M］．北京：中华书局，1975：121．

先佛后道政策，天授二年（691年）"夏四年，令释教在道法之上，僧尼处道士女冠之前。"①长寿二年（693年）"一月……罢举人习《老子》，更习太后所造《臣轨》。"②"秋九月，上加金轮圣神皇帝号。"③至此，武周佛法之盛一时无二。

"神龙元年（705年）正月，朝臣张柬之发动政变，武则天传位于太子。④中宗在即位之后，即采取一系列措施消除武周影响，恢复李唐旧制⑤。同时，也恢复曾因武后政令被贬低的老子与《道德经》的地位，"老君依旧为玄元皇帝……令贡举人停习《臣轨》，依旧习《老子》。"⑥不过中宗、睿宗朝，政策上多为佛道并进。景云二年（711年），睿宗敕令《僧道齐行并进敕》写道："朕闻释及玄宗，理均迹异，拯人救俗，教别功齐。岂有于其中间，妄生彼我？不遵善下之旨，相高无上之法，有殊圣教，颇失道源。自今每缘法事集会，僧尼、道士女冠等，宜令齐行并进。"⑦此即是代表。

唐玄宗即位后，吸取武后及韦后利用佛教干政的教训，采取严厉措施限制佛教发展。开元二年（714年）"春正月，……丙寅，紫微令姚

---

① 刘昫．旧唐书：卷六·本纪第六·则天皇后［M］．北京：中华书局，1975：121；宋敏求．唐大诏令集：卷一一三·释教在道法之上制［M］．上海：学林出版社，1992：538.
② 司马光．资治通鉴：卷二百五［M］．北京：中华书局，1956：6490.
③ 刘昫．旧唐书：卷六·本纪第六·则天皇后［M］．北京：中华书局，1975：123.
④ 刘昫．旧唐书：卷六·本纪第六·则天皇后［M］．北京：中华书局，1975：135－136.
⑤ 刘昫．旧唐书：卷六·本纪第六·则天皇后［M］．北京：中华书局，1975：136－137.
⑥ 刘昫．旧唐书：卷六·本纪第六·则天皇后［M］．北京：中华书局，1975：136－137.
⑦ 宋敏求．唐大诏令集：卷一一三·僧道齐行并进敕［M］．上海：学林出版社，1992：538.

崇上言请检责天下僧尼，以伪滥还俗者二万余人。"①七月，下《断书经及铸佛像敕》，十一月，下《禁断妖讹等敕》②，九年（721年）四月，下《禁士女施钱佛寺诏》，六月，下《分散化度寺无尽藏财物诏》③。在不断下敕诏贬抑佛教的同时，又"以老君降生之辰为玄元节，御制《玄元皇帝赞》曰：'爰有上德，生而长年。白发垂相，紫气浮天。含光默默，永劫绵绵。万教之祖，号曰玄元。束训尼父，西化金仙。百王取法，累圣攸传。函谷关右，经留五千。道非常道，玄之又玄。'亲以红粉版八分书，置老君殿宝帐额上。诏改羊角山为龙角山，改庙为庆唐观，御制碑文。塑高祖、太宗、高宗、中宗、睿宗、玄宗六圣御容列侍焉。"④"开元九年，玄宗又遣使迎（司马承祯）入京，亲受法箓，前后赏赐甚厚。"⑤"九年三月，置石柱于景龙观，令天台道士司马承祯依蔡邕石柱三体书写老子《道德经》。十年正月己丑，诏两京及诸州各置玄元皇帝庙一所，并置崇玄学，其僧徒令习《道德经》及庄、列、文子等，每年准明经例举送。"⑥由此可以看出，开元前期，先道后佛再次成为常态，佛教再次面临危机。

具体到四川，地方官上行下效，对佛教多加打压。资州"开元初，新除太守王晔，本黄冠也，景云中曾立少功，刺于是郡，终于释子苞藏祸心。上任处分，令境内应是沙门追集。……迨乎王公上官三日，缁徒

---

① 刘昫．旧唐书：卷八·本纪第八·玄宗［M］．北京：中华书局，1975：172．
② 宋敏求．唐大诏令集：卷一一三［M］．上海：学林出版社，1992：539．
③ 董诰．全唐文：卷二八·元宗皇帝九［M］．上海：上海古籍出版社，1990：320，322．
④ 谢守灏．混元圣纪：卷八［M］//张宇初，张宇清，邵以正，等．正统道藏：第30册．台北：艺文印书馆，1977：23827．
⑤ 刘昫．旧唐书：卷一九二·列传第一四二·司马承祯传［M］．北京：中华书局，1975：5182．
⑥ 王钦若．册府元龟：卷五三·帝王部·尚黄老［M］．北京：中华书局，1960：588．

<<< 第三章 安岳石窟窟龛造像研究

毕至。"后虽因高僧处寂之神通，王晔未施淫威就已"气绝"①；但其时，地方官吏对待佛教及教众的态度已可见一斑。

资州，东北至普州一百七十里②，为唐时佛教重镇，多有高僧。根据《宋高僧传》，开元前期，资州地区有高僧三人，分别为智诜、处寂与唐和尚③。值得注意的是唐和尚，根据《宋高僧传》卷十《唐洪州开元寺道一传》，唐和尚于资州为道一削发，此道一即为禅宗之马祖。道一幼时在资州削发，却在渝州圆律师处受具，由此亦可见开元初期资州地区政治社会环境并不利于佛教发展，为免遭迫害而离开资州前往别处的僧众不在少数，在这一过程中，选择刻经这种方式保存佛法是有可能的。唐时从资州外出往别处，根据严耕望先生考据，有三条道，通往三个方向，分别是往西北过简州通往成都，往东北过普州通往遂州，往东南过内江县通往泸州④。唐时，泸州佛教不振，相关佛教历史文献如《续高僧传》与《宋高僧传》中都无唐代泸州佛教之记载，故而资州僧众的选择当主要为高僧云集、佛法兴盛的成都与遂州⑤。道一从资州往渝州，则会选择先往遂州，再由遂州往渝州，在这一过程中，必定经过

---

① 赞宁．宋高僧传：卷第二十·唐资州山北兰若处寂传［M］．北京：中华书局，1987：507－508．
② 李吉甫．元和郡县图志：卷第三十一·剑南道上·资州［M］．北京：中华书局，1983：785；李吉甫．元和郡县图志：卷第三十三·剑南道下·普州条［M］．北京：中华书局，1983：857．
③ 赞宁．宋高僧传：卷十九·唐成都净众寺无相传·附智诜［M］．北京：中华书局，1987：486；赞宁．宋高僧传：卷第二十·唐资州山北兰若处寂传［M］．北京：中华书局，1987：507－508；赞宁．宋高僧传：卷十·唐洪州开元寺道一传［M］．北京：中华书局，1987：221．
④ 严耕望．唐代交通图考：第四卷·山剑滇黔区·篇三十·嘉陵江中江水流域纵横交通线［M］．台北："中央研究院"历史语言文化所，1986：1172－1178．
⑤ 《宋高僧传》中关于遂州佛教的记载主要有卷六·唐圭峰草堂寺宗密传·附圆禅师、拯律师，记述了宗密在遂州从圆禅师削染受教、拯律师进具的事宜，说明唐时遂州佛教亦较活跃。

位于资、遂交通中心的普州，由此经过的僧众应当不仅是道一一人，而这些僧人经过普州，对于普州的佛教发展是有所裨益的。另一方面，唐人若要从京城方向前往资州、泸州，一般也会选择果→遂→普→资→泸这条主线路①。这就意味着在社会文化特别是佛教文化的传播过程中，普州可以直接受到来自京城长安和资州两方面的影响，从而使自身文化特别是佛教文化得到与京城和资州相一致的发展。

"普、遂间，中经安居县，北临安居水（今安居坝）。……公路即承古道耳。"②安居坝即今遂宁市安居区。卧佛院所处之八庙乡距离今安居区及公路极近，古时当为普、遂两地民众相互往来的重要交通节点，两地僧侣信众同时选择这个中间节点进行佛事活动（包括开窟造像）也就不足为奇了。卧佛院第66号窟内的"普州安岳县沙门僧义造涅槃经一龛永为供养"题记以及第71号窟内的"遂州长江县杨思慎为亡父杨敬宗亡母袁张宝敬造供养"③题记即说明了这一点。

卧佛院刻经窟内现存刻经纪年题记分别为第73号窟的"檀三藏经开元十五年（727年）二月镌了""开元廿一年（733年）五月二十九日记"以及第59号窟的"开元廿三年（735年），长江县李涉敬造供养"④，表明刻经可能集中于开元时期。另外，在刻经窟第46与51号

---

① 严耕望. 唐代交通图考：第四卷·山剑滇黔区·篇三十·嘉陵江中江水流域纵横交通线［M］. 台北："中央研究院"历史语言文化所，1986：1174-1175.
② 严耕望. 唐代交通图考：第四卷·山剑滇黔区·篇三十·嘉陵江中江水流域纵横交通线［M］. 台北："中央研究院"历史语言文化所，1986：1176.
③ 北京大学中国考古学研究中心，成都市文物考古研究所，安岳县文物局. 安岳卧佛院调查简报［M］//成都市文物考古研究所. 成都考古发现（2006）. 北京：科学出版社，2008：406-407.
④ 北京大学中国考古学研究中心，成都市文物考古研究所，安岳县文物局. 安岳卧佛院调查简报［M］//成都市文物考古研究所. 成都考古发现（2006）. 北京：科学出版社，2008：406-407.

窟之间的隔墙上，刻有"惟开元十一/年发口癸亥/今有普州乐/至县芙蓉乡/普德里弟子/杨善为自身/平安敬造千/佛百身供养"①的题记，表明刻经窟本身的开凿早于开元十一年（723年）。安岳境内，目前最早的开窟造像题记为千佛寨第28号窟的"开元十年（722年）"题记，刻经亦于此前后开始，又如前述，开元九年（721年），玄宗命司马承祯刻道德经于石柱上，这样的形式可能也启发了当时的佛教僧众，加之前代佛教徒贯有开窟刻经的传统，安岳信众使用石刻的方式来保存佛经也就不足为奇了，由此推断，卧佛院刻经应始于开元九年至十年之间。

综上，开元初，受当时社会政治环境影响，普遂两地僧众在长安、资州两地佛教的影响下，为保存佛法，共同在卧佛院开始了刻经造像，从而掀开了安岳佛教史上的新篇章。

另一方面，开元前期整个社会层面的崇道也是这一时期玄妙观道教造像龛开凿的主要原因，玄妙观《启大唐御立集圣山玄妙观胜境碑》碑文有记："至开元十八年（730年）七月一日……相天龛，次王宫龛……救苦天尊乘九龙，为慈母古五娘造东西真像廿躯，小龛卅二刊躯。"②这是安岳境内最早的道教造像题记，也与上述时代背景有关。

2. 涅槃经变

用图像形式将《涅槃经》内所述内容表现出来，可称为"涅槃经变"或"涅槃变"。"涅槃变"这一名称出现的时间可以追溯到隋代，张彦远《历代名画记》卷三中记述两京寺观壁画"西京寺观等壁

---

① 北京大学中国考古学研究中心，成都市文物考古研究所，安岳县文物局. 安岳卧佛院调查简报［M］//成都市文物考古研究所. 成都考古发现（2006）. 北京：科学出版社，2008：372.
② 曾德仁. 四川安岳县玄妙观道教摩崖造像［J］. 四川文物，2014（4）：88.

画……宝刹寺佛殿南，杨契丹画涅槃等变相"①，其中提到的杨契丹为隋代画家。

卧佛院第3号龛（图3.8），即所谓的卧佛龛，实由上下两大部分组成，即下方左胁而卧的涅槃图像与其上方释迦说法图像。涅槃图像主体为一尊身长约23米的卧佛，双臂平置体侧，头下有枕，螺髻，眉间有白毫凸起，双耳佩有璎珞式耳珰，耳珰主体部分用两圈连珠纹和一圈凸棱相间装饰，着褒衣博带式法衣，内着僧祇支，胸下系带打结。其身前造一尊坐像，高3.40米，脸向卧佛的头部，以右手中指和食指搭在卧佛左手手腕上；足部凿一力士像，左手下摆，五个指头张开，右手上举，紧握拳头。释迦说法图像主尊结跏趺坐，螺髻，着褒衣博带式法衣，内着僧祇支，胸下系带打结，右手臂屈肘于胸右前侧，左手抚膝。坐像两侧，分两排前后雕凿出九弟子、二菩萨、一力士与天龙八部众。一般认为，这是一龛涅槃经变。目前学界众多学者对于此龛的关注多集中于涅槃像为何左胁而卧、卧佛身前弟子身份以及该龛造像的开凿年代。不过除了基本都认为该龛始凿于盛唐开元年间外，其他问题都难以

---

① 张彦远. 历代名画记：卷三·记两京外州寺观画壁［M］. 俞剑华，注释. 上海：上海人民美术出版社. 1964：163.

140

第三章 安岳石窟窟龛造像研究

达成共识①。

涅槃图像是佛教艺术中出现较早且较为常见的一种题材，有壁画、塑像、绘塑结合与石刻等多种表现手法。中原北方如敦煌莫高窟保存有数量较多的涅槃图像，时代自北朝至晚唐五代，初盛唐时的代表窟为332窟，现试将卧佛院涅槃经变与之略作比较。

莫高窟的涅槃图像从隋代开始应该已经从佛传图的一部分转变成以单幅形式出现的"涅槃变"相，多以释迦牟尼涅槃像居于画面中心，其背后画出一佛、五弟子、二菩萨、二世俗信徒，绕佛举哀。另外还会画出佛母摩耶夫人哀悼、外道答迦叶问、迦叶抚佛足、须跋陀罗身先入灭密迹、金刚力士等情节②。初唐332窟③为中心柱窟，莫高窟现存唐代最早的大型涅槃像窟，西壁开横长方形龛、内塑释迦牟尼涅槃像一

---

① 有学者认为这是依据汉族传统的头东脚西葬式（如胡文和），有学者认为这是由山势走向而使然（如刘长久）。左胁而卧的涅槃像，还见于敦煌120窟东壁门口上部，云冈第11窟南壁上层坐佛龛下、第35窟东壁上部和第38窟北壁北部，有学者认为云冈第11、38窟左胁像是涅槃像中国化的产物（如Sonya S. Lee），安岳卧佛如此设计，也可认为是一种中国化的表现。至于卧佛前弟子的身份，也是众说纷纭，有学者认为他是阿难（如胡文和），有学者认为他是须跋陀罗（如彭家胜）。至于开凿时间，虽然大多数学者考察依据不同，如有的学者依据的是卧佛院整体布局和规模（如彭家胜），有的学者依据的是说法图中菩萨像的特征（如胡文和），有的学者则是将卧佛足部力士像与广元千佛崖、巴中及龙门石窟盛唐时期的力士像进行了对比（如金申），但是基本上都认为卧佛龛开凿于盛唐开元年间。相关文献如下：胡文和．四川摩崖造像中的涅槃变 [J]．考古，1989（9）：852；胡文和．四川安岳卧佛沟唐代石刻造像和佛经 [J]．文博，1992（2）：4；刘长久．安岳石窟艺术 [M]．成都：四川人民出版社，1997：19；贺世哲．敦煌莫高窟的涅槃经变 [J]．敦煌研究，1986（1）：7；云冈石窟文物保管所．中国石窟——云冈石窟（二）[M]．北京：文物出版社，1994：图210；SONYA S L. Surviving Nirvana: Death of the Buddha in Chinese Visual Culture [M]．香港：香港大学出版社，2010：38－39，41，46－47；彭家胜．四川安岳卧佛院调查 [M]．文物，1988（8）：2；金申．四川安岳涅槃佛像的解读与重修时代 [J]．四川文物，2006（5）：85.
② 贺世哲．敦煌莫高窟的涅槃经变 [J]．敦煌研究，1986（1）：3－4.
③ 敦煌文物研究所．敦煌莫高窟内容总录 [M]．北京：文物出版社，1982：121－122. 据原存于此窟的武周圣历元年（698）《重修莫高窟佛龛碑》，系李克让所建。

141

图3.8 卧佛院第3号龛

身,头南脚北,右胁而卧,身长5.60米。南壁后部另绘有一铺长卷式涅槃经变,有学者认为332窟的这一铺经变是古代画工糅合后秦佛陀耶舍与竺法念译《长阿含经》卷四《游行经》、萧齐昙景译《摩诃摩耶经》、北凉昙无谶译四十卷本《大般涅槃经》以及初唐若那跋陀罗译《大般涅槃经后分》而创作的①。整个经变画面可分成十组,第一组画说法图一铺,释迦牟尼居中说法,左右画菩萨、弟子、天龙八部簇拥听法,同卧佛院3号龛"释迦临终说法图"的主体构成基本一致。332窟说法图的经本依据,有学者认为是北凉昙无谶译的四十卷本《大般涅

---

① 贺世哲. 敦煌莫高窟的涅槃经变 [J]. 敦煌研究, 1986 (1): 4.

槃经长寿品第一》与初唐若那跋陀罗译的《大般涅槃经后分遗教品第一》①。而卧佛院第3号龛涅槃变的经本依据，很可能是刊刻于本地刻经窟内的昙无谶译的《大般涅槃经寿命品第一》。从现存遗迹来看，第3号龛与大部分刻经窟一样，占据着南北崖壁最好的位置，这也意味着，开窟刻经与开龛造像基本是同时进行的，时间略有差异。

不过，回归到卧佛龛本身形制上，通过观察，还是存在几点疑问。首先，龛立面为少见的刀形，这在统一规划的造像龛中极为少见；其次卧佛肩宽与身长比明显失常，右臂明显薄于左臂，不成臂形，其上方雕像靠近卧佛手臂部分极为内凹，这种情况的发生很可能与后期二次修凿有关；最后，卧佛左右耳耳珰明显不对称（图3.9），左耳耳珰较完整，其下岩壁显经过处理，配合耳珰形状凸出，而右耳耳珰上部变细，部分璎珞与其下岩壁不见原形，显然是受到了上部雕像创作的影响。基于以上三点，推测卧佛龛上下两部分很可能并不是同时规划和开凿的，有可能是先雕凿的卧佛，之后在其上依据刻经窟内《涅槃经》再行雕凿说法图从而构成经变，不过两者时代应当相去不远，都为盛唐。②

---

① 贺世哲．敦煌莫高窟的涅槃经变［J］．敦煌研究，1986（1）：4；大般涅槃经［M］．昙无谶，译//大正新修大藏经：第十二册．东京：大正一切经刊行会印刷所，1925：618－622；大般涅槃经后分［M］．若那跋陀罗，译//大正新修大藏经：第十二册．东京：大正一切经刊行会印刷所，1925：900－904．
② 有学者根据雕刻技法及发髻间的髻珠认为涅槃像可能于宋代被改妆过，似有一定道理，可备为一说．金申．四川安岳涅槃佛像的解读与重修时代［J］．四川文物，2006（5）：85－89．

图 3.9　卧佛院第 3 号龛卧佛头部

二、观音各变相

　　观音信仰是构成中国民众佛教信仰的至关重要的一环。早在南北朝时期，观音崇拜就已成为普遍的民间信仰[①]。据《妙法莲华经：卷七·观世音菩萨普门品》记载，观音菩萨的现世救助功能体现在五个方面：其一，在发生天灾如水灾、火灾等时，只要诵念观世音名，即可得救；其二，在遇到人祸如牢狱、遇贼等时，只要诵念观世音名，即可得救；其三，在遇到鬼怪如罗刹、夜叉等时，只要诵念观世音名，即可得救；其四，在遇到个人情欲烦恼如淫欲、愚痴等时，只要诵念观世音名，即可脱离这些不良欲望；其五，在遇到男女生育问题如生男生女等时，只要礼拜供养观世音菩萨，就能满足愿望。[②] 由此可以看出，礼拜供奉观世音菩萨，主要目的就是为了获得现世救助，而开龛造像也正合礼拜供奉之意。白化文先生曾总结汉化佛教观音的特点，其中第一条便是：

[①] 杨曾文. 观世音信仰的传入和流行 [J]. 世界宗教研究，1985（3）：21-33；CHUN-FANG Y. Kuan-yin: The Chinese Transformation of Avalokitesvara [M]. New York: Columbia University Press, 2001: 151-194.

[②] 妙法莲华经 [M]. 鸠摩罗什，译//大正新修大藏经：第九册. 东京：大正一切经刊行会印刷所，1925：56-57；任继愈. 中国佛教史 [M]. 北京：中国社会科学出版社，1988：567.

"其一，能救现实生活中一切苦难，而不是教导人们把希望寄托于来生。所以从信徒角度看来，观音是最具有'现实性'的佛家代表。抗日战争时期，陪都重庆有许多防空洞，洞口内外常见有小佛龛，其中供的一律是观音像，就是一种很明显的例子。"①这里防空洞口内外供奉的观音像龛，与古人开观音龛用意是一样的。

从各地唐代不同题材造像的数量对比可以看出，唐代以后，我国的观音信仰无疑进入了全盛时期。以龙门石窟为例，有学者统计，自最早的北魏永平二年（509年）题记到最晚的后梁乾化五年（915年）②题记，龙门有纪年的观音造像题记共77条，其中北魏永平年间至隋大业年间共17条，唐贞观年间至后梁乾化五年多达60条③。具体到安岳，安岳最早一批开龛造像题记中就有开观音龛题记，如玄妙观第15号龛旁的"开元十八年，玄口撰般若波多经造观音自在菩萨"题记，千佛寨第17、18（图3.11）号龛之间的"开元廿年岁次壬申十二月庚午朔十八日丁亥/前安岳县录事骑都尉勋官五品黎令宾愿平/安造东面三世诸佛一龛又为亡父亡母及亡妻/敬造西面救苦观世音菩萨一龛三身并永为供/养前安居县市令普慈县助教笈恪男前州市令/县尉勋官七品虔亦永供养寺上座玄应书"等。随着时间的推移，五代开凿观音像龛用以祈福的现象日益增多，如庵堂寺第10号龛"敬造大悲菩萨壹龛……天复七年（907年）丁卯岁"，第15号龛"……弥陀佛观世音菩萨大势至菩萨并侍……蜀天汉（917年）……十二月"，第16号龛"敬造白衣观音壹

---

① 白化文.汉化佛教与佛寺[M].北京：北京出版社，2003：143.
② 刘景龙，李玉昆.龙门石窟碑刻题记汇录[M].北京：中国大百科全书出版社，1998：271-272，440.
③ 李玉昆.我国的观世音信仰与龙门石窟观世音造像：表一·龙门石窟有纪年造观世音像表[C]//龙门石窟研究所.龙门石窟一千五百周年国际学术讨论会论文集.北京：文物出版社，1996：163.

身，……咸康元年（前蜀后主王衍年号，925年）四月廿三日修造讫"，第17号龛"维大唐天成四年（929年）……镌造……观音地藏菩萨一龛"，第13号龛"敬镌造曜像白衣观音菩萨一身……天成五年（930年）庚寅岁二月廿五日比丘怀真题记永为供养"，在圆觉洞第22号窟内亦有小龛题记"敬镌造救苦白衣观音记……大蜀天汉元年（917年）"等。五代后到北宋中期，虽然此时安岳地区窟龛开凿已经衰落，但是开观音窟像仍未辍。

圆觉洞第14号窟（图3.12）的观音造像题记显示出北宋安岳观音信仰的坚持：

《州真相院石观音像记》：奉议郎通判汉州军州管句学事兼管内劝农事借绯冯世雄撰文，承议郎新就差监成都府事买院兼同监商税务武骑尉冯□□，承议郎知资州军州管句学事兼内劝农事飞骑尉借紫孙铭□。至道廖廓，肇造万法，不得其门，无自而入。……则又何与诸佛如来同一闻法，十力四无畏八万四千陀罗尼门，施及众生，莫非自闻而入？则观音妙智晃可思议。本州信善杨正卿以厥祖旧愿，造观音石像一尊，□择真相岩龛，鸠工集事，阖家随喜，共建良缘，元符己卯创。初大观丁亥告毕，设水陆斋会，开四部大经，饭合廊僧道，崇赞佛乘，远酬祖意。巍巍圣像，睹即见真，泉石松风，皆谈实相，俾人人回心，觉观自远。其闻探观音最上之机，到菩提妙甚□，檀那功行，岂易遽量。……空诸所有，仿归其源。一念澄虚，真观自在。余□杨生指诚于道，挺出尘累，崇奉法要，求之妙谛，如火中莲，特为书其末而刊诸石云。功德主杨正卿同寿邹氏　故父元善母马氏故叔父元爱故叔母胡氏大圣宋大观二年（1108年）岁次戊子春二月壬午朔二十六日丁未建立。

<<< 第三章　安岳石窟窟龛造像研究

图 3.11　千佛寨第 18 号龛

图 3.12　圆觉洞第 14 号龛

虽然之后已没有明确的开观音龛题记，但是绍兴二十三年（1153年）开凿的圆觉洞第 7 号窟菩萨像，依然可以视作安岳地区观音造像的余续。

就造像而言，具体到安岳石窟造像中，唐代窟龛内观音像主要为正观音像与千手千眼观音变相；而到了五代，除了前述两种像外，还出现了白衣观音、不空羂索观音等变相；及至两宋，随着本身开窟造像的衰

147

落，安岳观音造像也步入尾声，这一时期的观音像主要为正观音像与水月观音变相。

1. 千手千眼大悲观音

千手千眼观音（下除引文外，简称千手观音），或称千臂千眼观音，又称大悲观音，是观音变相中的重要题材，"千手千眼菩萨者，即观世音之变现"①，"大悲者，观世音之变也"②。国内千手千眼观音造像是伴随着有关千手千眼观音经典的翻译而出现的。

> 自唐武德之岁（618—627年），中天竺婆罗门僧瞿多提婆，于细氎上图画形质及结坛手印经本，至京进上。太武见而不珍，其僧悒而旋辔。至贞观年中（627—649年），复有北天竺僧，赍《千臂千眼陀罗尼》梵本奉进。文武圣帝敕令大总持寺法师智通共梵僧翻出咒经并手印等。智通法师三覆既了……又有西来梵僧，持一经夹以示智通，通还翻出，诸余不殊旧本，唯阙身咒一科。……即请一清信士李太一，其人博学梵书玄儒亦究，纡令笔削润色成章，备书梵音身咒具至。神功年中（697年）……于妙氎上画一千臂菩萨像并本经咒进上。神皇令宫女绣成，或使匠人画出，流布天下不坠灵姿。③

唐代千手千眼观音相关经典，除了智通所译《千眼千臂观世音菩

---

① 千眼千臂观世音菩萨陀罗尼神咒经序［M］．智通，译//大正新修大藏经：第二十册．东京：大正一切经刊行会印刷所，1928：83．
② 苏轼．大圣慈寺大悲圆通阁记［M］//杨慎．全蜀艺文志：卷三八．北京：线装书局，2003：1160．
③ 千眼千臂观世音菩萨陀罗尼神咒经序［M］．智通，译//大正新修大藏经：第二十册．东京：大正一切经刊行会印刷所，1928：83．

萨陀罗尼神咒经》以外，还有菩提流志译《千手千眼观世音菩萨姥陀罗尼身经》，伽梵达摩所译《千手千眼观世音菩萨治病合药经》及《千手千眼观世音菩萨广大圆满无碍大悲心陀罗尼经》等，金刚智所译《千手千眼观自在菩萨广大圆满无碍大悲心陀罗尼咒本》及《千手千眼观世音菩萨大身咒本》等，善无畏所译《千手观音造次第法仪轨》；苏缚罗所译《千光眼观自在菩萨秘密法经》，不空所译《千手千眼观世音菩萨大悲心陀罗尼》及《大悲心陀罗尼修行念诵略仪》等。① 这些经本，最早为贞观年间的智通译本，之后是永徽年间（650—655年）的伽梵达摩译本，菩提流志译本与不空译本实际上分别是智通译本与伽梵达摩译本的同本异译②，实际内容大同小异。

　　千手观音图像最早的画本从皇家传出，流布于两京地区，朱景玄《唐朝名画录》："（尉迟）乙僧，今慈恩寺塔前功德，又凹凸花面中间千手眼大悲，精妙之状，不可名焉。"③此条所述慈恩寺塔前画千手千眼大悲观音像之事是武周长安年间（701—704年）重修长安慈恩寺塔时尉迟乙僧所为。张彦远《历代名画记》卷三《记两京外州寺观画壁·两京寺观等画壁》中所记亦佐证此事："慈恩寺……塔下南门尉迟（乙僧）画，西壁千钵文殊，尉迟画。"④除此以外，依据文献，开元时期"塑圣"杨惠之善塑千手观音像，"杨惠之不知何处人，唐开元中，与吴道子同师张僧繇笔迹，号为画友，巧艺并著。而道子声光独显，惠

---

① 大正新修大藏经：第二十册［M］．东京：大正一切经刊行会印刷所，1928：83 - 128．（以上诸经均可参见此书）
② 彭金章．千眼照见 千手护持——敦煌密教经变研究之三［J］．敦煌研究，1996（1）：12.
③ 朱景玄．唐朝名画录：神品下七人·尉迟乙僧条［M］//文渊阁四库全书·子部·艺术类．香港：迪志文化出版有限公司，2001：9.
④ 张彦远．历代名画记：卷三·记两京外州寺观画壁·两京寺观等画壁［M］．俞剑华，注释．上海：上海人民美术出版社．1964：60 - 61.

之遂都焚笔砚，毅然发奋，专肆塑作，能夺僧繇画相，乃与道子争衡。时人语曰道子画，惠之塑"①"杨惠之以塑工妙天下，为八万四千手观音，不可措手，故作千手眼，今之作者，皆祖惠之"②。由此可见千手观音造像技术在这一时期已趋于成熟并传播开来。

目前国内现存最早的千手观音造像为1986年河北省新城县（今高碑店市）南方中村小学出土的一尊白石千手观音立像，造于武周证圣元年（695年）③。除此之外，根据学者研究，龙门东山万佛沟2133、2142号龛内现存两身千手观音立像，也属武周时期作品④。

目前，千手观音形象遗存比较丰富的地区主要为敦煌和川渝地区。敦煌地区的千手观音造像遗存形式主要为敦煌莫高窟、安西榆林窟等石窟的壁画和出自藏经洞的纸绢画。据调查统计，石窟壁画中千手观音造像多达70铺，外加纸绢画中的20余铺，总数达90余铺，时代从盛唐一直延续到元代，中唐至宋是其繁盛阶段⑤。

川渝地区的千手观音造像，开元初就已在成都出现：

---

① 刘道醇.五代名画补遗：塑作门·第六·杨惠之条［M］//谢赫.古画品录（外二十一种）.上海：上海古籍出版社，1991：442.
② 陈梦雷.古今图书集成：考工典·第五卷引太平清话［M］.影印版.南宁：广西大学古籍所，2012：95329.
③ 刘建华.唐代证圣元年千手千眼大悲菩萨石雕立像［C］//重庆大足石刻艺术博物馆.2005年重庆大足石刻国际学术研讨会论文集.北京：文物出版社，2007：469－476.
④ 宿白.敦煌莫高窟密教遗迹札记［J］.文物，1989（9）：45－53；李文生.龙门唐代密宗造像［J］.文物，1991（1）：61－64；李玉昆.我国的观音信仰与龙门石窟的观音造像［C］//龙门石窟研究所.龙门石窟一千五百周年国际学术讨论会论文集.北京：文物出版社，1996：157－165；常青.试论龙门初唐密教雕刻［J］.考古学报，2001（3）：335－360.
⑤ 王惠民.敦煌千手千眼观音像［J］.敦煌研究，1994（1）：63；彭金章.千眼照见千手护持——敦煌密教经变研究之三［J］.敦煌研究，1996（1）：12.

先天菩萨帧，本起成都妙积寺。唐开元初，有尼魏八师者，常念大悲咒。有双流县民刘乙，小字意儿，年十一岁，自言欲事魏尼，尼始不纳，遣亦不去，常于奥室坐禅。尝白魏云：'先天菩萨见身此地'，遂筛灰于庭，一夕有巨迹，长数尺，伦理成就。意儿因谒画工，随意设色，悉不如意。有僧法成者，自云能画，意儿常合仰祝，然后指授之，仅十稔，功方就。后塑先天菩萨像，二百四十二首，首如塔势，分臂如蔓。所画样凡十五卷。有柳七师者，崔宁之甥，分三卷往上都流行。时魏奉古为长史，得其样进之。后因四月八日，复赐高力士。今成都者，是其次本①。

这里的先天菩萨，根据描述，即是千手观音。

川渝地区现存千手观音主要以造像形式分布于成都以东、以南地区的石窟内。根据第二章的分期可知，安岳千手观音像都为唐—五代时期造像，除安岳外，唐—五代千手观音像还有如下分布：

表3.1　四川地区（除安岳）千手观音分布表

地点	时代
夹江牛仙寺摩崖造像第183号龛	中唐②
夹江千佛岩摩崖造像第34、83号龛	中、晚唐③
邛崃石笋山摩崖造像第3、8号龛	中、晚唐④
丹棱郑山摩崖造像第40号龛	中唐

---

① 郭若虚. 图画见闻录：卷五·先天菩萨条[M]. 黄苗子, 点校. 北京：人民美术出版社, 1963：117-118.
② 周杰华. 夹江新发现的唐代摩崖造像[J]. 四川文物, 1988（2）：27-32.
③ 王熙祥, 曾德仁. 四川夹江千佛岩摩崖造像[J]. 文物, 1992（2）：58-66.
④ 丁祖春, 王熙祥. 邛崃石笋山摩崖造像[J]. 四川文物, 1984（4）：36-39.

续表

地点	时代
丹棱刘嘴摩崖造像第34、45、52号龛	中唐①
蓬溪新开寺摩崖造像第1号龛	咸通元年②
仁寿牛角寨摩崖造像第25号龛	中唐③
资中北岩摩崖造像第11号龛	中唐④
资中西岩摩崖造像第4、45号龛	晚唐至五代
大足北山佛湾第9、243号龛	晚唐
大足北山营盘坡第10号龛	晚唐
大足北山佛湾第218、235、273号龛	五代
大足北山观音坡第27号龛	五代
大足北山佛耳岩第13号龛	五代⑤

而根据调查，本书中涉及安岳地区晚唐五代千手观音共有7铺，分别是卧佛院第45号龛，千佛寨第47、62号龛，圆觉洞第21、26、37号龛，庵堂寺第10号龛，其中圆觉洞第37号龛损毁严重，遗迹仅能辨认出善跏趺坐及多支手臂伸出，推测应与同区另两铺千手观音像相似，现将另6铺千手观音像基本信息列表如下：

---

① 王熙祥．丹棱郑山——刘嘴大石包造像［J］．四川文物，1987（3）：29-33.
② 邓鸿钧．新开寺唐代摩崖造像初探［J］．四川文物，1989（5）：57-58.
③ 邓仲元，高俊英．仁寿县牛角寨摩崖造像［J］．四川文物，1990（5）：71-77.
④ 王熙祥，曾德仁．资中重龙山摩崖造像内容总录［J］．四川文物，1989（3）：34-40.
⑤ 姚崇新．对大足北山晚唐五代千手千眼观音造像的初步考察［C］//重庆大足石刻艺术博物馆．2005年重庆大足石刻国际学术研讨会论文集．北京：文物出版社，2007：449-468.

表3.2　安岳地区千手观音（部分）统计表

地点	姿势	面（首）数	正大手	眷属	年代	备注
卧45号	站立	十三面	六只	饿鬼、贫儿	唐	背壁线刻千手
千47号	站立	毁	三十二？	无	唐	图3.13
千62号	站立	毁	三十二①	饿鬼、贫儿、波斯仙、雷神？风神？	唐	眷属多毁损
圆21号	善跏趺坐	一面	四十二	饿鬼、贫儿、婆薮仙、大辩才天女、日藏、月藏菩萨	五代	
圆26号	善跏趺坐	一面	四十二	饿鬼、贫儿、密迹金刚、大神金刚、四天王、二力士	五代	图3.14
庵10号	善跏趺坐	一面	五十六②	十方佛、饿鬼、贫儿、婆薮仙、大辩才天女、辟毒金刚、火头金刚	五代	天复七年，手经后世妆修

---

① 造像本身有较严重的损毁，千佛寨两身像可确认的手臂数目为三十二，也可能更多。
② 庵堂寺第10号龛龛内造像经过后世妆修，手臂可能有后世补塑。

153

图 3.13　千佛寨第 47 号龛千手观音　　图 3.14　圆觉洞第 26 号龛千手观音

由上表可见，安岳地区的千手观音，唐代时主要为立姿，五代时主要为善跏趺坐，与仪轨并不一致。善无畏所译《千手观音造次第法仪轨》谓千手观音"上首正体身大金色，结跏趺坐大宝莲华台上"①。不空所译《摄无碍大悲心曼荼罗仪轨》及苏缚罗所译《千光眼观自在菩萨秘密法经》亦称千手观音为结跏趺坐②，其他经轨中并未言及其姿势③。不过，在实际雕塑、绘画时，不拘于程式是常事，前文中提到的证圣元年千手观音像以及龙门所造千手观音像亦都是立姿，前文表中提

---

① 千手观音造次第法仪轨[M]. 善无畏，译//大正新修大藏经：第二十册. 东京：大正一切经刊行会印刷所，1928：138.
② 摄无碍大悲心曼荼罗仪轨[M]. 不空，译//大正新修大藏经：第二十册. 东京：大正一切经刊行会印刷所，1928：129；千光眼观自在菩萨秘密法经[M]. 苏缚罗，译//大正新修大藏经：第二十册. 东京：大正一切经刊行会印刷所，1928：119.
③ 王惠民. 敦煌千手千眼观音像[J]. 敦煌研究，1994（1）：63-76；彭金章. 千眼照见 千手护持——敦煌密教经变研究之三[J]. 敦煌研究，1996（1）：11-30.

及的川渝地区各铺像，都是善跏趺坐。卧佛院第45号龛的千手观音有十一面，这在川渝地区较为罕见，前文表中各铺多为一面，不过这与已知经轨并不违背。已知经轨中有言及十一面者，有言及五百面者，有言及一面三面五面七面九面十一面乃至千面万面者①。具体到敦煌石窟，其中的千手观音壁画有一面者、三面者、七面者、十一面者、五十一面者，其中一面者数量最多，其次为十一面者②。根据经轨，如智通所译《千眼千臂观世音菩萨陀罗尼神咒经》记载："菩萨头著七宝天冠，身垂璎珞"③。安岳五代千手观音的情况与前文经轨较为一致，头戴花鬘宝冠，冠中现化佛，胸饰璎珞。同时，前文表中川渝其它地区千手观音亦多为此风格。伽梵达磨翻译的《千手千眼观世音菩萨广大圆满无碍大悲心陀罗尼经》以及与之同本异译的不空《千手千眼观世音菩萨大悲心陀罗尼经》中罗列了千手观音的正大手，包括"如意珠手、羂索手、宝钵手、宝剑手、跋折罗手、金刚杵手、施无畏手、日精摩尼手、月精摩尼手、顶上化佛手、葡萄手"等④。按其所列手的数目，正好是四十。经轨中将之称为"四十手法"⑤，加上合掌手，实际手的总数应是四十二只，也就是说，千手观音造像中造出四十只手或者四十二只手都是有已知经轨依据的。敦煌的盛唐、中唐千手观音像中，正大手均为

---

① 王惠民．敦煌千手千眼观音像[J]．敦煌研究，1994（1）：64；彭金章．千眼照见 千手护持——敦煌密教经变研究之三[J]．敦煌研究，1996（1）：14．
② 王惠民．敦煌千手千眼观音像[J]．敦煌研究，1994（1）：64-67；彭金章．千眼照见 千手护持——敦煌密教经变研究之三[J]．敦煌研究，1996（1）：14．
③ 千眼千臂观世音菩萨陀罗尼神咒经[M]．智通，译//大正新修大藏经：第二十册．东京：大正一切经刊行会印刷所，1928：87．
④ 千手千眼观世音菩萨大悲心陀罗尼经[M]．不空，译//大正新修大藏经：第二十册．东京：大正一切经刊行会印刷所，1928：101．
⑤ 千光眼观自在菩萨秘密法经[M]．苏缚罗，译//大正新修大藏经：第二十册．东京：大正一切经刊行会印刷所，1928：120．

四十只或四十二只,表明这是当地绘制千手观音正大手的标准形式①;开凿于咸通元年(860年)的蓬溪新开寺第1号龛、开凿于中唐时期的资中北岩第113号龛中的千手观音,均为四十只正大手②。安岳唐代的千手观音像,卧佛院现存像正大手数与已知经轨不一致③,而千佛寨现存两身像手臂部分有较多残损,无法确定是否符合经轨,安岳五代的千手观音像正大手数与已知经轨相符,这种现象说明安岳唐代千手观音像有别的样式来源,而五代千手观音像可能更多受到外界新样式的影响而非承袭本地传统。善无畏翻译的《千手观音造次第法仪轨》中详细列举了千手观音诸眷属的名目,还指出了它们的执物,有些还指出了它们的体貌特征④。不过在实际造像中,是不可能将这些眷属全部造出的,也不可能完全按照经轨中指出的特征造像。从前表中可以看出,贫儿与饿鬼是最必要的眷属,到五代之后,婆薮仙与大辩才天女,密迹金刚、大神金刚、日藏菩萨、月藏菩萨等都已加入,并且随着时间推移,眷属越来越多,这与周边石窟相关千手观音造像发展的趋势是一致的。由前述可知,安岳地区的千手观音像可能是唐代受到中原北方的影响后开始修凿的,此后直到五代,在中原北方的影响下继续自我完善。

2. 不空羂索观音菩萨

不空羂索观音,顾名思义是持有不空羂索的观音。隋唐时,有八部《不空羂索经》译出。最早的一部汉译本《不空羂索经》(一卷)是由

---

① 彭金章. 千眼照见 千手护持——敦煌密教经变研究之三 [J]. 敦煌研究,1996 (1):11-30.
② 邓鸿钧. 新开寺唐代摩崖造像初探 [J]. 四川文物,1989 (5):57-58;王熙祥,曾德仁. 资中重龙山摩崖造像内容总录 [J]. 四川文物,1989 (3):34-40.
③ 卧佛院第45号龛内正壁内凹,壁面千手可能为后世补凿,故造像原凿手臂数应为六只。
④ 千手观音造次第法仪轨 [M]. 善无畏,译//大正新修大藏经:第二十册. 东京:大正一切经刊行会印刷所,1928:138.

沙门阇那崛多于隋开皇七年（587年）译出的①。之后第二部汉译本《不空羂索神咒心经》（一卷）由玄奘法师于唐显庆四年（659年）方在长安大慈恩寺弘法院译出②。第三部与第四部汉译本《不空羂索经》于唐长寿二年（693年）同时面世，一部是由南印度沙门菩提流志译于东都佛授记寺的《不空羂索咒心经》（一卷）③；另一部是由北印度沙门宝思惟译于东都佛授记寺的《不空羂索陀罗尼自在王咒经》（三卷）④。久视元年（700年）八月，北印度婆罗门李无谄于罽宾获梵本经典，返洛后于佛授记寺翻经院勘译出了《不空羂索陀罗尼经》（一卷）⑤，这已是第五个汉译本。景龙三年（709年），菩提流志重新译出了三十卷本的《不空羂索神变真言经》⑥。之后，不空译出了《不空羂索毗卢遮那佛大灌顶光真言》（一卷）⑦，师子国三藏阿目佉译出了《佛说不空羂索陀罗尼仪轨经》（二卷）⑧。上述诸汉译本《不空羂索经》中，以菩提流支的三十卷本最为完备，除了宝思惟所译《不空羂索陀罗尼自在王咒经》与李无谄所译《不空羂索陀罗尼经》为同本异

---

① 不空羂索经［M］.阇那崛多，译//大正新修大藏经：第二十册．东京：大正一切经刊行会印刷所，1928：399.
② 不空羂索神咒心经［M］.玄奘，译//大正新修大藏经：第二十册．东京：大正一切经刊行会印刷所，1928：402.
③ 不空羂索咒心经［M］.菩提流志，译//大正新修大藏经：第二十册．东京：大正一切经刊行会印刷所，1928：406.
④ 不空羂索陀罗尼自在王咒经［M］.宝思惟，译//大正新修大藏经：第二十册．东京：大正一切经刊行会印刷所，1928：421.
⑤ 不空羂索陀罗尼经［M］.李无谄，译//大正新修大藏经：第二十册．东京：大正一切经刊行会印刷所，1928：409.
⑥ 不空羂索神变真言经［M］.菩提流志，译//大正新修大藏经：第二十册．东京：大正一切经刊行会印刷所，1928：227.
⑦ 不空羂索毗卢遮那佛大灌顶光真言［M］.不空，译//大正新修大藏经：第二十册．东京：大正一切经刊行会印刷所，1928：768.
⑧ 佛说不空羂索陀罗尼仪轨经［M］.阿目佉，译//大正新修大藏经：第二十册．东京：大正一切经刊行会印刷所，1928：432.

译外，其余诸译本均可视作三十卷本之节选：玄奘所译经文与阇那崛多所译经文为同本异译，实际上均是菩提流志所译三十卷本《不空羂索神变真言经》中的第一卷，阿目佉所译二卷本之《佛说不空羂索陀罗尼仪轨经》为三十卷本《不空羂索神变真言经》的第一、二卷之异译①，不空所译《不空羂索毗卢遮那佛大灌顶光真言》取自《不空羂索神变真言经》第二十八卷②。而随着《不空羂索经》的汉译和传播，不空羂索观音的艺术形象也开始在各地石窟中出现。现在已知存有不空羂索观音像的石窟除安岳外，还有敦煌莫高窟、西千佛洞和安西榆林窟、水峡口下洞子以及重庆大足等地。其中尤以敦煌莫高窟保存的不空羂索观音形象资料数量最多，延续时间也最长。敦煌莫高窟现存不空羂索观音经变壁画75铺（图3.15）（内有一铺为绘塑结合），另有藏经洞所出绢画5铺，共80铺。其中时代最早的为大历十一年（776年）。时代跨越盛唐至西夏，晚唐、五代的最多③。大足现存不空羂索观音菩萨像12铺，其中3铺为五代像。

安岳现存一身五代不空羂索观音菩萨像，位于庵堂寺第2号龛内（图3.16）。菩萨像为独立造像，立于龛内正壁，一面，戴花冠，六臂，持羂索、印、宝钵、化佛，有不明身份眷属两名。

---

① 大村西崖. 密教发达志[M]. 北京：中国书籍出版社，2013：419.
② 不空羂索毗卢遮那佛大灌顶光真言[M]. 不空，译//大正新修大藏经：第二十册. 东京：大正一切经刊行会印刷所，1928：880.
③ 彭金章. 敦煌石窟不空羂索观音经变研究——敦煌密教经变研究之五[J]. 敦煌研究，1999（1）：4.

158

<<< 第三章　安岳石窟窟龛造像研究

图3.15　敦煌384窟不空羂索观音经变① 　　图3.16　安岳庵堂寺第2号龛

前文所述八部《不空羂索经》中有四部提到菩萨的姿势，有结跏趺坐、半跏趺坐与站立。菩提流志所译三十卷本《不空羂索神变真言经》卷五云："不空羂索观世音菩萨……坐莲花座。"卷三十云："佛左不空羂索观世音菩萨……半跏趺坐。"②阿目佉所译《佛说不空羂索陀罗尼仪轨经》中记述云："圣者观世音菩萨摩诃萨……结跏趺坐。"③而宝思惟所译《不空羂索陀罗尼自在王咒经》上卷云："画圣观自在菩萨形像……立莲花上。"下卷云："于坛中画圣观自在菩萨形像，其像立

---

① 彭金章. 敦煌石窟不空羂索观音经变研究——敦煌密教经变研究之五 [J]. 敦煌研究，1999（1）：4.
② 不空羂索神变真言经 [M]. 菩提流志，译//大正新修大藏经：第二十册. 东京：大正一切经刊行会印刷所，1928：277.
③ 佛说不空羂索陀罗尼仪轨经 [M]. 阿目佉，译//大正新修大藏经：第二十册. 东京：大正一切经刊行会印刷所，1928：432.

159

在莲花座中。"① 李无谄所译《不空羂索陀罗尼经·像法品第四》中云："画观自在菩萨形像……立莲花上。"《人坛品第十三》云："于其坛中心作观自在……当于莲华台座上立。"②敦煌唐代的不空羂索菩萨像均为结跏趺坐，五代时始出现立像，但仍以坐像为主。大足五代不空羂索菩萨像，结跏趺坐像与立像数量相差不多。庵堂寺这身立像，姿势亦可从已知经轨中找到依据。前述经典中记载的不空羂索观音面数有一面二目、一面三目、三面六目、三面七目、三面九目、四面十二目、十一面二十三目之分。一面者"颜貌熙怡""首戴宝冠，冠有化佛"③。敦煌唐至五代的不空羂索菩萨以一面者为主，大足亦然；而庵堂寺这身像也符合经轨中关于一面者的描述，可见至少在五代时期，各地区不空羂索菩萨的面目形象还较为统一，或有共同的形象来源。有六部《不空羂索经》记载了不空羂索观音的臂数、手持之物和所结手印。归纳起来，有二臂、四臂、六臂、八臂、十臂、十八臂、三十二臂之分。手持法器、宝物的种类有莲花、花盘、三叉戟、羂索、澡瓶、宝幢、梵夹、金刚钩、君持、如意宝珠、棠子枝柯叶果、宝杖、金刚杵、钺斧、金刚棒、金轮、数珠等。所结手印有施无畏、施愿、扬掌、合掌、期克印、羂索印等④。敦煌像多为六臂与八臂，大足多为六臂，持物较为多样。庵堂寺这身菩萨像无论臂数还是持物均中规中矩，符合经轨。八部《不空羂索经》中只有三部记载有眷属名目，名目并不完全相同。敦煌

---

① 不空羂索陀罗尼自在王咒经［M］.宝思惟，译//大正新修大藏经：第二十册.东京：大正一切经刊行会印刷所，1928：421.
② 不空羂索陀罗尼经·像法品第四［M］.李无谄，译//大正新修大藏经：第二十册.东京：大正一切经刊行会印刷所，1928：409.
③ 彭金章.敦煌石窟不空羂索观音经变研究——敦煌密教经变研究之五［J］.敦煌研究，1999（1）：5-6.
④ 彭金章.敦煌石窟不空羂索观音经变研究——敦煌密教经变研究之五［J］.敦煌研究，1999（1）：8-9.

唐-五代不空羂索菩萨多有眷属，多为日月菩萨、大辩才天女与婆薮仙、天王、龙王等，大足地区的眷属与敦煌相比多有不同，这可能是地方特色。根据敦煌菩萨像眷属推测，安岳这身像旁的眷属有可能是日月菩萨。有四部《不空羂索经》记载不空羂索观音肩披鹿皮：菩提流志所译《不空羂索神变真言经》有三处提到不空羂索观音"披鹿皮衣"①。宝思惟所译《不空羂索陀罗尼自在王咒经》上卷云："画圣观自在菩萨形象'鹿王皮而覆肩上'"②。李无谄译《不空羂索陀罗尼经·像法品第四》云："画观自在菩萨形象'披黑鹿皮'"③。玄奘所译《不空羂索神咒心经》云："观自在菩萨……翳泥耶皮被左肩上（在这里，翳泥耶皮即黑鹿皮）"④。在敦煌，有无鹿皮几成判断一身菩萨像是否为不空羂索观音的重要标准。安岳这身像是否披了鹿皮无法判定，这主要是因为石刻无法像壁画或者绢画那样刻画出代表鹿皮的花纹。不过，依据其它相关证据，还是可以判定这是一身不空羂索观音菩萨。庵堂寺第2号龛这身像作为龛内主像，并没有与之对称的题材，这点与敦煌多有不同，而与大足所存的不空羂索观音多有相似，这可以理解为佛教经典题材流布地方后被赋予了新的区域特色。综上，安岳庵堂寺第2号龛内不空羂索观音的出现，是这一时期安岳地区佛教信仰发展的表现，这种表现既是中原北方佛教信仰新题材向川渝传播的证据，又是地方特色与佛教经典相结合的产物，同时也提醒研究者在研究五代时期的

---

① 不空羂索神变真言经 [M]. 菩提流志，译//大正新修大藏经：第二十册. 东京：大正一切经刊行会印刷所，1928：227.

② 不空羂索陀罗尼自在王咒经 [M]. 宝思惟，译//大正新修大藏经：第二十册. 东京：大正一切经刊行会印刷所，1928：421.

③ 不空羂索神变真言经 [M]. 菩提流志，译/大正新修大藏经：20册. 日本东京：大正一切经刊行会印刷所，1926：421.

④ 不空羂索神变真言经 [M]. 菩提流志，译//大正新修大藏经：20册. 日本东京：大正一切经刊行会印刷所，1926：402.

安岳造像时需要特别注意来自大足的影响。

3. 白衣观音

白衣观音，顾名思义为身穿白衣的观音菩萨。汉文佛籍中最早将白衣与观音相联系的记载为《高僧传》卷三·宋京师中兴寺求那跋陀罗传："跋陀自忖未善宋言，有怀愧叹。即旦夕礼忏，请观世音乞求冥应。遂梦有人白服持剑，擎一人首，来至其前曰：'何故忧耶。'跋陀具以事对。答曰：'无所多忧。'即以剑易首更安新头。语令回转曰：'得无痛耶。'答曰：'不痛。'豁然便觉心神悦怿。旦起道义皆备领宋言，于是就讲。"①求那跋陀罗求观音，结果梦见一个白衣人为之解难，这表明了白衣人与观音的关系，即观音身穿白衣前来解难。

龙门东山万佛沟中户部侍郎卢徵于唐德宗贞元七年（791年）造的救苦救难观世音菩萨立像龛（图3.17）的开龛铭文《救苦观世音菩萨石像铭》中记道：

> 建中□年自御史谪居夜郎……皆为权臣所忌……夜宿龙门香山寺……因发诚愿，归旋之日，于此造等身像一躯……贞元之□，又过于此。仆夫在后，独行山侧，有白衣路人。随马先后，因唱言曰："去时花开，来时果熟。"其去也春三月，贬信州长史。其归也秋八月，迁右司郎中。详求所言，有如昭报。……仰诉大悲，有如昭报。嗟呼大悲，随方救护，哀我数年。……如君如父，思报何缘。遂刻全身于此山巅。山既不朽，像亦常存。……贞元七年岁次

---

① 慧皎. 汤用彤，校注. 高僧传：卷三·宋京师中兴寺求那跋陀罗传[M]. 北京：中华书局，1992：132.

辛未。①

铭文明确表达了卢徵认为观音化身白衣形象为之昭示的意思，这是目前最早的一则将白衣人与观音相对应的石刻题记。不过卢徵所造白衣观音还是更近似龙门之前流行的正观音像。另据《宣和画谱》载，"辛澄，不知何许人，多游蜀中，见于《益州名画录》……今御府所藏二十有五：佛像一……观音像二，白衣观音像一。"②据《益州名画录》记载，"辛澄者，不知何许人也。建中元年（780年），大圣慈寺南畔创立僧伽和尚堂，请澄画焉。"③可知辛澄为中唐人，则进一步可推知，在中晚唐时期，蜀中已有画家开始创作白衣观音形象。到了五代，关于白衣观音图像创作的记录开始增多。《图画见闻录》卷二："富玫，工画佛道。有《弥勒内院图》《白衣观音》《文殊》《地藏》《慈恩法师》等像传于世。"④《宣和画谱》卷三："杜子环，华阴人也。……今御府所藏十有六：毗卢遮那佛像一，……观音像一，白衣观音像一。"⑤另据《益州名画录》："杜子环者，成都人也。擅于赋采，拂淡偏长，唯攻佛像。王蜀时，于龙华泉东禅院画毗卢佛，据红日轮、乘碧莲花座。"⑥可知杜子环为五代时人，则进一步可推知，五代时，蜀中已有

---

① 陆增祥. 八琼室金石补正：卷三二［M］//石刻史料新编：第1辑第6册. 台北：新文丰出版公司，1982：4520.
② 宣和画谱：卷二·释道二·辛澄［M］. 俞剑华，校注. 香港：文丰出版社，1977：60.
③ 黄休复. 益州名画录：卷上·妙格中品·辛澄［M］. 北京：中华书局，1991：17.
④ 郭若虚. 图画见闻录：卷二·富玫［M］. 黄苗子，点校. 北京：人民美术出版社，1963：43.
⑤ 宣和画谱：卷三·释道三·杜子环［M］. 俞剑华，校注. 香港：文丰出版社，1977：72.
⑥ 黄休复. 益州名画录：卷上·能格上品·杜子环［M］. 北京：中华书局，1991：55.

较为成熟的白衣观音形象，这为开龛造像提供了依据。同时，五代时的画作现存已不多，石窟内的龛像或可为今人窥得古人所作白衣观音形象提供一些参考。安岳地区关于白衣观音的开龛题记有三则，两则在庵堂寺，一则在圆觉洞。即庵堂寺第16号龛（参见图2.103）"敬造白衣观音壹身，……咸康元年（925年）四月廿三日修造讫"，第13号龛"敬镌造曜像白衣观音菩萨一身……天成五年（公元930年）庚寅岁二月廿五日比丘怀真题记永为供养"；圆觉洞第22号窟内附龛（图3.18）题记"敬镌造救苦白衣观音记……大蜀天汉元年（公元917年）"等。庵堂寺第16号龛与圆觉洞第22号窟内小龛，白衣观音均为立像，白巾覆头，而庵堂寺第13号龛内的"曜像白衣观音"却是抱膝坐，该像后期修复痕迹明显，不过原始姿势尚能分辨（图3.19）。抱膝坐与四川唐代晚期[①]以及敦煌西夏时期的水月观音造像[②]颇有相似之处，这样的造像就是宋代以后白衣观音与水月观音融合[③]过渡阶段的产物。

[①] 侯波. 从自我观照到大众救赎 [C] //大足石刻研究院. 2009 中国重庆大足石刻国际学术研讨会论文集. 重庆：重庆出版社，2013：330 - 332.
[②] 关于敦煌西夏水月观音形象参见王惠民. 敦煌水月观音像 [J]. 敦煌研究，1987 (1)：35 - 36.
[③] 姚崇新. 白衣观音与送子观音 [M] //荣新江. 唐研究：第十八卷. 北京：北京大学出版社，2012：72 - 279.

<<< 第三章 安岳石窟窟龛造像研究

图 3.17 龙门卢徽观音龛[1]

图 3.18 圆觉寺第 22 号窟附龛   图 3.19 庵堂寺第 13 号龛

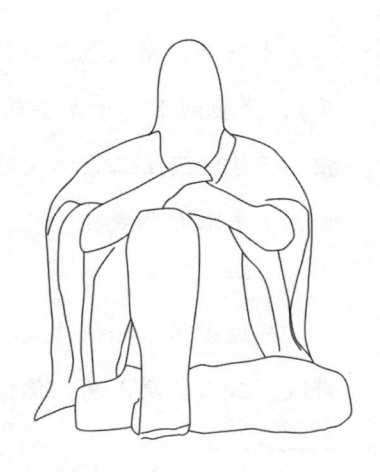

---

[1] 龙门文物保管所，北京大学考古系. 中国石窟·龙门石窟（二）[M]. 北京：文物出版社，1992：图 242.

4. 紫竹（水月）观音

安岳毗卢洞第6号窟，因其背后有紫竹背屏，故而被称为"紫竹观音"（参见图2.45）。实际上，这是一尊宋代水月观音造像。水月观音，就是"世间所绘观水中月之观音"，是佛教三十三观音之一。而三十三观音中，只有白衣、叶衣、青颈、延命、多罗尊和阿么提等少数几个观音见诸汉译密教经典，余者皆为中国、日本和朝鲜在唐及唐以后民间流传、信奉的观音，没有经典依据。据文献记载，水月观音的形象最早出现于中唐。张彦远的《历代名画记》卷十载："周昉……妙创水月之体。"卷三载："（西京）胜光寺……塔东南院，周昉画水月观自在菩萨掩障。菩萨圆光及竹。"①朱景玄的《唐朝名画录》也有"今上都（即长安）有（周昉）画水月观自在菩萨"②的记载。据黄休复《益州名画录》卷上载：

> 左全者，蜀人也。世传图画，迹本名家。宝历年中（825–827年），声驰阙下。于大圣慈寺中殿画维摩变相、师子国王、菩萨变相。三学院门上三乘渐次修行变相、降魔变相。文殊阁东畔水月观音、千手眼大悲变相。③
> ……
> 范琼者，不知何许人也。开成年与陈皓、彭坚同时同艺，寓居蜀城。三人善画人物、佛像、天王、罗汉、鬼神。三人同手于诸寺

---

① 张彦远.历代名画记：卷十·唐朝下·周昉与卷三·记两京外州寺观画壁［M］.俞剑华，注释.上海：上海人民美术出版社，1964：67，204.
② 朱景玄.唐朝名画录：神品中一人·周昉［M］//文渊阁四库全书·子部·艺术类.香港：迪志文化出版有限公司，2001：8.
③ 黄休复.益州名画录：卷上妙格中品·左全［M］.北京：中华书局，1991：18–19.

图画佛像甚多。会昌年除毁后,余大圣慈一寺佛像得存。洎宣宗皇帝再兴佛寺,三人于圣寿寺、圣兴寺、净众寺、中兴寺,自大中至乾符,笔无暂释,图画二百余间墙壁……此寺画壁,自唐至今,年纪深远,彩色故暗,重妆损者十四五矣。圣寿寺大殿释伽像、行道北方天王像、西方变相,殿上小壁水月观音……并大中年(847—860年)画。①

由此可见,晚唐时,蜀中多有水月观音的图像样本,可惜今皆不存。目前已见年代最早的水月观音造像为四川绵阳圣水寺第3号龛造像:"龛高0.66米,宽0.7米,深0.34米,为水月观音造像。观音头戴宝冠,身披璎珞,交足而坐。龛旁有'唐中和五年(885年)'题记一则。"② 这身造像"高髻高冠,余发披散于肩,头后似有飘带状饰物。身披璎珞,下身着裤,略侧身坐于一石座上。右腿自然下垂,左腿上跷搁置于右腿上,双手抱左膝。身后硕大圆光,据现场所见,圆光中右边浅雕竹枝,左边浅雕山石。略微低头作俯视状,恰似观水中之月"③。另外在大足营盘坡亦发现一龛水月观音造像,与圣水寺造像在造型、坐姿、发式、服装等方面均极为相似④,应为相近时代作品。这样的水月观音形象是左全、范琼等人在成都所作水月观音像的石化形式,与周昉所创之形象亦相去不远。在今敦煌莫高窟藏经洞的纸绢画以及部分洞窟壁画中可以发现,五代至宋初,开始出现一种新样式的水月观音像:

---

① 黄休复. 益州名画录:卷上·神格·范琼 [M]. 北京:中华书局,1991:7-8.
② 文齐国. 绵阳佛教造像初探 [J]. 四川文物,1991(10):48-53.
③ 侯波. 从自我观照到大众救赎 [C] //大足石刻研究院. 2009中国重庆大足石刻国际学术研讨会论文集. 重庆:重庆出版社,2013:330-332.
④ 黎方银. 大足石刻雕塑全集·北山石窟 [M]. 重庆:重庆出版社,2000:30.

"坐岩石上的莲花中,左腿横搁,右腿压着左腿并下垂到水中莲花上。左手持柳枝,搁在左腿上;右手托净瓶,搁在右腿上。身旁有三竹及其他树木花卉。水月观音秀目微睁,凝视前方,神采奕奕,身体略显富态"①。而此时在大足,水月观音像也在发生变化,菩萨游戏坐于台座上,两腿均放在台座上,一手撑住台座,一手自由地搭在膝上②。紧接着,宋代,在敦煌莫高窟、安西榆林窟和东千佛洞、甘北五个庙等处的壁画以及陕西富县③(图 3.20)、黄陵、子长钟山④、大足等地的石窟中又出现第三种样式的水月观音像:菩萨亦是游戏坐于台座上,一手撑住台座,一手自由地搭在膝上,不同的是一腿自然下垂,脚踩莲花,另一腿支起在台座上。这种样式的水月观音是现存数量最多、分布范围最广的。这一方面说明当时这种样式被广泛认可,并极有可能被当作水月观音的标准样式,而安岳的紫竹观音就是在这种样式的影响下被雕凿出来的。另一方面,大足保存着水月观音从早期样式到晚期样式的全部标本,并且标本年代都相对较早,在某种程度上,大足水月观音造像引领着其周边地区水月观音造像的雕凿风尚,因而,安岳这身造像很可能是在大足(图 3.21)的直接影响下雕凿出来的。

---

① 王惠民.敦煌水月观音像[J].敦煌研究,1987(1):33-34.
② 刘长久,胡文和,李永翘.大足石刻研究[M].成都:四川省社会科学院出版社,1985:413.
③ 王子云.陕西古代石雕刻[M].西安:陕西人民美术出版社,1985:102.
④ 延安地区群众艺术馆.延安宋代石窟艺术[M].西安:陕西人民美术出版社,1983:58.

图3.20　陕西富县石泓寺石窟水月观音像　图3.21　大足北山佛湾113龛水月观音像

三、天龙八部

"天龙八部",又作"鬼神八部",东晋《舍利弗问经》中记述其八部名称道:"舍利弗复白佛言。世尊。八部鬼神。以何因缘生于恶道。而常闻正法。佛言。以二种业。一以恶故生于恶道。二以善故多受快乐。又问。善恶二异可得同耶。佛言。亦可得耳。是以八部鬼神。皆曰人非人也。天神者……虚空龙神者……夜叉神者……乾闼婆者……阿修罗神者……迦娄罗神者……紧那罗神者……摩睺罗伽神者……"①"天龙八部"一词最早出现在东汉安世高翻译的《佛说女祇域因缘经》中:"如是我闻,一时佛在罗阅只国,与大比丘千二百五十人俱,菩萨摩诃萨,天龙八部,大众集会说法……佛说经已,大众人民天龙八部,

---

① 舍利弗问经[M]//大正新修大藏经:第二十四册.东京:大正一切经刊行会印刷所,1926:901.

169

闻佛所说，欢喜奉行。"① 其后东晋帛尸梨蜜多罗翻译的《佛说灌顶经》中作"龙神八部"②、唐湛然略的《维摩经略疏》中作"八部众"③。

文献中记述最早的天龙八部造像始作于南北朝时期，《出三藏记集》卷十二《法苑杂缘原始集目录》中有关于"宋明帝齐文宣造行像八部鬼神记"之记录④。《益州名画录》中多有唐代画师作"天王部属"⑤ "天王部众"⑥ 的记述，这里也是指"天龙八部"。开元间，不空的《摄无碍大悲心大陀罗尼经计一法中出无量义南方满愿补陀落海会五部诸尊等弘誓力方位及威仪形色执持三摩耶幖帜曼荼罗仪轨》（下简称"《仪轨》"）将天龙八部形象系统化、仪轨化⑦。

现存天龙八部群像遗迹，主要集中于四川石窟，除安岳外，还有广元、巴中、成都蒲江飞仙阁等处⑧，此外还见于敦煌莫高窟如321、158等窟⑨，安西榆林窟如25、16、2等窟⑩。这些群像均呈人形，似表现

---

① 佛说女祇域因缘经［M］. 安世高，译//大正新修大藏经：第十四册. 东京：大正一切经刊行会印刷所，1925：896，902.
② 佛说灌顶经［M］. 帛尸梨蜜多罗，译//大正新修大藏经：第二十一册. 东京：大正一切经刊行会印刷所，1928：533.
③ 湛然略. 维摩经略疏［M］//大正新修大藏经：第三十八册. 东京：大正一切经刊行会印刷所，1926：582.
④ 僧祐. 出三藏记集［M］. 北京：中华书局，1995：487.
⑤ 黄休复. 益州名画录［M］. 北京：中华书局，1991：7，22，50.
⑥ 黄休复. 益州名画录［M］. 北京：中华书局，1991：7.
⑦ 摄无碍大悲心大陀罗尼经计一法中出无量义南方满愿补陀落海会五部诸尊等弘誓力方位及威仪形色执持三摩耶幖帜曼荼罗仪轨［M］. 不空，译//大正新修大藏经：第二十册. 东京：大正一切经刊行会印刷所，1928：132，137.（以下相同文献篇名简称为"仪轨"）
⑧ 陈悦新. 川北石窟中的天龙八部群像［J］. 华夏考古，2007（4）：146－150.
⑨ 敦煌研究院. 敦煌石窟艺术：莫高窟第三二一、三二九、三三五窟［M］. 南京：江苏美术出版社，1996：25；敦煌文物研究所. 中国石窟·敦煌莫高窟·四［M］. 北京：文物出版社，1999：66－67.
⑩ 安西榆林窟，敦煌研究院. 中国石窟·安西榆林窟［M］. 北京：文物出版社，1997：12，26，59，134－136.

170

道宣《四分律删繁补阙行事钞》中"八部鬼神变作人形而来受具"①的场面。

下文将以目前天龙八部群像保存状态最好的卧佛院第3号龛、千佛寨第24、25号龛为例，分析安岳地区造像龛内天龙八部群像的具体形象及其布局形式。

卧佛院第3号龛内的天龙八部位于卧佛上方群像主尊左右两侧后排，现以左右位置为序依次介绍。主尊左侧后排由内向外雕一弟子、四天龙八部众五身像（图3.22），天龙八部众由内向外第一身像，高额、深目、垂眉、高鼻、咧嘴、颧骨突出，双臂侧举于头两侧，双手各伸食指与中指，余指皆屈；第二身像，怒目圆瞪，张嘴露牙，颈部缠蛇，双手握蛇身；第三身像，怒目圆瞪，双唇紧闭，头部后侧雕龙，龙头向左（外）侧；第四身像，戴兽头帽，双目圆瞪，双唇紧闭。主尊右侧后排由内向外布局同左侧，弟子像向外为四身天龙八部众（图3.23），由内向外第一身像，三头多臂，中间一头戴高冠，可见三臂，左一右二，左手举月，右上手托日，右下手持规；第二身像，有高发髻，发髻中间隐约似有三角形尖角，广颐高鼻；第三身像，面目狰狞，双耳外侈，怒目圆睁，咧嘴，嘴角有獠牙，颈戴骷髅项圈，左手于胸前托起一小儿；第四身像，头戴宝冠，头顶刻一金翅鸟。

千佛寨第24、25号龛为相邻的两个龛，无论龛型（Bi型半圆形龛）、造像内容（一佛二弟子二菩萨二力士七身像）、布局（天龙八部分布在左右两壁弟子、菩萨像之上）等都较为相似，应为统一规划的双龛（参见图2.67）。现依次描述两窟内的天龙八部众。

---

① 道宣. 四分律删繁补阙行事钞［M］//大正新修大藏经：第四十册. 东京：大正一切经刊行会印刷所，1927：27.

171

图 3.22　卧佛院第 3 号龛卧佛上方主尊左侧群像

图 3.23　卧佛院第 3 号龛卧佛上方主尊右侧群像

第 24 号龛，左壁弟子、菩萨像上方四身天龙八部众像（图 3.24），由内向外，第一身像，面目不清，高髻，髻前有金翅鸟；第二身像，面目不清，高髻，右手似举在胸前；第三身像，面目不清，多臂，可见六臂，左右各三，左上手持规，左中手外张，右上手持秤，右中手手掌部分被挡，仅见上臂，左右下手于胸前合十；第四身像，面残，高髻，髻前有角。右壁弟子、菩萨上方四身天龙八部众像（图 3.25），由内向

172

外，第一身像，面目清晰，高髻，长耳垂肩；第二身像，面目清晰，戴兽头帽；第三身像，凸目高髻，头部后侧雕龙，龙头向右（外）侧；第四身像，面目狰狞，凸目尖耳光头，颈部缠蛇。

图 3.24　千佛寨第 24 号龛左壁上部天龙八部众

图 3.25　千佛寨第 24 号龛右壁上部天龙八部众

第 25 号龛，左壁弟子、菩萨像上方四身天龙八部众像（图 3.26），由内向外，第一身像，深目高鼻，高髻，髻前有金翅鸟；第二身像，面目清晰，戴兽头帽；第三身像，两张面孔，正脸面向左侧，右侧面孔略小，多臂，可见四臂，左右各二，左上手持规，左下手外张，右上手持秤，右下手外张；第四身像，面目清楚，高髻，髻前有角。右壁弟子、菩萨上方四身天龙八部众像（图3.27），由内向外，第一身像，面目清晰，高髻，长耳垂肩；第二身像，面残，头部后侧雕龙，龙头向右（外）侧；第三身像，面残，高髻；第四身像，面目狰狞，凸目尖耳光头，颈部缠蛇。

图3.26 千佛寨第25号龛左壁上部天龙八部众

图3.27 千佛寨第25号龛右壁上部天龙八部众

根据经典《仪轨》原文可知，龙众"顶上现龙头"[1]，则卧佛院第3号龛主尊左侧由内向外第三身像[2]、千佛寨第24号龛右壁第三身像和千佛寨第25号龛右壁第二身像均应为龙众；阿修罗"三面青黑色……六臂两足体"[3]，则卧佛院第3号龛右侧第一身像、千佛寨第24号龛左

---

[1] 仪轨[M].不空，译//大正新修大藏经：第二十册.东京：大正一切经刊行会印刷所，1928：136.
[2] 下文中身像顺序均为由内向外，不再赘述。
[3] 仪轨[M].不空，译//大正新修大藏经：第二十册.东京：大正一切经刊行会印刷所，1928：137.

壁第三身像、千佛寨第25号龛左壁第三身像均应为阿修罗；隋代智者大师说、灌顶记的《观音义疏》中记紧那罗"天帝丝竹乐神，小不如乾闼婆，形似人而头有角"①，则卧佛院第3号龛右侧第四身像、千佛寨第24号龛左壁第四身像、千佛寨第25号龛左壁第四身像均应为紧那罗。再根据经典原文取特征表现可知，唐代窥基所撰《说无垢称经疏》中记夜叉"食生肉血，有尾有牙，头状火燃，手脚有爪"②，在造像中口生獠牙，双目圆瞪，手托幼儿表现"食生肉血"者当为夜叉，则卧佛院第3号龛右壁第三身像为夜叉。湛然略的《维摩经略疏》中记乾闼婆"身黑相现，即上天奏乐，往世好观妓乐"③，在造像中长耳垂肩者，为取"好观妓乐"之意，即为乾闼婆，则千佛寨第24、25号龛右壁第一身像均为乾闼婆。迦楼罗"面门妙翅鸟"④，在造像中，高髻前有金翅鸟者当为迦楼罗，则卧佛院第3号龛右侧第四身像，千佛寨第24、25号龛左壁第一身像均为迦楼罗。摩睺罗迦"蛇头贵人相"⑤，在造像中，颈部缠蛇者当为摩睺罗迦，则卧佛院第3号龛左侧第二身像，千佛寨第24、25号龛右壁第四身像均为摩睺罗迦。最后，在实际调查中，川北成都地区石窟中，天龙八部群像中的戴兽头帽者一般被认为是天众的一种⑥，则卧佛院第3号龛左侧第四身像、千佛寨第24号龛右

---

① 智者，灌顶. 观音义疏［M］//大正新修大藏经：第三十四册. 东京：大正一切经刊行会印刷所，1926：935.
② 窥基. 说无垢称经疏［M］//大正新修大藏经：第三十八册. 东京：大正一切经刊行会印刷所，1926：1018.
③ 湛然略. 维摩经略疏［M］//大正新修大藏经：第三十八册. 东京：大正一切经刊行会印刷所，1926：582.
④ 仪轨［M］. 不空，译//大正新修大藏经：第二十册. 东京：大正一切经刊行会印刷所，1928：137.
⑤ 仪轨［M］. 不空，译//大正新修大藏经：第二十册. 东京：大正一切经刊行会印刷所，1928：136.
⑥ 陈悦新. 川北石窟中的天龙八部群像［J］. 华夏考古，2007（4）：146-147.

壁第二身像与千佛寨第25号龛左壁第二身像均为天众。

依据上文判断，天龙八部在卧佛院第3号龛，千佛寨第24、25号龛中的布局形式如下：

| 迦楼罗 | 夜叉 | 紧那罗 | 阿修罗 | 主尊 | ? | 摩睺罗迦 | 龙众 |

卧佛院第3号龛　天龙八部众布局形式

| 摩睺罗迦 | 龙众 | 天众 | 乾闼婆 | 主尊 | 迦楼罗 | ? | 阿修罗 |

千佛寨第24号龛　天龙八部众布局形式

| 摩睺罗迦 | ? | 龙众 | 乾闼婆 | 主尊 | 迦楼罗 | 天众 | 阿修罗 |

千佛寨第25号龛　天龙八部众布局形式

由前文可知，安岳地区，天龙八部各部众均有雕凿，但组合和布局形式并不固定，即便是统一规划的双龛，布局形式都存在着较为明显的差异。千佛寨其他龛像内，天龙八部众群像损毁风化严重；除千佛寨外，另一个天龙八部众群像雕凿较多的地点为玄妙观，其造像亦损毁严重。这两处地点，天龙八部众群像除了特征极为明显的阿修罗（面部损毁，多臂仍在）、乾闼婆（长耳垂肩）、龙众（头顶有龙头）与一部分天众（兽头帽部分保存完好）外，大多难辨原貌。不过，这些可辨特征的部众，其在群像布局中的位置并不固定。安岳其他地点中也多有天龙八部众题材出现，只是大多保存不佳，难见全貌和固定的布局。这说明了两点：一是天龙八部信仰在唐代安岳较为普遍；二是并没有统一的样本来指导或影响群像开凿，存在群像的组合与布局形式随功德主或工匠意愿而随机改变的可能性。

四川地区的天龙八部众是一个极具地方特色的造像题材，安岳地区的天龙八部众题材受到来自川内其他地区的影响，但其形象、组合与布局仍具有一定的地方特色。

四、地藏

唐宋时期译出的与地藏有关的主要经典有佚名所译《大方广十轮经》、玄奘所译《大乘大集地藏十轮经》、实叉难陀所译《地藏菩萨本愿经》、不空所译《百千颂大集经地藏菩萨请问法身赞》①、菩提灯所译《占察善恶业报经》②、输婆迦罗即善无畏所译《地藏菩萨仪轨》、佚名所译《大道心驱策法》《佛说地藏菩萨陀罗尼经》③以及藏川译述的《佛说预修十王生七经》④。此外，在敦煌遗书中，还有《佛说地藏菩萨经》《地藏菩萨十斋日》《阎罗王授记经》《法华经·马鸣菩萨品》《譬喻经变文》《地狱变文》《发愿文范本》《目莲变文》《佛说延命地藏菩

---

① 大方广十轮经［M］//大正新修大藏经：第十三册．东京：大正一切经刊行会印刷所，1925：681-721；大乘大集地藏十轮经［M］．玄奘，译//大正新修大藏经：第十三册．东京：大正一切经刊行会印刷所，1925：721-777；地藏菩萨本愿经［M］．实叉难陀，译//大正新修大藏经：第十三册．东京：大正一切经刊行会印刷所，1925：777-790；百千颂大集经地藏菩萨请问法身赞［M］．不空，译//大正新修大藏经：第十三册．东京：大正一切经刊行会印刷所，1925：790-793.

② 占察善恶业报经［M］．菩提灯，译//大正新修大藏经：第十七册．东京：大正一切经刊行会印刷所，1925：901-910.

③ 地藏菩萨仪轨［M］．善无畏，译//大正新修大藏经：第二十册．东京：大正一切经刊行会印刷所，1928：652；大道心驱策法［M］//大正新修大藏经：第二十册．东京：大正一切经刊行会印刷所，1928：652-655；佛说地藏菩萨陀罗尼经［M］//大正新修大藏经：第二十册．东京：大正一切经刊行会印刷所，1926：655-660.

④ 新文丰出版社．卍续藏经［M］．台北：新文丰出版社，1975：777-782.

萨经》《地藏菩萨慈悲救苦荐福利生道场仪》① 等经书与地藏菩萨有关。这其中，与地藏造像关系密切的主要是《大乘大集地藏十轮经》《占察善恶业报经》及《佛说预修十王生七经》。

  国内最早出现地藏造像的是龙门石窟，约可追溯至贞观末到永徽年间（650—655年），最早的造像为麟德元年像（664年），最晚的造像为开元二年（714年）②。根据龙门唐代石窟的分期与排年，造地藏菩萨像最多的为高宗、武后时期③。地藏菩萨像的出现，约在玄奘译出《大乘大集地藏菩萨十轮经》前后④，而地藏菩萨像的兴盛，约在《占察善恶业报经》被合法化前后⑤。这两部经典都突出强调了地藏的地位。玄奘在重译《地藏十轮经》时，特意在译名上添加了"地藏"二字，这一细小的变化显示了译者对地藏的重视⑥。《占察经》强调在"佛灭后恶世之中""当用木轮相法占察善恶宿世之业"，如来委托地藏菩萨代为说教，并特别强调要礼敬地藏菩萨，称名诵念"南无地藏菩萨摩诃萨"⑦。而这一时期，僧众与信徒多将地藏与地狱拯救联系起来，如法藏《华严经探玄记》中曾有记述："四由菩萨从初正愿为生受苦，修习此愿至究竟位，愿成自在，常处恶趣救代众生，如地藏菩萨等及庄

---

① 张总. 地藏信仰研究［M］. 北京：宗教文化出版社，2003：107-135.（关于敦煌遗书中与地藏菩萨有关经典的论述可参考此文）
② 张总. 地藏信仰研究［M］. 北京：宗教文化出版社，2003：175.
③ 丁明夷. 龙门石窟唐代造像的分期与类型［J］. 考古学报，1979（4）：543.
④ 张总. 地藏信仰研究［M］. 北京：宗教文化出版社，2003：175.
⑤ 姚崇新，于君方. 观音与地藏［M］//中山大学艺术史研究中心. 艺术史研究：第十辑. 广州：中山大学出版社，2008：477.（有关《占察经》被合法化的过程可参考此文）
⑥ 庄明兴. 中国中古的地藏信仰［M］. 台北：台湾大学出版委员会，1999：56.
⑦ 占察善恶业报经［M］. 菩提灯，译//大正新修大藏经：第十七册. 东京：大正一切经刊行会印刷所，1925：902-903.

严王菩萨等。"① 这里的恶趣指的是佛教中的三恶趣,即地狱、饿鬼、畜生,具体到地藏菩萨,当是指地狱②。法藏《华严经传记》中记述:"文明元年(684年),京师人姓王,失其名,既无戒行,曾不修善。因患致死,被二人引至地狱门前,见有一僧,云是地藏菩萨,乃教王氏诵一行偈。其文曰:'若人欲求知三世一切佛,应当如是观,心造诸如来。'菩萨既授经文,谓之曰:'诵得此偈,能排地狱。'王氏尽诵,遂入见阎罗王。王问此人有何功德。答云:'唯受持一四句偈。'具如上说,王遂放免。当诵此偈时,声所及处,受苦人皆得解脱。王氏三日始苏,忆持此偈,向诸沙门说之。"③《旧唐书·史思明传》记:"二年正月,思明以蔡希德合范阳、上党兵马十万,围李光弼于太原。光弼使为地道,至贼阵前。骁贼方戏弄城中人,地道中人出擒之。敌以为神,呼为'地藏菩萨'。"④ 这说明时人多以地藏菩萨为地下地狱之主,凡地下之来人皆为地藏菩萨。又有《太平广记》中记载:"天宝中……子玉持诵金刚经,尔时恒心诵之。又切念云,若遇菩萨,当诉以屈。须臾,王命引入。子玉再拜,甚欢然。俄见一僧从云中下,子玉前致敬。子玉复扬言,欲见地藏菩萨。王曰:'子玉,此是也。'子玉前礼拜。菩萨云:'何以知我耶?'因谓王曰:'此人一生诵金刚经,以算未尽,宜遣之去。'王视子玉。忽怒问其姓名。子玉对云:'嘉州参军费子玉。'王曰:'犍为郡,何嘉州也?汝合死。正为菩萨苦论,且释君去。'子玉再拜辞出,菩萨云:'汝还,勿复食肉,当得永寿。'子玉礼圣容,圣

---

① 法藏.华严经探玄记[M]//大正新修大藏经:第三十五册.东京:大正一切经刊行会印刷所,1926:246.
② 尹富.中国地藏信仰研究[M].成都:四川出版集团巴蜀书社,2009:179-180.
③ 法藏.华严经传记[M]//大正新修大藏经:第三十五册.东京:大正一切经刊行会印刷所,1926:167.
④ 刘昫.旧唐书:卷一百五十·史思明[M].北京:中华书局,1975:5278.

容是铜佛,头面手悉动。菩萨礼拜,手足悉展。子玉亦礼,礼毕出门。子玉问:'门外人何其多乎?'菩萨云:'此辈各罪福不明,已数百年为鬼,不得记生。'子玉辞还舍,复活。后三年,食肉又死。为人引证。菩萨见之,大怒云:'初不令汝食肉,何故违约?'子玉既重生,遂断荤血。"[1] 费子玉一事直接表现出地藏菩萨的地狱拯救功能。这是当时民间之共识。此外,宋人常谨所编《地藏菩萨像灵验记》记述了梁至宋初的32个有关地藏菩萨的感应故事[2],其中多个故事都表现了地藏菩萨的地狱拯救功能,也可为佐证。观音菩萨多有现世救助功能,将这两个菩萨放在一起供养,表现出民间百姓希望生前死后皆可获得救助的美好愿望。

署名为成都府大圣慈寺沙门藏川述的《佛说预修十王生七经》,现存最早的经本有浙江黄岩灵石寺本和敦煌本,在日本则流行一本后人假托此经撰成的伪经——《佛说地藏菩萨发心十王因缘经》[3]。此经在灵石寺本中,首题为《佛说预修十王生七经》,尾题为《佛说十王预修生七经》[4];敦煌本中,如是有插图,且文字中含赞文的绢本,则会在尾题中使用《佛说十王经》的名称,其首题仍为《阎罗王授记》一类的名称[5]。此经的主要内容是述人死亡后,于冥途中经过秦广王、初江王、宋帝王、五官王、阎魔王、变成王、太山王、平等王、都市王、五道转轮王之十王殿堂,亡者各因生前所造善恶之业,受到审判到得不同

---

[1] 李昉,等. 太平广记 [M]. 北京:中华书局,1961:3019-3020.
[2] 新文丰出版社. 卍续藏经 [M]. 台北:新文丰出版社,1975:370.
[3] 张总. 地藏信仰研究 [M]. 北京:宗教文化出版社,2003:25.
[4] 张总. 地藏信仰研究 [M]. 北京:宗教文化出版社,2003:53-93.
[5] 张总. 地藏信仰研究 [M]. 北京:宗教文化出版社,2003:25.

>>> 第三章 安岳石窟窟龛造像研究

的结果①。因此经具图本最先出自四川，且最早约出现在晚唐②，故而晚唐及五代，四川各地都出现了依据此经图本雕凿的地藏十王像龛。

安岳地区的地藏像主要出现在唐代与五代，主要形式为观音、地藏合龛以及地藏十王龛。唐代现存地藏不多，基本为观音、地藏合龛，基本都为立像，一手持锡杖、一手持宝珠。唐代地藏像大多风化损毁极为严重，通常仅能通过其手持锡杖来判别，如卧佛院第34号龛（图3.28）。五代现存地藏像基本都在观音、地藏龛和地藏十王龛内。观音地藏合龛内的地藏像，善跏趺坐，持锡杖、宝珠，如庵堂寺第17号龛（图3.29）。地藏十王龛内的地藏像，半跏趺坐，持锡杖、宝珠，如圆觉洞第56、60号窟（参见图2.44）。两窟内，构图均为地藏菩萨居中，两侧分上下两层排列十王及判官吏曹等，并附部分地狱图景，具体到细节，略有不同，不过大致都能与《十王经》相对应。而在圆觉洞以北18公里处的来凤乡圣泉寺，亦有一龛地藏十王像，保存相对较好

图3.28 卧佛院第34号龛

---

① 张总. 地藏信仰研究 [M]. 北京：宗教文化出版社，2003：26.
② 张总. 地藏信仰研究 [M]. 北京：宗教文化出版社，2003：24.

181

并有题铭。圆觉洞两龛图像表现的场景是正在十王厅进行的审断,且多数表现刑狱场面的造像都雕在龛下台基部分;圣泉寺龛像与其不同的是在每一冥王处都刻画了审断刑狱之景,与敦煌具图本《佛说十王经》具有更好的对应性①(图3.30),值得多加关注。

图 3.29　庵堂寺第 17 号龛

图 3.30　圣泉寺第 1 号龛(地藏十王龛)示意图

---

① 张总,廖顺勇.四川安岳圣泉寺地藏十王龛像[J].敦煌学辑刊,2007(2):41-49.

五、解冤结菩萨

安岳圆觉洞第 43 号龛（图 3.31），为第 42 号窟窟口右侧壁上小龛，正壁上层雕一尊骑牛菩萨，两侧雕二牛，头朝龛外，下层为高坛基，浮雕二牛相向而立。正壁菩萨结跏趺坐于双层仰莲圆台上，失头，有内圆外桃形火焰纹双层头光，颈戴项圈，项圈上饰回形纹，体前肩上饰璎珞，下系长裙，腰束宽带，两腿之间有宽带自腰部垂下，双手戴镯，披帛绕双臂和双腿垂至莲座两侧。莲座置于牛背上，牛头风化不清，牛左侧立一身牵牛人，可见头戴风帽，肩上有披风，于颈下打结，穿长袍，胸部勒带，下摆垂至膝部，双臂肘部绕帔帛，帔帛垂于双膝之间，腰束带，双手牵绳，右手残，脚穿鞋。牛右侧有一身立像，失头，着通肩袈裟，下露禅裙，左手下垂左大腿外侧提住袈裟下摆，右手置胸前。龛平面为方形，菩萨像为龛 Aii 式菩萨，结合相关要素，判断其为五代时期造像。龛内相关题材内容与大足石刻北湾第 209 号龛基本一致，而第 209 号龛题记自名为"南无解冤结大圣菩萨"[1]，故而可推断此龛为解冤结菩萨。灵游院第 12 号龛，上层菩萨尚存，下层坐骑牛风化严重，两侧牛只剩下右侧一头，但基本形制与圆觉洞第 43 号龛一致，故也为解冤结菩萨。

安岳千佛寨第 32 号龛，龛壁有开龛题记："奉佛弟子王天麟同室汝氏/谨发心□镌造解冤结菩萨/永远供养用祈过去先代宗祖父/早登佛地见在夫妇寿年遐远/祈□下嗣/□加护/岁次丙辰庆元二年七月初一日/佛弟子王天麟同室汝氏。"从题记可见多有祈福之意，对研究解冤结观念

---

[1] 刘长久，胡文和，李永翘．大足石刻研究［M］．成都：四川省社会科学院出版社，1985：412．

具有重要意义。此龛为敞口半圆形窟，即 Aii 式半圆形小龛，龛内主尊风化严重，尤其是腿部以下，似结跏趺坐，外披大衣，胸前饰璎珞，肩上端左右两侧各有一个球状突出，但已风化，不辨原貌，像座风化严重，可能为牛座（图3.32）。由上可知，在图像上，解冤结菩萨具有以菩萨为主尊、以牛为坐骑、两侧雕凿多身牧牛的特点；在观念上，除了"解冤释结"外，更多地强调祈福的特点。

解冤结菩萨，可能是依据《佛说解百生冤结陀罗尼经》而造，经全文如下：

闻如是，一时佛在毗耶离城。音乐树下。与八千比丘众俱。时有一菩萨名曰。普光菩萨摩诃萨。众所知识。说往昔因缘。未来世中。末法众生。多雠罪苦。结冤雠已。世世皆须相遇。若有善男子善女人。闻是陀罗尼。七日七夜。洁净斋戒。日日清朝。念此普光菩萨摩诃萨名号。及念此陀罗尼一百八遍。七日满足。尽得消灭。冤家不相遇会。佛说是语时。四众人名。天龙八部。咸悉欢喜。受教奉行。"唵。齿临。金吒金吒僧金吒。吾今为汝解金吒。终不与汝结金吒。俺强中强。吉中吉。波罗会里有殊利。一切冤家离我身。摩诃般若波罗蜜。"（斜体部分为咒）

此经目前仅见于《嘉兴大藏经》第十九册中的《诸经日诵集要》①，未见于大正藏及其它经藏。考察经文，大致是为方便信徒修行解难得福。而佛教经典中最早有关"解冤结"的叙述可能为唐代不空所译的《瑜伽集要救阿难陀罗尼焰口仪轨经》："佛告阿难，汝今受持

---

① 明版嘉兴大藏经[M]．径山藏版．台北：新文丰出版社，1987：142.

此陀罗尼法，令汝福德寿命增长……令施主转障消灾，延年益寿……如经所说，无边世界六道四生，其中所有为于主宰统领上首之者，皆是住不可思议解脱菩萨慈悲誓愿。……旷野游魂鞭尸苦涩，多生冤恨相系未免……多生父母眷属亲戚，乘如来教得出三涂无量地狱，发菩提心，各愿放舍，解脱冤结。"① 从经文中可以看出，"解脱冤结"主要是为了祈福除难。②

1987年5月，武威市新华乡缠山村群众在亥母洞寺遗址施工中发现了一批西夏文文献，共34件，经相关学者翻译解读，发现其中两份文献可合并成一份，而这份文献的内容正是《佛说解百生冤结陀罗尼经》③。这说明此经在宋时已经存在并已传播至西夏。安岳、大足解冤结菩萨像龛与西夏文《佛说解百生冤结陀罗尼经》的发现，表明此经五代时已有，至宋时传播范围甚广，南至四川，北至甘肃；在当时解冤结菩萨已成为比较重要的礼拜对象，这也符合安岳自唐以来就十分牢固的菩萨信仰。

---

① 瑜伽集要救阿难陀罗尼焰口仪轨经 [M]. 不空，译//大正新修大藏经：第十一册. 东京：大正一切经刊行会印刷所，1925：468－472.
② 有学者认为解冤结观念的出现可能是来源于汉代的"解除"观念，道教继承了这一观念，并进一步发展出"解冤释结"的观念，最后在佛道融合的大背景下，进入到佛教图像系统中来。（李小强. 解冤结观念的初步考察——以文献、图像和民俗为主的体现 [C] //大足石刻研究院. 2009中国重庆大足石刻国际学术研讨会论文集. 重庆：重庆出版社，2013：301－327.）
③ 段玉泉. 武威亥母洞遗址出土的两件西夏文献考释 [M] //杜建录. 西夏学：第8辑. 上海：上海古籍出版社，2011：127－134.

图 3.31　圆觉洞第 43 号龛　　　　图 3.32　千佛寨第 32 号龛

六、净土变

净土作为佛教的彼岸世界观念，是随着大乘佛教的兴盛而产生的。佛教的净土种类很多，主要的净土有弥勒净土、药师佛（东方）净土、阿閦佛净土和弥陀（西方）净土，这几种净土在我国皆有信仰者。在唐宋时期的安岳，通过石窟表现的主要有弥陀西方净土与药师佛东方净土。

1. 西方净土变

阿弥陀佛与五十二菩萨是经典记载最早的西方净土经变，道宣所著《集神州三宝感通录》中记道：

"三十七，阿弥陀佛五十菩萨像者，西域天竺之瑞像也。相传云，昔天竺鸡头摩寺五通菩萨往安乐界请阿弥陀佛，婆娑众生愿生净土，无佛形像愿力莫由，请垂降许。佛言：汝且前去，寻当现彼。及菩萨还，其像已至。一佛五十菩萨各坐莲花在树叶上，菩萨取叶所在，图写流布远近。汉明感梦使往祈法，便获迎叶摩腾等至洛阳。后腾子作沙门，持此瑞像方达此国，所在图之。未几，赍像西返，而此图传不甚流广。魏晋以来年载久远，又经灭法，经像湮除，此之瑞迹殆将不见。隋文开教，有沙门明宪，从高齐道长法师所得此一本，说其本起，与传符焉。是以图写流布，遍于宇内。时有北齐画工曹仲达者，本曹国人，善于丹青，妙画梵迹，传模西瑞，京邑所推。故今寺壁正阳皆其真范。"①

阿弥陀佛与五十二菩萨也是安岳唐代时期西方净土变造像的主要表现形式之一，具体表现为龛中造出阿弥陀佛及观世音、大势至菩萨，并于龛内环壁雕刻众多小菩萨坐于有茎莲花上，一般是 52 尊，偶有 53 或 54 尊的，少数仅雕 40 余尊。安岳现存此类窟龛主要包括千佛寨第 48 号龛与西禅寺西寨门第 8 号龛。另外，千佛寨第 46 号龛（图 3.33）与西禅寺西寨门第 2 号龛，因为风化和破坏，龛型残破，但龛内壁上残留有坐于有茎莲花上的菩萨像。四川地区现存最早的阿弥陀佛与五十二菩萨造像龛是绵阳梓潼卧龙山第 3 号龛，龛口右壁有贞观八年（公元 634 年）的造像题记②，这种题材在四川一直持续到盛唐时期，这一时期的代表龛像为巴中南龛第 33、62 号龛及西龛第 37 号龛③。安岳这种题材龛像的出现大致是受到这些地区的影响。

---

① 道宣. 集神州三宝感通录 [M] //大正新修大藏经：第五十二册. 东京：大正一切经刊行会印刷所，1927：404.
② 文齐国. 绵阳佛教造像初探 [J]. 四川文物，1991（10）：48 - 53.
③ 四川省文物管理局，成都文物考古研究所，北京大学中国考古学研究中心. 巴中石窟内容总录 [M]. 成都：四川出版集团巴蜀书社，2006：54 - 58，89 - 92，285.

观无量寿经变也是安岳唐代时期西方净土变造像的主要表现形式之一，并且一直延续到五代。造像内容主要是一佛二菩萨坐像，三尊像后环壁雕出多幢三层以上的天宫楼阁和二经幢，各幢楼阁间有廊道相通，后有参天大树，前有莲花宝池，有的池中有摩羯鱼船，顶上有各种飞鸟和乐器，多有龛楣，龛柱上有十六观内容。刘宋畺良耶舍所译《佛说观无量寿佛经》[1]较康僧恺所译《佛说无量寿经》[2]、鸠摩罗什所译《佛说阿弥陀经》[3]多增加了阿阇世王太子幽囚父母、释迦牟尼为韦提希夫人说西方净土之法、解说"十六观"之观想法门等内容，观无量寿经变应是据此经制出。四川地区观无量寿经变龛从形象上看是模仿当时流行的佛帐来雕刻的，这种新的表现形式是受中原北方的影响[4]。安岳高升千佛岩第15号龛（参见图1.18）是唐代观无量寿经变龛的代表，阿弥陀佛结跏趺坐于正壁正中，头顶华盖，身后两侧为二弟子，弟子两侧为二半跏趺坐菩萨，周围有五十二菩萨围绕，再外围为飞天、天宫楼阁，龛口分格做"十六观"；而灵游院第7号龛（图3.34）与庵堂寺第21号龛则代表了五代时安岳观无量寿经变龛的形式，正壁正中为阿弥陀佛，两侧为二弟子，再外侧为二善跏趺坐菩萨，壁面不见五十二菩萨，而是直接作天宫楼阁等。

---

[1] 佛说观无量寿佛经［M］.畺良耶舍，译//大正新修大藏经：第十二册.东京：大正一切经刊行会印刷所，1925：340-342.
[2] 佛说无量寿经［M］.康僧恺，译//大正新修大藏经：第十二册.东京：大正一切经刊行会印刷所，1925：265-279.
[3] 佛说阿弥陀经［M］.鸠摩罗什，译//大正新修大藏经：第十二册.东京：大正一切经刊行会印刷所，1925：346-348.
[4] 雷玉华.四川摩崖石刻中的阿弥陀佛与五十二菩萨［J］.考古与文物，2005（2）：76-79.

>>> 第三章 安岳石窟窟龛造像研究

图 3.33 千佛寨第 46 号龛

图 3.34 灵游院第 7 号龛

2. 药师经变

安岳千佛寨第 66 号龛（图 3.35），正壁主尊为药师佛，结跏趺坐于束腰方座上，像高约 0.9 米，螺髻，面部残毁，已无法辨认。身着褒衣博带式法衣。舟形身光，两侧左右各雕刻一株菩提树或七宝树，树的中间有华绳珠网装饰的宝盖，华盖的两边各有一身飞天，裸上身、下着裙。主尊左右两侧各站立四个菩萨，在龛的正壁的下部，雕刻着一列十二药叉神将（大部分已风化），中央残存双阙。龛正壁右半部，刻有浅浮雕数幅，大致描绘有遇到老虎、刑罚、贪逸淫乐、逢火、溺水、乞讨、斗殴等场景；正壁左半部，亦数幅浅浮雕，内容为痴人、盲人拄着棍子、蛇背、女人、家庭和睦等。还有的已经风化模糊无法辨认。龛左壁残毁，右壁刻有千佛。根据玄奘所译《药师琉璃光如来本愿功德经》①可以辨识出，正壁左右部分分别为"十二愿"和"七横死"。如此，第66号龛所展示的即为"药师经变"相，由于药师琉璃光佛是佛教所称谓的东方极乐世界的教主，所以这幅变相或可名为"东方净土变"。

药师佛，全称是"药师琉璃光如来"，也被称作"药王""药皇""医王""药师如来""大医王佛""医王善逝""十二愿王"等，是东方净琉璃世界的教主。《药师本愿功德经》载曰："佛告曼殊师利，去此东方，过十迦佛土，有世界名净琉璃。佛号药师琉璃光如来。"② 有关药师信仰，刘宋之时就已流行。"《灌顶经》一卷（一名《药师琉璃光经》，或名《灌顶拔除过罪生死得度经》），宋孝武帝大明元年（457年），秣陵鹿野寺比丘慧简依经抄撰。（此经后有《续命法》，所以遍行于世。）"③ 唐时，玄奘与义净先后译出《药师琉璃光如来本愿功德经》（一卷）和《药师琉璃光七佛本愿功德经》（二卷）。根据智升《开元释教录》记载，义净译经时，唐中宗"手自笔受"，而在此前的神龙三

---

① 药师琉璃光如来本愿功德经［M］. 玄奘，译//大正新修大藏经：第十四册. 东京：大正一切经刊行会印刷所，1925：404-409.
② 药师琉璃光如来本愿功德经［M］. 玄奘，译//大正新修大藏经：第十四册. 东京：大正一切经刊行会印刷所，1925：404.
③ 僧祐. 出三藏记集［M］. 北京：中华书局，1995：225.

年（707年）中宗更是"祈念药师，遂蒙降祉"①。由此，药师信仰于唐时之盛，可见一斑。《历代名画记》中记载东都洛阳昭成寺"香炉两头净土变、药师变，程逊画"②。可知其时，药师经变与西方净土变同样流行。目前，有关药师佛的造像多保存于敦煌和四川各地，敦煌亦多相关题材的壁画。依据题材内容分析，药师变与药师经变的区别就在于是否加入了"十二大愿"和"九横死"的内容，目前为止，完整的"药师经变"相仅见于敦煌的三铺唐代壁画③与安岳千佛寨第66号龛，以石刻形式表现"药师经变"的仅此一例。这说明，安岳相关题材来自中原北方。

图 3.35　千佛寨第 66 号龛 药师经变

---

① 智升. 开元释教录//大正新修大藏经：第五十五册. 东京：大正一切经刊行会印刷所，1928：568.
② 张彦远. 历代名画记[M]. 俞剑华，注释. 上海：上海人民美术出版社，1964：74.
③ 胡文和. 四川摩崖造像中的《药师变》和《药师经变》[J]. 文博，1988（2）：51-58.

七、神异僧人

本小节所要讨论的神异僧人主要是僧伽和尚。

《宋高僧传》卷第十八·唐泗州普光王寺僧伽传有记：

> 释僧伽者，葱岭北何国人也。自言俗姓何氏……伽在本土，少而出家。为僧之后，誓志游方。始至西凉府，次历江淮，当龙朔初年也。登即隶名于山阳龙兴寺。自此始露神异。初将弟子慧俨同至临淮，就信义坊居人乞地，下标志之，言决于此处建立伽蓝。遂穴土获古碑，乃齐国香积寺也。得金像衣叶，刻普照王佛字……尝卧贺跋氏家，身忽长其床榻各三尺许，莫不惊怪。次现十一面观音形……由此奇异之踪，旋萌不止。中宗孝和帝景龙二年，遣使诏赴内道场。帝御法筵言谈造膝，占对休咎契若合符。仍褒饰其寺曰普光王。四年庚戌，示疾，敕自内中往荐福寺安置。三月二日，俨然坐亡，神彩犹生，止瞑目耳。俗龄八十三，法腊罔知。在本国三十年，化唐土五十三载……大历中……至十五年七月甲夜，现形于内殿，乞免邮亭之役。代宗敕中官马奉诚宣放……令写貌入内供养……咸通中……仍锡号'证圣大师'也……天下凡造精庐，必立伽真相，榜曰'大圣僧伽和尚'，有所乞愿，多遂人心。①

比较《景德传灯录》《太平广记》《历代佛祖通载》等文献，所记

---

① 赞宁. 宋高僧传: 卷第十八·唐泗州普光王寺僧伽 [M]. 北京: 中华书局, 1987: 537.

述的僧伽生平稍有详略异同，但重点都是记述其神异感通事迹[1]。僧伽被认为是观音菩萨的化身，具有救苦救难的种种神通。"僧伽和尚，从普通僧人到死后不断被神化，演变成被人崇拜的圣僧，是佛教在中国流传过程中不断本土化、不断世俗化的生动实例。"[2]

僧伽和尚灭度之后，蜀中多有其影像流传。《成都古寺名笔记》云："（大圣慈寺）华严阁，《泗州和尚》，小壁画《太子游雷山》，古迹……慧日院，门壁画《奉圣国师真》《齐天大王》《泗州和尚》，宗震笔……兴善院，殿内《泗州大圣》一堵，常粲笔。"[3]《图画见闻志》卷二·辛澄条记道："成都大圣慈寺泗州堂有僧伽像。"[4]《益州名画录》对此有更详细的记录："建中元年大圣慈寺南畔立僧伽和尚堂，请澄画焉。才欲起笔，有一胡人云：'仆有泗州真本。一见甚奇，遂依样描写。'"[5] 这里有两点需要注意，一是有了胡人的"泗州真本"，绘画造像最重粉本，这里的真本，对于造像本身有着非常重要的意义，很可能之后蜀中僧伽像都会以此为粉本；二是大圣慈寺立僧伽堂之年，恰是代宗令人写貌入内供养之同年，代宗之举，对僧伽在百姓间影响的扩大，起到了推波助澜的作用。

壁画图像的兴盛也直接影响到石窟造像。晚唐时期，比较重要的凿

---

[1] 马世长．泗州和尚、三圣像与僧伽三十二化变相图［M］//中山大学艺术史研究中心．艺术史研究：第十一辑．广州：中山大学出版社，2009：273-327．
[2] 马世长．中韩古代佛教文化交流两例［M］//中国佛教石窟考古文集．台北：觉风佛教艺术文化基金会，2001：537．
[3] 范成大．成都古寺名笔记［M］//杨慎．全蜀艺文志．北京：线装书局，2003：1263-1265．
[4] 郭若虚．图画见闻志［M］．黄苗子，点校．北京：人民美术出版社，1963：35．
[5] 黄休复．益州名画录［M］．北京：中华书局，1991：17．

有僧伽像的地点有绵阳市魏城镇北山院第10号龛、夹江千佛洞第91号龛①和安岳龙台镇西禅寺西寨门第1号龛②。前两者均在成都附近，形制较相似，题材均为三圣僧，即中为僧伽，头戴披风帽、结跏趺坐于方座上，左为宝志和尚，右为万回和尚，时代也较为相近，大概都在中和元年（881年）前后。

安岳西禅寺西寨门第1号龛内题材内容（图3.36），除了正壁造有三圣僧外，还有僧伽三十二化事迹，是目前所知唯一存世的僧伽三十二化龛。它的特点如马世长先生在《泗州和尚、三圣像与僧伽三十二化变相图》一文中写的："一是整龛全部表现泗州大圣僧伽和尚的三十二化迹，这在佛教石窟中，是绝无仅有的。二是此龛设计规整，统一协调。表现僧伽事迹的画面，分布在龛内正壁、左右两侧壁、龛口外侧的左右两侧面，并延伸至龛口上部两侧。三是壁面构图安排，紧凑对称。龛内左右侧壁和龛口外左右两侧的画面各为四幅，总计为十六幅。其余的事迹安置在正壁，应该有十六种不同的神异感通事迹。表现僧伽事迹的画面，应该有三十二个不同的场景，即所谓的三十二化图像。"③

龛口外左侧有长方形碑石，镌刻了开龛年代及雕刻内容。碑文较多风化，现能分辨出的内容包括开龛年代"元和十三年（818年）"、开

---

① 马世长. 泗州和尚、三圣像与僧伽三十二化变相图［M］//中山大学艺术史研究中心. 艺术史研究：第十一辑. 广州：中山大学出版社，2009：313-314；张总. 四川绵阳北山院地藏十王龛像［J］. 敦煌学辑刊，2008（4）：84-92；肥田路美，臧卫军. 夹江千佛岩091号三圣僧龛研究［J］. 四川文物，2014（4）：73-82.

② 重庆大足石刻艺术博物馆，四川安岳县文物局. 四川省安岳县西禅寺石窟调查简报［M］//中山大学艺术史研究中心. 艺术史研究：第十辑. 广州：中山大学出版社，2008：529-533.

③ 马世长. 泗州和尚、三圣像与僧伽三十二化变相图［M］//中山大学艺术史研究中心. 艺术史研究：第十一辑. 广州：中山大学出版社，2009：318-319.

龛内容"卅二化僧伽和尚龛"、开龛功德主与开龛镌造人"平阳郡勾仗镌"①。从碑文中可以看出，虽然其时僧伽和尚灭度不过百年，且尚未获得圣号，但民间崇拜已经达到相当大的规模，且有了成熟的表现其神异感通的三十二化。当时安岳石窟开凿工作不仅有本地工匠参加，还有来自北方河东的移民工匠参与其中。

龛内图像均未刻出相应的榜题文字，且壁面风化严重，需要依据文献如《宋高僧传》中的僧伽传等比对残迹、辨识各化迹。如正壁右侧有五立像，其右立像手持一长杆，右手屈于腹前平伸二指作指点状，中间二像残损严重，仅可看出似合力搬动一长方形重物，最左侧两立像，漫漶，仅可看出似作观望状，此图或为"信义坊掘香积古寺碑图"，也可能是前引马先生文中的"僧伽和尚教化盗贼，施舍钱财，免于牢狱之灾图"或"僧伽和尚托梦，警戒守城人防备盗贼偷袭图"等。②

随着时间的推移，僧伽地位日益提高，曾几次被谥以尊号。大中祥符六年（1013年），"诏谥泗州僧伽大士普照明觉大师。公私不得指斥其名"③。宣和元年（1119年），"诏加僧伽大圣六字师号"④。李纲在《梁溪集》卷一百六十·书僧伽事中记述："明年改元宣和……有诏进封普慈巨济大士。"⑤ 即僧伽大圣六字师号为"普慈巨济大士"。而民间信众更是将僧伽和尚尊为"泗州佛"。在大足北山第176和177号双窟中，僧伽和尚与弥勒佛平起平坐，地位如佛，且其形象明显高出弥勒

---

① 马世长. 泗州和尚、三圣像与僧伽三十二化变相图［M］//中山大学艺术史研究中心. 艺术史研究：第十一辑. 广州：中山大学出版社，2009：318-319.
② 马世长. 泗州和尚、三圣像与僧伽三十二化变相图［M］//中山大学艺术史研究中心. 艺术史研究：第十一辑. 广州：中山大学出版社，2009：321.
③ 志磐. 佛祖统纪［M］. 释道法，校注. 上海：上海古籍出版社，2012：1058.
④ 志磐. 佛祖统纪［M］. 释道法，校注. 上海：上海古籍出版社，2012：1112.
⑤ 李纲. 李纲全集［M］. 王瑞明，点校. 长沙：岳麓书社，2004：1478.

佛,这是此时民间信仰推崇僧伽和尚的体现。

安岳卧佛院第55号龛外另有一身僧伽坐像(图3.37),结跏趺坐,戴披风帽,着交领袈裟,双手拢于腹前,可推断这身像为宋代补刻。这身像在形态上与大足北山第177号主尊较为相似。除了石窟造像外,存世的还有较多单体僧伽石像、玉像、铜像、壁画像,以宋代的居多,这些单体造像衣着姿态与石窟造像无异,一般均为施禅定印。这些造像,马世长先生等学者已多有著述,于此不赘。

图3.36 西禅寺西寨门第1号龛

图3.37 卧佛院第55号龛外 僧伽像

八、十六罗汉

罗汉,是"阿罗汉"的简称,梵文(Arhat)的音译,亦译为"阿罗诃",是小乘佛教修行的最高果位。据称是尽断三界见、修二惑所达到的果位,已至修学的顶端。南宋法云所编《翻译名义集》中述曰:"阿罗诃。秦云应供。大论云。应受一切天地众生供养。亦翻杀贼。又翻不生。观经疏云。天竺三名相近。阿罗诃翻应供。阿罗汉翻无生。阿卢汉翻杀贼。"①"应供",意谓应受一切天地众生的供养;"杀贼",意谓杀尽一切烦恼之贼;"不生"(或"无生"),意谓永远进入涅槃,不再生死轮回。

现存最早的有关罗汉的经典有两部,分别是刘宋沙门释慧简翻译的《请宾头卢法》和刘宋天竺三藏求那跋陀罗翻译的《宾头卢突罗阇为优陀延王说法经》,均记载了宾头卢的相关事迹和供养方法。如前者载:"宾头卢颇罗堕誓阿罗汉,宾头卢者字也,颇罗堕誓者姓也。其人为树提长者现神足故,佛摈之不听涅槃,敕令为末法四部众作福田……受大会请时,或在上坐,或在中坐,或在下坐,现作随处僧形,人求其异终不可得,去后见坐处华不萎乃知之矣。"②后者云:"时辅相之子,名宾头卢突罗阇,姿容丰美,世所希有。聪明智慧,博闻广识。仁慈泛爱,志存济苦。劝化国民,尽修十善。信乐三宝,出家学道。得具足果,游行教化。还拘舍弥城,欲度亲党……尊者言。大王。我今为王略说譬喻。"③这两部经典都以种种譬喻对优陀延王说解脱因缘。同时,这两部经典也显示了宾头卢作为一位得道高僧向神圣化发展的迹象,特别是《请宾头卢法》中提到了他"现作随处僧形",这为后世罗汉造像提供了依据。其后,西晋时,竺法护所译《弥勒下生经》中出现了有关四声闻也就是四罗汉的记载:"尔时世尊告迦叶曰:'吾今年已衰耗,向八十余,然今如来有四大声闻,堪任游化,智慧无尽,众德具足,云何

---

① 法云. 翻译名义集 [M] //大正新修大藏经:第五十四册. 东京:大正一切经刊行会印刷所,1928:1056.
② 请宾头卢法 [M]. 沙门释慧简,译//大正新修大藏经:第三十二册. 东京:大正一切经刊行会印刷所,1925:784.
③ 宾头卢突罗阇为优陀延王说法经 [M]. 求那跋陀罗,译//大正新修大藏经:第三十二册. 东京:大正一切经刊行会印刷所,1925:784-787.

为四？所谓大迦叶比丘、屠钵叹比丘、宾头卢比丘、罗云比丘。汝等四大声闻，要不般涅槃，须吾法没尽，然后乃当般涅槃。大迦叶，亦不应般涅槃，要须弥勒出现世间。所以然者，弥勒所化弟子，尽是释迦文弟子，由我遗化得尽有漏.'……此名为最初之会，九十六亿人皆得阿罗汉……弥勒佛第二会时，有九十四亿人，皆是阿罗汉。亦复是我遗教弟子，行四事供养之所致也。又弥勒第三之会，九十二亿人，皆是阿罗汉，亦复是我遗教弟子。"① 此经提到四比丘不入涅槃，永护正法，以待弥勒现世。随着时间的推移，四罗汉向十六罗汉发展，北凉三藏法师道泰等翻译的《人大乘论》上卷提到："尊者宾头卢，尊者罗睺罗，如是等十六人诸大声闻，散在诸渚，于余经中亦说有九十九亿大阿罗汉，皆于佛前取筹护法住寿于世界。"② 此经中提到了阿罗汉"护法住寿"的特点，也即后世罗汉护法、长生特点的写照。及至玄奘译《大阿罗汉难提蜜多罗所说法住记》即《法住记》，十六罗汉方名传天下：

"佛薄伽梵般涅槃时，以无上法付嘱十六大阿罗汉并眷属等，令其护持使不灭没。及敕其身与诸施主作真福田，令彼施者得大果报。时诸大众闻是语已少解忧悲，复重请言。所说十六大阿罗汉，我辈不知其名何等，庆友答言：'第一尊者名宾度罗跋啰惰阇、第二尊者名迦诺迦伐蹉、第三尊者名迦诺迦跋厘堕阇、第四尊者名苏频陀、第五尊者名诺距罗、第六尊者名跋陀罗、第七尊者名迦理迦、第八尊者名伐阇罗弗多罗、第九尊者名戍博迦、第十尊者名半托迦、第十一尊者名啰怙罗、第十二尊者名那伽犀那、第十三尊者名因揭陀、第十四尊者名伐那婆斯、

---

① 弥勒下生经[M].竺法护，译//大正新修大藏经：第十四册.东京：大正一切经刊行会印刷所，1925：422.
② 人大乘论[M].道泰，等译//大正新修大藏经：第三十二册.东京：大正一切经刊行会印刷所，1925：40.

第十五尊者名阿氏多、第十六尊者名注荼半托迦。如是十六大阿罗汉。'一切皆具三明六通八解脱等无量功德，离三界染诵持三藏博通外典，承佛敕故，以神通力延自寿量。乃至世尊正法应住常随护持，及与施主作真福田，令彼施者得大果报。"①

十六罗汉受佛嘱托，不入涅槃，护法不灭，与诸施主作真福田，供养罗汉即可获得福田，这或许正是罗汉信仰兴盛的原因。有学者认为十六阿罗汉受到推崇，是因为其在佛教中有着调和大小乘之争与增益佛教徒信望等作用②。佛教经典中有十六罗汉之记载，而无十八罗汉之说。十六罗汉再加入两位，便是十八罗汉。周叔迦认为："十八罗汉传说的兴起，并没有什么经典的根据，只是由于画家们在十六罗汉之外加绘了两人而成为的习惯，于是引起后人的种种推测和考定。最初传说的十八罗汉中第十七即是《法住记》作者庆友尊者，第十八便应《法住记》的译者玄奘法师。但是后人因未能推定为玄奘而推定为宾头卢，以至重复，结果造成众说纷纭，难以考定。由此，十八罗汉的传说因而普遍……"③民间多加降龙伏虎二罗汉以成十八之数。

随着罗汉信仰的日益兴盛，罗汉图像也逐渐成为当时画师的主要作品之一。清代学者所著《佩文斋书画谱》及《诸家藏画薄》中均载有东晋戴逵画的五天罗汉像。《宣和画谱》中记载："张僧繇，吴人也。……今御府所藏十有六：……佛十弟子图一、十六罗汉像一。"④

---

① 入大乘论[M].道泰,等译//大正新修大藏经:第四十九册.东京:大正一切经刊行会印刷所,1927:13.
② 罗香林.晚唐贯休绘十六罗汉应真像石刻述证[M]//张曼涛.佛教艺术论集.北京:北京图书馆出版社,2005:315.
③ 周叔迦.佛教基本知识[M].北京:中华书局,1991:134.
④ 宣和画谱:卷三·释道三·杜子环[M].俞剑华,校注.香港:文丰出版社,1977:22.

成书于唐大中年间（847—860年）的美术论著《寺塔记》①和《历代名画记》②两书对京洛寺观壁画有详细的描述，但没有关于罗汉画的记载。由此可知，寺院罗汉画应是在大中以后开始兴盛起来的。

从晚唐到五代，善罗汉像的名家辈出，且多在蜀地，如王道求、赵德齐、高道兴、范琼、陈皓、贯休、王齐翰③、卢楞伽、赵德玄、张玄、李升④等，这其中值得注意的是贯休、王齐翰与张玄。《宣和画谱》中记述道："僧贯休，姓姜字德隐，婺州兰溪人……虽曰能画，而画亦不多。间为本教像，唯罗汉最着。伪蜀主取其本纳之宫，中设香灯崇奉者逾月，乃付翰苑大学士欧阳炯作歌以称之。然罗汉状貌古野，殊不类世间所傅。丰颐蹙额，深目大鼻；或巨颡槁项，黝然若夷异类，见者莫不骇瞩。自谓得之梦中，疑其托是以神之，殆立意绝俗耳。而终能用此传世。太平兴国初，太宗诏求古画，伪蜀方归朝，乃获《罗汉》。"⑤贯休所绘罗汉即后世所说的野逸派的"禅月样"。又"王齐翰，金陵人，事江南伪主李煜为翰林待诏。画道释人物多思致，好作山林、丘壑、隐岩、幽卜，无一点朝市风埃气。开宝末，煜衔璧请命。步卒李贵者，入佛寺中得齐翰画《罗汉》十六轴，为商贾刘元嗣高价售之，载入京师，质于僧寺。后元嗣偿其所贷，愿赎以归，而僧以过期拒之。元嗣讼于官府，时太宗尹京，督索其画，一见大加赏叹，遂留画厚赐而释之。阅十

---

① 段成式. 酉阳杂俎：寺塔记［M］. 北京：中华书局，1981：245.
② 张彦远. 历代名画记：卷三·记两京外州寺观画壁［M］. 俞剑华，注释. 上海：上海人民美术出版社，1964：210.
③ 郭若虚. 图画见闻志［M］. 黄苗子，点校. 北京：人民美术出版社，1963.（上述画家传记均可参考此书）
④ 黄休复. 益州名画录［M］. 北京：中华书局，1991.（上述画家传记均可参考此书）
⑤ 宣和画谱：卷三·贯休［M］. 俞剑华，校注. 香港：文丰出版社，1977：82.

六日太宗即位，后名《应运罗汉》。"①"应运罗汉"的出现，进一步推动了罗汉信仰以及罗汉图像的发展。《益州名画录》中对张玄记载如下："张玄者，简州金水石城山人也。攻画人物，尤善罗汉。当王氏偏霸武成年，声迹喧然，时呼玄为'张罗汉'。荆湖、淮、浙，令人入蜀，纵价收市，将归本道。前辈画佛像罗汉，相传曹样、吴样二本。曹起曹弗兴，吴起吴栋。曹画衣纹稠叠，吴画衣纹简略。其曹画，今昭觉寺孙位战胜天王是也；其吴画，今大圣慈寺卢楞伽行道高僧是也。玄画罗汉，吴样矣。今大圣慈寺灌顶院罗汉一堂十六躯，见存。"②张玄继承吴样，与贯休的"禅月样"也多有不同，说明五代至宋时罗汉图像流行多种样式。

安岳地区罗汉造像自五代始，一直持续到宋代，都有雕凿。

圆觉洞第33、39、40、63、69号五窟均为十六罗汉题材，其中第69号窟有前蜀武成二年（909年）纪年，为目前最早的十六罗汉像，其余四窟开凿时间也相去不远。五窟皆为长方形敞口佛殿窟（B型窟），窟内造像排列组合基本一致，居中雕一佛二弟子二菩萨，两侧分两层雕十六罗汉。其中第40、63号窟内为阿弥陀、观音、大势至菩萨与十六罗汉组合，第33、39、69号窟内为释迦、文殊、普贤与十六罗汉组合。通过第40号（图3.38）窟榜题，可知十六罗汉在窟内的排列顺序为自上而下、自左而右，即上层从左侧壁开始至正壁再至右侧壁为第一尊者至第八尊者，下层同顺序为第九尊者至第十六尊者。罗汉像下，一般会凿有人物、净水瓶等内容。其中第六尊者（跋陀罗）座前雕出龙（第33、40号窟）、第十四尊者（伐那婆斯）（第33号窟图

---

① 宣和画谱：卷三·张元[M]．俞剑华，校注．香港：文丰出版社，1977：82.
② 黄休复．益州名画录[M]．北京：中华书局，1991：28.

3.39)、第十五尊者（阿氏多）身侧雕卧兽（似虎，第39、40号窟），第七尊者（迦理迦）手中持扇。后世民间所谓降龙伏虎罗汉，圆觉洞内已有雏形。

庵堂寺第22号龛（图3.40），也为十六罗汉龛，龛内正中为释迦，十六罗汉在释迦两侧一字排开，释迦右侧为第一尊者，依次至右侧壁为第八尊者，释迦左侧为第九尊者，依次到左侧壁为第十六尊者，排列顺序与圆觉洞诸窟不同。龛口下部设两阶台阶，上层造十四身伎乐和供养像，下层刻二舞姬相对起舞。十六罗汉榜题内除罗汉名外还有供养人姓名，这些供养人很多是庵堂寺其他龛的供养人中出现过的，可知庵堂寺龛像开凿时间较为集中，均为五代。

石羊大般若洞内有十八罗汉像，正壁为结跏趺坐的释迦佛，头有螺髻，身披褒衣博带式袈裟，体态丰满，双目微张。佛左右雕刻孔子、老君。正壁的顶部左右角刻文殊、普贤侧坐云端，佛前阿难、韦陀侍立左右。后壁下有一小圆龛，内雕水月观音，洞的左右壁，分别镌刻有三层造像。上层侍立十大弟子，中层侍立二十四诸天，下层镌十八罗汉，姿态各异，栩栩如生。可惜1995年，十八罗汉与韦陀头部均被盗凿。

从前文可以看出，安岳地区的罗汉造像有以下几个特点：

1. 多以十六罗汉题材为主，偶有十八罗汉题材。

2. 从时代上来看，多集中于五代，最晚到宋初，而十八罗汉题材只在南宋时出现。通过造像布局、雕刻风格等比对可以大致得出安岳圆觉洞第33、39、40、63、69号及庵堂寺第22号等龛的开凿时代应在五代至宋初，安岳大般若洞的开凿年代应在南宋时期。

3. 从造像整体布局上来看，一般都是整体造像，布局紧凑，各像之间间距不大。从造像雕刻特征上来看，安岳、大足地区的罗汉像几乎都为正面像，且面相正常，基本为汉人特征，整体动作幅度较小，不超出身形范围，显得中规中矩。

4. 从造像铺式布局上来看，主要有两种布局方式，一种为主尊两侧分上下两层布置罗汉像，一种为主尊两侧一字排开布置罗汉像。十六罗汉题材的龛两种布局均有，十八罗汉题材的龛仅为后一种布局。

5. 从开龛题记上来看，这些罗汉像一般多为普通信众合资开凿，较少为个人独立开凿。

与安岳相邻的大足地区，在这一时期，也出现了不少罗汉题材造像，特点几乎与安岳一样。与此同时，同样处于南方的浙江杭州地区也出现了不少罗汉造像，不过与安岳、大足地区相比，杭州地区更多流行十八罗汉或不定额罗汉组合，而且一般龛内无主尊，布局多因崖就势，沿山体参差排列且整体造像布局相对松散，各像之间间距大小不一，高低错落有致；同时，杭州的龛像有较多侧面或侧身造型，且多有梵相，形态几无雷同，神态栩栩如生，整体动作幅度较大，大部分超出身形范围。

出现以上差异，一方面与两地罗汉信仰的流布不同有关，另一方面与两地开龛造像所持有的粉本不同有关。在以杭州为代表的江南地区，罗汉画既流行贯休的"禅月样"，也流行不同于"禅月样"的以王齐翰为代表的罗汉样式，所以在杭州地区，罗汉造像无论是造像布局还是造像风格特征上都存在这两种样式。而在巴蜀地区，主要流行的罗汉画样式只是张玄的"吴样张罗汉"样式，贯休晚年虽然入蜀，但是很可能他的罗汉画只流行于高层显贵之中，而没有流传到民间，因此，他的

"古怪梵相"在这一时期的巴蜀石窟中并未体现出来。[1]

九、小结

通过以上分析不难看出,安岳唐宋窟龛造像内容的题材,从一开始就与本地以及蜀地信仰有着密切关系,晚唐、五代、宋代时,相关题材大部分来自别处,但仍以川内影响为主,所具有的中原北方元素很可能是来自川内其他艺术中心的二次传播,这一方面是因为安岳身处川内腹地,另一方面也是因为益州作为当时的艺术中心对周边地区的影响甚大。随着时间的推移,来自大足的影响显得愈加重要。

图 3.38　圆觉洞第 39、40 号窟

---

[1] 陈晶鑫. 试论安岳大足地区与杭州地区罗汉造像的异同 [J]. 石窟寺研究,2018 (0):265-286.(两地罗汉像的具体异同可参考此文)

第三章 安岳石窟窟龛造像研究

图 3.39 圆觉洞第 33 号窟右壁

图 3.40 庵堂寺第 22 号龛

第四章

安岳石窟与大足石刻

大足区位于重庆市西部，东、南、北三个方向被重庆市其它区县围绕，西北出渝通道与安岳相连，自古就与安岳联系密切。

大足区上承大足县，春秋战国时期为巴蜀之境，秦属巴、蜀二郡，① 汉资中县之东境、垫江县之西境、江阳县之北境。②

唐乾元元年（758年），"左拾遗李鼎祚奏以山川阔远，请割泸、普、渝、合、资、荣等六州，界置昌州，寻为狂贼张朝等所焚，州遂罢废。大历十年，本道使崔宁又奏复置，以镇押夷獠……大足县，下。西南至州六十五里。乾元元年与州同置。东临赤水，西枕荣山。"③ 自此大足正式建县，"以界内大足川为名"④。景福元年（892年），昌州州治迁入大足。

五代前后蜀，并属遂州武信军。⑤

宋时，大足属潼川府路昌州昌元郡。

---

① 王象之. 舆地纪胜：卷一百六十一·昌州 [M]. 北京：中华书局，2003：4357.
② 李吉甫. 元和郡县图志：卷第三十三·剑南道下·昌州 [M]. 贺次君，点校. 北京：中华书局，1983：868.
③ 李吉甫. 元和郡县图志：卷第三十三·剑南道下·昌州 [M]. 贺次君，点校. 北京：中华书局，1983：868.
④ 乐史. 太平寰宇记：卷之八十七·剑南东道六·普州 [M]. 王文楚，点校. 北京：中华书局，2007：1747.
⑤ 王象之. 舆地纪胜：卷一百六十一·昌州 [M]. 北京：中华书局，2003：4359.

元代，至元十七年（1280年）废昌州，大足并入合州。

明洪武四年（1371年）改属重庆府。

清康熙元年（1662年）并入荣昌县；雍正六年（1728年）复置大足县，属四川省重庆府。

中华民国时期，先属东川道；民国24年（1935年）属四川省第三行政督察区。①

中华人民共和国成立后，先后隶川东行署璧山专区、四川省江津专区，1968年更名为江津地区，1981年更名为永川地区。1975年10月，从大足县划出置双桥区，隶重庆市。1983年将永川地区合并于重庆市，大足隶之。1997年重庆市恢复直辖后，仍隶重庆市。2011年10月，经国务院批准，重庆市撤销大足县，设立大足区。②

第一节　唐五代时的安岳与大足

由前文可知，大足乾元元年（758年）与州同置，但"寻为狂贼张朝等所焚，州遂罢废"，直到大历十年（775年）方才重置③，整个中唐，未有见诸史籍或留存后世之事迹。而普州、安岳北周时既已设置，至大历已发展多年，仅从石窟的开凿就可知当时普州之实力。

一直到中晚唐文宗太和三年（829年），事情才开始发生变化。

---

① 郭鸿厚，陈习珊.四川省大足县志（民国）[M].台北：成文出版社有限公司，1976：2-15.
② 大足县县志编纂委员会.大足县志[M].北京：方志出版社，1996：1-2.
③ 李吉甫.元和郡县图志：卷第三十三·剑南道下·昌州[M].贺次君，点校.北京：中华书局，1983：868.

由于唐廷与南诏的战争，川东简、资州兵民频发，普州深受影响，开窟造像也随之放缓。到了僖宗乾符之际（874年—879年），黄巢义军席卷中原，"洎黄巢侵陷京阙，銮舆出幸成都，四海波腾，三川鼎沸"，荣昌县令韦君靖"睹兹遐僻，民不聊生，遂合置义兵，招安户口，抑强扶弱，务织劝农，足食足兵，以杀去杀"。同时因军功，"进忠节检校御史大夫、除拜普州刺史"①。虽然除拜普州刺史，但是韦君靖的治所依然在昌州，这就意味着晚唐时，昌州已成为区域的中心，普州在政治上实际已经成为昌州即大足的附庸。而这一期，昌、普地区仍旧战乱频仍。仅据《韦君靖碑》记载，就有平韩秀昇之乱"韩秀昇勃乱黔峡，侵轶巴渝。公乃统率义军，讨废逆党。值秀昇尽抛舟楫，围逼郡城，公乃详度机宜，上下拦截，依山置阵，背水布兵，两面夹攻，齐心蕲扑，贼势大败，我武益扬"、当杨师立反唐时收复合州"时值川帅效逆，将臣专征，公乃收复合州，绝其枝蔓"、为援王建所统唐讨逆军，大败山行章所率西川兵马与新繁"洎郑君雄仆射失律广汉，山行章尚书攻围当州，故府主太尉丞相顾公累降命旨，频招援应。公统领精锐二万余人，虔告蓍龟，申令士卒，并破二十七寨，杀戮五万余人，大振威声"②这三次大规模战役。在这样的战役中，位于统治核心区域的大足有强兵坚城，可免兵燹之祸，但普州位于川西往大足、昌州必经之道，难幸免于难。在这样的社会环境之下，人力、物力、资源向大足的集聚当属自然，这其中就包括了可能出资开龛的功德主和掌握开龛技艺的工匠。在韦君靖等昌州官民的开龛意愿以及自身安居需要两方面因素的影响下，部分功德主和刻工

---

① 王家祐. 大足《韦君靖碑》与韦君靖史事考辩[J]. 四川文物，2003（5）：58.
② 王家祐. 大足《韦君靖碑》与韦君靖史事考辩[J]. 四川文物，2003（5）：58-59.

第四章 安岳石窟与大足石刻

匠从普州迁往了昌州，如后世在大足石刻中留下颇多姓名、题记的文氏工匠家族即是此类代表。在这样的过程中，安岳石窟的开凿停滞了。大足地区自乾宁二年（895年）开始的开龛造像活动中，新出现了毗沙门天王造像与善跏趺坐千手千眼观音形象，这两种新形象并不能从安岳唐代窟龛造像中找到原型；毗沙门天王造像于安岳唐代窟龛中不见，而安岳唐代所造千手千眼观音均为立像，并无善跏趺坐传统。大足这两者的题材与形象应另有来源。

唐代，毗沙门天王信仰的兴起，一方面因为诸如不空等的鼓吹，另一方面应也是与其本来守护家园的职责有关。《大唐西域记》中记载：

> 缚喝国东西八百余里，南北四百余里，北临缚刍河。国大都城周二十余里，人皆谓之小王舍城也。其城虽固，居人甚少。土地所产，物类尤多。水陆诸花，难以备举。伽蓝百有余所，僧徒三千余人，并皆习学小乘法教。城外西南有纳缚，僧伽蓝，此国先王之所建也。大雪山北作论诸师，唯此伽蓝美业不替。其佛像则莹以名珍，堂宇乃饰之奇宝，故诸国君长利之以攻劫。此伽蓝素有毗沙门天像，灵鉴可恃，冥加守卫。近突厥叶护可汗子肆叶护可汗倾其部落，率其戎旅，奄袭伽蓝，欲图珍宝。去此不远，屯军野次。其夜梦见毗沙门天曰："汝有何力，敢坏伽蓝？"因以长戟贯彻胸背。可汗惊悟，便苦心痛。遂告群属所梦咎征，驰请众僧，方申忏谢，未及返命，已从殒殁。[①]

根据玄奘的记述，可以看出毗沙门天王守护能力的强大。到了盛唐

---

① 玄奘，辩机. 大唐西域记校注（上）[M]. 季羡林，等，校注. 北京：中华书局，2000：115 - 117.

时期，毗沙门天王的守护能力被进一步神话，《宋高僧传》中载："又天宝中，西蕃、大石、康三国帅兵围西凉府，诏空入，帝御于道场。空秉香炉，诵仁王密语二七遍，帝见神兵可五百员在于殿庭，惊问空。空曰：'毗沙门天王子领兵救安西，请急设食发遣。'四月二十日果奏云：'二月十一日城东北三十许里，云雾间见神兵长伟，鼓角喧鸣，山地崩震，蕃部惊溃。彼营垒中有鼠金色，咋弓弩弦皆绝。城北门楼有光明天王怒视，蕃帅大奔。'帝览奏谢空，因敕诸道城楼置天王像，此其始也。"①不空所译《毗沙门天王随军护法仪轨》中亦记有此事，情节大致相同②。自此以后，西北敦煌地区毗沙门绘画越来越流行。大足开凿毗沙门天王像，也是为了利用其守护家邦之神力。不过大足毗沙门天王（图4.1）题材的来源，可能并不用远至西北敦煌。会昌六年（846年），巴中"巴郡太守荥阳郑公新建天王"③（图4.2），笔者认为这是大足毗沙门天王较直接的来源。而巴中毗沙门天王像的来源，则是中原北方乃至敦煌，因为研究表明，晚唐及五代时期，中原北方包括敦煌在内，与四川腹地之间的交通更加通畅④。

此外，由于与南诏频繁交战，资州地区深受其害，民众将国泰民安的希望也寄托在了佛教上。这一时期，资州地区开始出现毗沙门天王，也是为了取其守护之力。距资中城西约3公里的西岩摩崖造像第34号龛毗沙门天王像左壁现存五代后唐天成四年（929年）造像碑明确记

---

① 赞宁．宋高僧传：卷一·不空传［M］．北京：中华书局，1987：11-12．
② 毗沙门天王随军护法仪轨［M］．不空，译//大正新修大藏经：第二十一册．东京：大正一切经刊行会印刷所，1928：224-225．
③ 四川省文物管理局，成都文物考古研究所，北京大学中国考古学研究中心．巴中石窟内容总录［M］．成都：四川出版集团巴蜀书社，2006：145-147．
④ 陈祚龙．中世敦煌与成都之间的交通路线［M］//香港新亚研究所敦煌学会．敦煌学：第一辑．香港：香港新亚研究所敦煌学会，1974：79-86．

载:"咸通中,南蛮救乱,围逼成都……焚庐掠地,穷恶恣凶……此际,天王茂昭圣力,遂显神威,楼上耀光明之彩,蛮蜑瞻之而胆詟,酋豪视之而心口,即时遁跃。"① 资州地区中晚唐多有造像,题材多为毗沙门天王(图4.3)、千手千眼观音、观音地藏。这些题材也是唐末大足地区的主要造像题材,加之大足、资中所去不远,所以在研究大足石刻的肇端时,资中的影响也应考虑进去。

图4.1 大足佛湾第5号龛②

---

① 王熙祥,曾德仁. 四川资中重龙山摩崖造像[J]. 文物,1988(8):25.
② 李巳生. 中国石窟雕塑全集:第7卷·大足[M]. 重庆:重庆出版社,2000.(本章大足石刻图片均采自该书)

211

图 4.2　巴中南龛第 94 号龛① 　　　图 4.3　资中重龙山第 88 号龛

而善跏趺坐千手观音像，则是来自川内其它地区（如成都、资中）或者是中原北方相关题材在川内的二次传播。由此可知，晚唐大足开窟造像时，安岳对其的影响可能并不是特别大。不过，如前文所述，会有一定数量的安岳工匠前往大足，虽然因为开龛人的个人意愿，大足的龛像中，题材内容并不来自安岳，但是安岳工匠却可以通过业已在安岳形成的雕刻风格和技法来影响大足。如大足北山佛湾第 52 号龛（图 4.4，有乾宁四年即公元 897 年开龛题记）阿弥陀佛、地藏、观音龛中的阿弥陀像，从雕刻风格与技法上看，与安岳高升千佛岩第 15 号龛主尊（图 4.5）极为相近。千佛岩第 9 号龛为开成二年（837 年）龛，属于安岳地区唐代较晚的龛像，整个千佛岩的造像与之相似，年代也近似，所以千佛岩第 15 号龛应属于安岳地区唐代最后一批大规模造像，而它与大足唐代第一批造像风格的相似，正说明了安岳石窟对大足石刻的影响以及大足石刻对安岳石窟的继承。

---

① 四川省文物管理局，成都文物考古研究所，北京大学中国考古学研究中心. 巴中石窟内容总录［M］. 成都：四川出版集团巴蜀书社，2006：145 - 147.

<<< 第四章 安岳石窟与大足石刻

图4.4 大足北山佛湾52龛主尊　　图4.5 安岳千佛岩15龛主尊

　　五代时，大足归属遂州，政治地位下降，而安岳还是普州治所，地位未发生改变。五代时，安岳开龛造像开始恢复，大足造像平稳发展。值得注意的是，安岳这一时期的千手千眼观音像并没有恢复安岳唐代传统，而是变得与大足以及川内其它地区相似，同样的现象也发生在西方净土变龛上。灵游院第7号龛，在内容布局上就不同于安岳早期的高升千佛岩第15号龛，而是与大足北山佛湾第245号龛相近，这一方面与造像图样有关，另一方面说明这一时期，大足已开始通过有限的条件影响安岳。不过，安岳这一时期出现了诸多大足并不见的题材，如不空羂索菩萨、白衣观音等，这些题材多是外来的，或者说是安岳工匠吸取新鲜因素开凿的，这就是前文中提到的政治地位不同所带来的影响。一方面，这一时期，安岳重新成为区域政治中心，开龛造像的人力和物力得到了保证；另一方面，新的开龛组织形式——社[①]，也为安岳石窟的开

[①] 根据灵游院第5号龛内右壁题记："众社户发心妆释……妆老君并部众共……时以广政七年十月八……永为供养。"不过这样的社户共同出资开龛题记极少，很难断定这已成为当时安岳开窟组织形式的主流，且之后也未见。

213

凿带来了更多的动力，这些新现象使得安岳石窟龛像的开凿在五代得到了迅速的恢复，并有了新的发展。大足在五代也有较多新题材如如意轮菩萨、大威德炽盛光佛等不为安岳所见的造像。这样的情况表明，五代时，安岳石窟与大足石刻各自平行发展，同时互有借鉴。

第二节　两宋时的安岳与大足

两宋肇始，安岳石窟突然陷入沉寂，而大足石刻却蓬勃发展起来。这与当时两地的社会经济状况以及民众意识有关。

北宋元丰年（1078—1085年）前后，普州与昌州同为上等州，不过安岳县与大足县等级却不一样，安岳为中下等县，而大足为上等县①。根据《续资治通鉴长编》卷一记载："有司请据诸道所具版籍之数，升降天下县望，以四千户以上为望，三千户以上为紧，二千户以上为上，千户以上为中，不满千户为中下，仍请三年一责户口之籍，别定升降。从之。凡望县五十，户二十八万一千六百七十；紧县六十七，户二十二万八千六百九十三；上县八十九，户二十一万八千二百八十；中县一百一十五，户一十七万九千三十；中下县一百一十，户五万九千七百七十。总九十六万七千三百五十三户，此国初版籍之数也。"② 由此可知北宋时期，安岳一县居民不满千户，而大足一县却超两千户；安岳一县共十二乡十六镇，大足一县五乡十三镇，人口密度上，大足也当大于安岳。在古代，人口的多寡与密度直接决定着地方社会经济文化的发

---

① 王存. 元丰九域志 [M]. 魏嵩山，王文楚，点校. 北京：中华书局，1984：325-326.

② 李焘. 续资治通鉴长编 [M]. 北京：中华书局，1979：26.

达程度，安岳自北宋便开始落后于大足。同时昌州贡麸金与绢，而普州却只是贡葛与天门冬①。一般来说，上贡物即为出产物。昌州、普州之间上贡物的差异，反映出昌州、普州之间经济的差距。产麸金与绢，意味着昌州多手工业，商品经济就会因之而发达，从而整个社会经济的发展都会得到促进；产葛与天门冬，则意味着普州仍以农业为主，社会经济不活跃。另外，普州居民中，主户九千一百二十二，客户二万三百七十八，主客户比略小于1∶2，而昌州居民中，主户五千八百二十二，客户二万八千六百四十一，主客户比将近1∶5②。宋代编户，主户指占有土地且承担赋役之户，客户指不占有土地但承担赋役之户，即不占有土地的农户或脱离农业的场镇居民。主客户比例的大小，在一定程度上反映了土地集中的状况。这就意味着，在宋代，大足的土地更集中，财富也更加集中，简单地说，就是大足庄园林立、富翁云集。开龛造像需要经济支持，大足宋代石刻的发达，居民富裕是很大的一个原因，故整个宋代，大足多个人造像；普州经济不活跃，居民就不会有余钱拿出来开龛造像。同时，工匠人口的迁徙也说明了这一点。有宋一代，安岳文氏多在大足开龛造像，在安岳仅造寥寥几龛，工匠多是趋利，这恰恰反映出大足居民的富裕足以让文氏工匠家族常年为之开龛造像，而安岳居民则少有财力能让工匠回归开龛。

另一方面，民众的造像意识也是造像兴衰差异的一个原因。大足石刻中多有数人合开一龛，或者化众募资的开龛题记，如石门山第6号龛（图4.6、4.7），内为西方三圣和十圣观音。窟内各像上方，均有摩崖

---

① 王存. 元丰九域志［M］. 魏嵩山，王文楚，点校. 北京：中华书局，1984：325-326.
② 王存. 元丰九域志［M］. 魏嵩山，王文楚，点校. 北京：中华书局，1984：325-326.

碑刻一块，从碑刻上可以看出，绍兴十一年（1141年）共有十二人同时为一龛出资，各自修凿龛像的一部分："昌州大足县郊山乡承信郎陈充，造莲花手观音；奉佛弟子侯良，造数珠手观音；奉佛庞师上，造如意轮观音；奉佛弟赵惠典，造宝镜观音；奉善弟子谢继隆，造献珠龙女；奉佛弟子庞休，造露玉观音；奉善弟子杨作安，造大势至菩萨；奉佛弟子岑忠志，造宝兰手观音；奉佛、道弟子侯惟正，认造功德一位；造正法明王菩萨；奉善弟子岑忠信，造观音一尊。"① 佛安桥第12号窟，"三教"造像窟内，亦是每尊造像均有不同的出资人题记，说明当时合资造龛较为常见。除了合资，还有化众募资，也就是通过众筹获得资金再行开凿，如北塔第54号龛，龛内作释迦佛像，左右壁各有一碑，用来记述众人合资筹资之过程，其中左壁碑上层文曰："大足县王伯宁、高祖贤、夏仲宁、王伯周各施钱引十道，王□□、任泰、斯大猷、康普，苟字各施五道。"下层文曰："昌州在城圆通善友王堂，化众舍钱引三百道，□□砌第八级，共识胜□□□□施主钱引二百二十二道，堂舍施七十八道，总共三百道送入塔库，满酬志愿。右伏莫卑，诚愿海一一悉成，众力善心，人人具足，叩惟三宝，咸愿邛知，普接群生，俱成正觉。癸酉（即南宋绍兴二十三年，1153年）中冬立石。"② 这些题记表明，大足信众对开龛造像的认知是既然一个人财力不够开龛，那就集众人力量合资开龛。这样的认知与组织方式，一方面说明了信众信仰的虔诚，另一方面也促进了大足开龛造像的发展。反观安岳，这一时期

---

① 刘长久，胡文和，李永翘. 大足石刻研究［M］. 成都：四川省社会科学院出版社，1985：544-545.

② 刘长久，胡文和，李永翘. 大足石刻研究［M］. 成都：四川省社会科学院出版社，1985：445；陈明光，邓之金. 试述大足石刻与安岳石刻的关系［J］. 四川文物，1986（S1）：81.

<<< 第四章 安岳石窟与大足石刻

开龛都是个人行为，宋代最早的开龛题记，大观二年（1108年）造石观音龛题记，依然是功德主一人行为，像五代时那样的社户共同开龛造像的行为已不多见，这些也束缚着安岳宋代开龛造像的发展。

图4.6 石门山第6号龛左壁菩萨

图4.7 石门山第6号龛右壁菩萨

最后，大足石刻宋代繁盛还有一个重要人物——赵智凤。《舆地纪胜》昌州条中记述"宝峰山，在大足县东三十里，有龛岩。道者赵智凤修行之所。"[1]这是目前存在最早也是唯一一条关于赵智凤的文献记载。后世学者根据有限的材料勾勒出了一个简略的赵智凤年表[2]：

表 4.1　赵智凤生平活动表

序号	时期（时段）	事件
1	1159 年	出生于大足米粮里沙溪
2	1165 年	入古佛崖（宝顶）
3	1180 年	西往弥牟，正式剃度，学柳本尊教法三月
4	1180—1182 年	普施法水，御灾捍患
5	1182—1196 年	修圣寿本尊殿与毗卢庵
6	1196—1223 年	主持大佛湾造像（21 窟除外）
7	1223 年	杜孝严、魏了翁、宇文屼等宝顶题刻
8	1223—1236 年	主建第 21 窟柳本尊十炼图
9	1236 年	造像结束/赵智凤卒

虽然对于赵智凤具体生平细节仍有争议，但是目前学界还是一致认为正是赵智凤长达数十年的苦心坚持，才使得大足石刻在南宋时得以兴盛。这也使得在这一时期，安岳石窟在开龛造像上持续受到来自大足的影响，无论是题材布局、形制设计还是艺术风格，大足都给予了安岳极大的影响。另外，工匠对于两地造像风格的影响也不容忽视。大足石刻

---

[1] 王象之. 舆地纪胜：卷一百六十一·昌州[M]. 北京：中华书局，2003：4367.
[2] 王天祥，李琦. 建构、转述与重释——赵智凤形象考释[J]. 西南民族大学学报（人文社科版），2008（9）：111-118；杨雄. 赵智凤生平再考[J]. 敦煌研究，2008（4）：33-35.

<<< 第四章　安岳石窟与大足石刻

有来自大足本土的伏氏家族工匠与祖籍安岳的文氏家族工匠[1]，他们的造像风格在大足石刻中相互融合，形成独特的大足风格，而文氏家族不仅在大足镌刻，亦回安岳进行镌刻造像，则在无形中将大足风格带回并影响了安岳。安岳石窟这一时期的各主要洞窟都可以找到其在大足的原型。如安岳毗卢洞第1号窟"柳本尊十炼图"与大足宝顶大佛湾第21号窟"柳本尊十炼图"，安岳毗卢洞第5号窟中小龛（图4.8）与大足小佛湾第5号窟（图4.9），安岳圆觉洞第9号窟、石羊华严洞与宝顶大佛湾第29号窟圆觉洞等等。

图4.8　安岳毗卢洞第5号窟千佛　　图4.9　大足宝顶山小佛湾第4号龛千佛

"柳本尊十炼图"是极具大足、安岳特色的题材，它是以唐末五代活动于西川的密教人物，或者说是神异僧人柳本尊十炼奉佛的故事为蓝本雕凿出来的，规模宏大，刻画细致。十炼分别为一炼指、二立雪、三炼踝、四剜眼、五割耳、六炼心、七炼顶、八舍臂、九炼阴、十炼膝。柳本尊生平，后世学者多以现存大足宝顶山石窟小佛湾内的宋刻《唐

---

[1] 据胡文和统计，宋代，大足伏氏家族在大足所留下的造像题刻有七则，安岳文氏家族在大足留下了十八则、在安岳留下了三则，由此亦可看出宋代大足对安岳的影响。（胡文和. 安岳大足佛雕 [M]. 北京：文物出版社，2008：40-41.）

柳本尊传》碑①（下简称"柳碑"）为基础，并参照安岳、大足两地"十炼图"窟内的题刻加以考证，但由于安岳大足的题刻与碑文相互龃龉，故柳本尊的生平学界尚未达成共识，由此带来的安岳、大足"十炼图"出现时间孰早孰晚的问题也一直未能解决。胡文和、王家祐等根据安岳"十炼图"题刻，认为安岳此窟早于大足②；而陈明光、邓之金等人则根据柳碑及安岳题刻中相互矛盾的地方，认为大足此窟早于安岳③。笔者以为就碑文与题刻来说，陈明光所做考据更令人信服。另外，回归造像，更能说明问题。

安岳的"柳本尊十炼图"（图4.10）分为上、中、下三层，同时窟口上方崖壁并排开有五个小龛，龛内自西向东依次为阿弥陀佛、宝生佛、毗卢佛、阿閦佛、不空成就佛。窟内正壁上下层正中，造主尊毗卢佛，施说法印，结跏趺坐于莲台上，莲台由两个半身力士托住，毗卢佛头戴宝冠，宝冠上壁面开一小龛，龛内有一卷发行者像。毗卢佛左右两侧壁面上、中层各凿有5幅炼化图，上三下二，左边的题刻编号为双数，右边的为单数，顺序为自右而左，自上而下，十炼图中的主像柳本尊系居士形象，身着交领衣，头戴平顶四方巾，脸型丰硕，无须，似主尊。下层凿有一排男女弟子、文官、武将像。大足的"柳本尊十炼图"

---

① 刘长久，胡文和，李永翘. 大足石刻研究［M］. 成都：四川省社会科学院出版社，1985：294-297.
② 胡文和. 安岳、大足"柳本尊十炼图"题刻和宋立《唐柳居士传》碑的研究［J］. 四川文物，1991（3）：42-47；王家祐. 安岳（县）毗卢洞造像［J］. 宗教学研究，1985（S1）：44-50；王熙祥，黎方银. 安岳、大足石窟中《柳本尊十炼图》比较［J］. 四川文物，1986（S1）：84-88.
③ 陈明光，邓之金. 试述大足石刻与安岳石刻的关系［J］. 四川文物，1986（S1）：79-83；陈明光.《宋刻〈唐柳本尊传碑〉校补》文中"天福"纪年的考察与辨正——兼大足、安岳石刻柳本尊"十炼图"题记"天福"年号的由来探疑［J］. 世界宗教研究，2004（04）：22-28.

（图 4.11）分为上下两层，同时窟口上方崖壁并排开九个小龛，内刻五佛四菩萨，自西向东依次为大势至菩萨、普贤菩萨、不空成就佛、阿閦佛、毗卢佛、宝生佛、阿弥陀佛、文殊菩萨、观音菩萨。窟内正壁上下层正中，造柳本尊像，本尊眇右目、缺左耳、断左臂，右手施说法印。本尊左右上层各造五幅炼化图，左为双数，右为单数"十炼图"中的主像柳本尊衣着与安岳同，脸型清癯，三绺长须，似主尊。下层雕一排男女弟子、文官、武将像。

图 4.10　安岳毗卢洞第 1 号"十炼图"

图 4.11　大足宝顶山石窟"十炼图"

221

由上可知，安岳与大足"十炼图"最大的区别在于布局与主尊。大足造像将十炼图放于一层，便于叙述与顺序观摩；安岳上下层的布局，似是继承了当地五代以来十王龛与十六罗汉龛上下层的布局。主尊方面，安岳为佛，似以柳本尊为佛；大足则仍为居士，为凡人。另外，安岳、大足两地"十炼图"题刻，基本为记述每一炼的事实经过，大部分题刻内容两地相同，最大区别在于安岳第五炼与第六炼中多出柳本尊显神异的事迹[①]，安岳第六炼题记中更是比大足多出"大藏佛言本尊是毗卢遮那佛"一事，可见其开窟造像时，本意即是说明主尊毗卢佛是成佛后的柳本尊。中国民间信仰造神运动，一贯有着僧（凡）人→神异→神化成佛的顺序，即"层累地造成的中国古史"，相同的历程如僧伽和尚成泗州佛、契此成弥勒佛等，这里也遵循着这一过程。

再就造像本身而言，安岳"十炼图"主尊与大足宝顶大佛湾第14号窟毗卢佛（图4.12）以及小佛湾第5号窟毗卢遮那佛（图4.13），在造型和风格上极为相似，应为同一时期作品。故而，安岳"十炼图"当是在大足"十炼图"的影响下开凿的，不过，两者年代相去不远。

[①] 王熙祥，黎方银. 安岳、大足石窟中《柳本尊十炼图》比较[J]. 四川文物，1986（S1）：84；刘长久，胡文和，李永翘. 大足石刻研究[M]. 成都：四川省社会科学院出版社，1985：491.（题记具体内容可参考以上文献）

<<< 第四章　安岳石窟与大足石刻

图 4.12　大足宝顶大佛湾第 14 号窟毗卢佛　图 4.13　小佛湾第 5 号窟毗卢遮那佛

　　大足宝顶大佛湾第 29 号窟内正壁造三佛像，均着褒衣博带式法衣，结跏趺坐莲台上。正中为毗卢舍那佛，头戴花冠，冠外少许螺髻，冠中有一小坐佛，头正中化出毫光两道，向上交叉后横贯窟顶，佛双手施毗卢佛印。毗卢佛左侧为阿弥陀佛，螺髻，顶无高肉髻，未戴冠，双手在腹部施阿弥陀定印。毗卢佛右侧为释迦牟尼佛，造型与阿弥陀佛大体相同，双手在腹前捧钵。正壁与左壁转角处，有一接近圆雕的男立像，卷发，无冠，身着袈裟，双手拱手结印，头上方有一小立佛，左脚下有一青狮。相对应的，正壁与右壁转角处，有一接近圆雕的儒生立像，头戴方冠，身着儒装，双手捧笏。头上方有一小立佛，右脚下有一六牙白象。窟的左右壁各雕六尊菩萨像，一共十二菩萨。左壁依次为文殊、普眼、弥勒、威德自在（即大势至）、净业障、圆觉，右壁（图 4.14）依次为普贤、金刚藏、清净慧、辨音（即观音）、普觉、贤善首。正壁三主像前有长条形的石刻供案，供案前中部为一圆雕的菩萨，面向主像，头略低

223

垂，双手施莲华合掌印，跪莲台上，衣饰和形象与窟左右壁的十二菩萨大体相同，意为十二菩萨的化身，轮流向佛问法。

图 4.14　大足宝顶第 29 号窟右壁

　　安岳圆觉洞第 9 号窟内现存造像十五身，均为原凿。现存头部、部分躯干、手臂和佛座的残损部分为 1988 年修补。正壁坛上造三身佛像贴壁雕出，分别结跏趺坐于四层仰莲圆台上。左右壁坛上各雕六尊圆雕圆觉菩萨像坐于高座上，合为十二圆觉菩萨（图 4.15）。十二尊菩萨像头部、手臂、衣纹等多为现代用水泥补成，菩萨均结跏趺坐于方形台上，座束腰处雕壸门，左右最外侧两身像座正面束腰处各雕出一只狮子，左侧为立狮，右侧为卧狮，其余像均雕两朵仰莲形圆足踏。龛外右侧崖壁立面有题刻，为圆觉洞开窟题记："普州真相寺新建圆觉洞记/普州真相佛宫……其主僧了月等，穴石为洞，镌刻佛像，名之曰圆觉。幻化凡俗，警动人意，使人慧月肃清，照耀心境，断诸邪见，乐由正道。维此因幻而识真，缘物而明我，使由佛氏之圆觉，而知自己之圆觉夫所谓圆觉者，始于爱身，终则明道，初非难事。然吾身之所急求圜觉者，曰：父子仁，兄弟睦，朋友信，夫妇 恩 ；利则思义，气则思和，酒则思柔，色则思节；且士务学， 农力 穑，工尽事，商勤志；专致好修，跬步不舍……夫尝以善念着予怀，道行积予己。其修也，自然而来；其德也，自然而 觉 。如是，一性不昧，百行充实，天福毕至矣。昔伊君，天民之先 觉 ，以斯 道觉 斯民者，其亦以是欤？岂必曰：永断迷妄，轮转生死， 圆则无 相，而后为道也……则夫圜觉洞者，独非幻与 物也哉！余于道 无见，姑以诵闻记予壁，尚待学子 裹中 之 见道者。庆元四年 中秋日，元士冯俟记，景一之书。"①

图4.15　圆觉洞第9号窟左壁

石羊华严洞，正壁华严三圣，毗卢遮那佛居中，头戴浅镂空宝冠，冠中坐一化身像，身着居士装，头戴毗卢帽，右手弯曲至胸前，左臂衣袖下垂于主佛花冠的下边沿（很明显是缺失左臂），与毗卢洞的"柳本尊十炼图"中的第十炼像相同。左右是普贤、文殊菩萨，头戴饰有化

---

① 李崇峰．安岳圆觉洞窟群调查记［C］//重庆大足石刻艺术博物馆．2005年重庆大足石刻国际学术研讨会论文集．北京：文物出版社，2007：571-572.

佛的宝冠，外披褒衣博带式大衣，胸饰璎珞。正壁与左壁转角处，有一接近圆雕的儒生立像，头戴方冠，身着儒装，右手捧一本书，上刻"合论"二字。相对应的，正壁与右壁转角处，有一接近圆雕的比丘立像，身着钩纽式袈裟，右手施印，左手拿经卷。窟的左右壁各雕五尊菩萨像，一共十菩萨。左壁（图4.16）依次为金刚藏、清净慧、辨音（即观音）、普觉、贤善首，右壁依次为弥勒、普眼、威德自在（即大势至）、净业障、圆觉，正壁三主像前有长条形的石刻供案。

图4.16 华严洞左壁

此三窟中当是依据唐代罽宾三藏佛陀多罗翻译的《大方广圆觉修多罗了义经》所作。经文：

> 如是我闻，一时婆伽婆，入于神通大光明藏，三昧正受，一切如来，光严住持。是诸众生清净觉地，身心寂灭，平等本际，圆满十方，不二随顺，于不二境，现诸净土。与大菩萨摩诃萨十万人俱，其名曰文殊师利菩萨、普贤菩萨、普眼菩萨、金刚藏菩萨、弥

勒菩萨、清净慧菩萨、威德自在菩萨、辨音菩萨、净诸业障菩萨、普觉菩萨、圆觉菩萨、贤善首菩萨等而为上首，与诸眷属，皆入三昧，同住如来平等法会。于是文殊师利菩萨，在大众中，即从座起，顶礼佛足，右绕三匝，长跪叉手。而白佛言："大悲世尊，愿为此会诸来法众。"说于如来本起清净因地法行，及说菩萨于大乘中发清净心，远离诸病能使未来末世众生求大乘者不堕邪见。作是语已，五体投地，如是三请，终而复始。①

圆觉洞第9号窟开窟题记中已经在用儒家的伦常理念来解释佛教的圆觉，是宋代儒、释思想融合的真凭实据②。值得注意的是安岳圆觉洞与华严洞中皆造出儒生与比丘（卷发男子），有学者考证认为这两个人是柳本尊的传法弟子，根据《柳碑》碑文内容可知，其中一位是俗家弟子杨直京，另一位是皈依出家弟子袁承贵。他们在柳氏圆寂后，先后继任柳氏在成都创建的川密寺院的住持，碑文和有关传记记录了这两人的姓名和事迹③。窟内造出此二人像与华严洞内主尊冠内柳本尊造像都说明了这一时期造像与柳本尊教派的关系，同时也印证了大足对于安岳开窟造像的影响之大。

---

① 大方广圆觉修多罗了义经［M］.佛陀多罗，译//大正新修大藏经：第十七册.东京：大正一切经刊行会印刷所，1925：913.
② 胡文和.四川石窟华严经系统变相的研究［J］.敦煌研究，1997（1）：90-95.
③ 胡文和.四川石窟华严经系统变相的研究［J］.敦煌研究，1997（1）：94-95.

第三节 小 结

综上所述，唐朝时，安岳石窟在雕刻风格等方面被动地影响大足，两者的关系于五代时基本能保持平等。但从北宋开始，大足对于安岳的影响就要多于安岳对大足的影响了，无论是题材还是雕刻风格皆如此。直到南宋时，大足石刻开始全面影响安岳石窟。

第五章

结　语

安岳石窟所在的川中石窟区（还包括大足、资中、潼南）是我国盛唐以后重要的开窟地区，窟龛密布，时代相续，富有地方特色，自成系统，是四川石窟精华的集中地区[①]。开元前期，安岳受政治形势影响，借交通之便，开始了窟龛造像的修凿，并一直持续到南宋庆元年间。在将近五个世纪的时间里，安岳工匠以其虔诚的信仰、出众的技艺，创造了丰富的宗教美术形象。数量巨大、内容丰富的窟龛造像，是说明其时佛教信仰表现形式、传播特点以及内容性质的直接材料。

笔者实地考察了散见于安岳各处的石窟，在类型分析的基础上梳理雕凿次第和年代序列，并以时间为轴，逐一考察安岳石窟在窟龛形制、造像特征、组合、题材内容及装饰纹样等方面的特点，得出了以下结论：

首先，安岳石窟的开凿兴起于盛唐，并由此兴盛百余年。安岳唐代窟龛在吸收来自川北、中原北方石窟内容和特点影响的同时，积极表现出了地方创新元素，窟龛形制上如方形刻经窟，题材上如刻经与涅槃的组合、药师经变、神异僧人传等，这些创新元素，多数罕见于四川甚至

---

① 丁明夷．四川石窟概论［M］//《宿白先生八秩华诞纪念文集》编辑委员会．宿白先生八秩华诞纪念文集（下）．北京：文物出版社，2000：463．

国内其他地区，这些新元素既体现了当时安岳地区佛教流布的特点，也体现出了安岳信徒及工匠在开窟造像时对佛教经典与信仰的独特理解和领悟。开成年（836—840年）之后，安岳石窟开凿渐陷入停滞，一方面是因为"会昌毁佛"事件以及唐与南诏的战争等政治因素，另一方面也是因为这一时期资中石窟雕凿的兴起以及其后大足石刻的兴起。因此，在考虑安岳石窟发展脉络的时候，更需要将其放入川中石窟区造像发展的大背景之下来整体考量，从而获得对安岳石窟个体发展的正确认识。

其次，五代时期，安岳石窟与大足石刻开始了齐头并进式的共同发展，这一时期，除了继承唐代石窟的若干内容以外，安岳石窟内还出现了大量新的造像题材，这些新题材一部分源自中原北方地区，如不空羂索观音菩萨等，还有一部分是受到了四川本地佛教发展及地面佛寺壁画的影响，如地藏十王、罗汉像等。同时，虽然安岳石窟通过工匠的输出对大足石刻雕刻技法等进行着自唐以来持续的影响，但是大足石刻对安岳石窟也开始产生诸如题材等方面的反影响。五代时期，作为川中石窟区的两大中心，安岳与大足的共同发展，促进了这一地区窟龛造像的发展。

最后，两宋时期，由于经济实力的发展，大足愈来愈成为新的区域开窟造像中心，影响波及区域内其余各处，安岳也同样受其影响。新的佛教宗派对于石窟开凿的影响也愈来愈大，如以柳本尊和赵智凤为主的"川密"等。这一时期，大足石刻的持续性开凿，促进了社会资源的集聚与利用，也间接限制了周边其他地区石窟特别是安岳石窟的再发展。宋代安岳石窟至元符、大观年间（1098—1110年）方有新的开凿，多半是因为大足石刻的影响。而大足石刻的题材外输，更是这一时期、这一区域的主要趋势与特征，不过安岳石窟在这一时期依然能在细节上保持一定的独立性与创新性，如在对"柳本尊十炼图"进行的细节处理上，安岳工匠依然体现出了自己的特点。不过，这些创新不能挽救安岳石窟的衰落，随着大足石刻的沉寂，安岳石窟的开凿也走向了新的停滞。其后元、明、清代直至民国时期，安岳造像虽未停止，但已不复当年盛景。（图5.1）

图5.1　茗山寺第1号窟佛道合窟右为明代毗卢佛像，左为清代东岳大帝像

参考文献

(一) 历史文献

[1] 佛说女祇域因缘经 [M]. 安世高, 译//大正新修大藏经: 第十四册. 东京: 大正一切经刊行会印刷所, 1925: 896, 902.

[2] 佛说弥勒下生经 [M]. 竺法护, 译//大正新修大藏经: 第十四册. 东京: 大正一切经刊行会印刷所, 1925: 422.

[3] 佛说灌顶经 [M]. 帛尸梨蜜多罗, 译//大正新修大藏经: 第二十一册. 东京: 大正一切经刊行会印刷所, 1928: 533.

[4] 佛说无量寿经 [M]. 康僧铠, 译//大正新修大藏经: 第十二册. 东京: 大正一切经刊行会印刷所, 1925: 265–279.

[5] 舍利弗问经 [M] //大正新修大藏经: 第二十四册. 东京: 大正一切经刊行会印刷所, 1926: 901.

[6] 入大乘论 [M]. 道泰, 等译//大正新修大藏经: 第三十二册. 东京: 大正一切经刊行会印刷所, 1925: 40.

[7] 妙法莲华经 [M]. 鸠摩罗什, 译//大正新修大藏经: 第九册. 东京: 大正一切经刊行会印刷所, 1925: 56–57.

[8] 佛说阿弥陀经 [M]. 鸠摩罗什, 译//大正新修大藏经: 第十二册. 东京: 大正一切经刊行会印刷所, 1925: 346–348.

[9] 佛说观无量寿经[M]. 畺良耶舍,译//大正新修大藏经:第十二册. 东京:大正一切经刊行会印刷所,1925:340-346.

[10] 请宾头卢法[M]. 沙门释慧简,译//大正新修大藏经:第三十二册. 东京:大正一切经刊行会印刷所,1925:784.

[11] 宾头卢突罗阇为优陀延王说法经[M]. 求那跋陀罗,译//大正新修大藏经:第三十二册. 东京:大正一切经刊行会印刷所,1925:784-787.

[12] 慧皎. 高僧传[M]. 汤用彤,校注. 北京:中华书局,1992.

[13] 僧祐. 出三藏记集[M]. 北京:中华书局,1995.

[14] 智者,灌顶. 观音义疏[M]//大正新修大藏经:第三十四册. 东京:大正一切经刊行会印刷所,1926:935.

[15] 毗沙门天王随军护法仪轨[M]. 不空,译//大正新修大藏经:第二十一册. 东京:大正一切经刊行会印刷所,1928:224-225.

[16] 瑜伽集要救阿难陀罗尼焰口仪轨经[M]. 不空,译//大正新修大藏经:第二十一册. 东京:大正一切经刊行会印刷所,1928:468-472.

[17] 摄无碍大悲心大陀罗尼经计一法中出无量义南方满愿补陀落海会五部诸尊等弘誓力方位及威仪形色执持三摩耶幖帜曼荼罗仪轨[M]. 不空,译//大正新修大藏经:第二十册. 东京:大正一切经刊行会印刷所,1928:132-137.

[18] 陈子昂. 上蜀川军事[M]//董诰,等. 全唐文. 北京:中华书局,1983:2133.

[19] 道宣. 集古今佛道论衡[M]//大正新修大藏经:第五十二册. 东京:大正一切经刊行会印刷所,1927:381-382.

[20] 道宣. 四分律删繁补阙行事钞[M]//大正新修大藏经:第

233

四十册．东京：大正一切经刊行会印刷所，1927：27．

［21］道宣．续高僧传［M］//慧皎，等．高僧传合集．上海：上海古籍出版社，1991．

［22］杜佑．通典［M］．杭州：浙江古籍出版社，2000：930．

［23］段成式．酉阳杂俎：寺塔记［M］．北京：中华书局，1981．

［24］法藏．华严经探玄记［M］//大正新修大藏经：第三十五册．东京：大正一切经刊行会印刷所，1926：246．

［25］法藏．华严经传记［M］//大正新修大藏经：第三十五册．东京：大正一切经刊行会印刷所，1926：167．

［26］大方广圆觉修多罗了义经［M］．佛陀多罗，译//大正新修大藏经：第十七册．东京：大正一切经刊行会印刷所，1925：917．

［27］窥基．说无垢称经疏［M］//大正新修大藏经：第三十八册．东京：大正一切经刊行会印刷所，1926：1016．

［28］李吉甫．元和郡县图志［M］．贺次君点校．北京：中华书局，1983．

［29］唐临．冥报记［M］//释道世．法苑珠林，校注．北京：中华书局，2003：603．

［30］释道世．法苑珠林校注［M］．周叔迦，苏晋仁，校注．北京：中华书局，2003．

［31］千光眼观自在菩萨秘密法经［M］//大正新修大藏经：第二十册．东京：大正一切经刊行会印刷所，1928：119．

［32］玄奘，辩机．大唐西域记校注［M］．季羡林，等，校注．北京：中华书局，2000．

［33］大乘大集地藏十轮经［M］．玄奘，译//大正新修大藏经：第十三册．东京：大正一切经刊行会印刷所，1925：721-777．

[34] 大阿罗汉难提蜜多罗所说法住记[M]. 玄奘,译//大正新修大藏经:第四十九册. 东京:大正一切经刊行会印刷所,1927:13.

[35] 不空羂索神咒心经[M]. 玄奘,译//大正新修大藏经:第二十册. 东京:大正一切经刊行会印刷所,1928:402.

[36] 药师琉璃光如来本愿功德经[M]. 玄奘,译//大正新修大藏经:第十四册. 东京:大正一切经刊行会印刷所,1925:404-409.

[37] 道宣. 集神州三宝感通录[M]//大正新修大藏经:第五十二册. 东京:大正一切经刊行会印刷所,1927:404.

[38] 赵璘. 因话录[M]//王云五. 丛书集成初编. 长沙:商务印书馆,1939:43.

[39] 张彦远. 历代名画记[M]. 俞剑华,注释. 上海:上海人民美术出版社,1964.

[40] 千眼千臂观世音菩萨陀罗尼神咒经[M]. 智通,译//大正新修大藏经:第二十册. 东京:大正一切经刊行会印刷所,1928:83-90.

[41] 智升. 开元释教录[M]//大正新修大藏经:第五十五册. 东京:大正一切经刊行会印刷所,1928:568.

[42] 朱景玄. 唐朝名画录[M]//谢赫. 古画品录(外二十一种). 上海:上海古籍出版社,1991.

[43] 湛然略. 维摩经略疏[M]//大正新修大藏经:第三十八册. 东京:大正一切经刊行会印刷所,1926:582.

[44] 刘昫,等. 旧唐书[M]. 北京:中华书局,1975.

[45] 道原. 景德传灯录[M]//大正新修大藏经:第五十一册. 东京:大正一切经刊行会印刷所,1927:465.

[46] 乐史. 太平寰宇记[M]. 王文楚点校. 北京:中华书局,2007.

[47] 黄休复. 益州名画录 [M]. 北京：中华书局，1991.

[48] 贾善翔. 犹龙传 [M] //张宇初，张宇清，邵以正，等. 正统道藏. 台北：艺文印书馆，1977.

[49] 李昉，等. 太平广记 [M]. 北京：中华书局，1961.

[50] 李纲全集 [M]. 王瑞明，点校. 长沙：岳麓书社，2004.

[51] 刘道醇. 五代名画补遗：塑作门·第六·杨惠之条 [M] //谢赫. 古画品录（外二十一种）. 上海：上海古籍出版社，1991：442.

[52] 宋敏求. 唐大诏令集 [M]. 上海：学林出版社，1992.

[53] 司马光. 资治通鉴 [M]. 北京：中华书局，2007.

[54] 苏轼. 大圣慈寺大悲圆通阁记 [M] //杨慎. 全蜀艺文志. 北京：线装书局，2003：1160.

[55] 吕陶. 净德集 [M]. 上海：商务印书馆，1935.

[56] 欧阳修，宋祁. 新唐书 [M]. 北京：中华书局，1975.

[57] 欧阳修. 新五代史 [M]. 北京：中华书局，1974.

[58] 薛居正，等. 旧五代史 [M]. 北京：中华书局，1976.

[59] 王存. 元丰九域志 [M]. 魏嵩山，王文楚，点校. 北京：中华书局，1984.

[60] 王溥. 唐会要 [M]. 上海：上海古籍出版社，1991.

[61] 王钦若. 册府元龟 [M]. 北京：中华书局，1960.

[62] 赞宁. 宋高僧传 [M]. 北京：中华书局，1987.

[63] 郑樵. 通志略 [M]. 上海：上海古籍出版社，1990.

[64] 宣和画谱 [M]. 俞剑华，校注. 香港：文丰出版社，1977.

[65] 法云. 翻译名义集 [M] //大正新修大藏经：第五十一册. 东京：大正一切经刊行会印刷所，1927：1056.

[66] 范成大. 成都古寺名笔记 [M] //杨慎. 全蜀艺文志. 北京：

线装书局，2003：1263-1265.

[67] 李焘. 续资治通鉴长编 [M]. 北京：中华书局，1979.

[68] 王象之. 舆地纪胜 [M]. 北京：中华书局，2003.

[69] 谢守灏. 混元圣纪 [M] //张宇初，张宇清，邵以正，等. 正统道藏. 台北：艺文印书馆，1977.

[70] 宋大诏令集 [M]. 司义祖，点校. 北京：中华书局，1962.

[71] 祝穆. 方舆胜览 [M]. 祝洙，增订. 施和金，点校. 北京：中华书局，2003.

[72] 志磐. 佛祖统纪 [M]. 释道法，校注. 上海：上海古籍出版社，2012.

[73] 郭若虚. 图画见闻志 [M]. 黄苗子，点校. 北京：人民美术出版社，1963.

[74] 孙应时，鲍廉，卢镇. 琴川志 [M] //宋元方志丛刊. 北京：中华书局，1990：1291.

[75] 脱脱，等. 宋史 [M]. 北京：中华书局，1977.

[76] 嘉兴藏 [M]. 台北：新文丰出版社，1987.

[77] 曹学佺. 蜀中广记 [M]. 台北：台湾商务印书馆，1969.

[78] 杨慎. 全蜀艺文志 [M]. 刘琳，王晓波，点校. 北京：线装书局，2003.

[79] 毕沅. 续资治通鉴 [M]. "标点续资治通鉴小组"校点. 北京：古籍出版社，1957.

[80] 陈梦雷. 古今图书集成（影印版）[M]. 南宁：广西大学古籍所，2012.

[81] 董诰，等. 全唐文 [M]. 北京：中华书局，1982.

[82] 陆增祥. 八琼室金石补正 [M] //新文丰出版公司编辑部.

石刻史料新编. 台北：新文丰出版公司，1982：4520.

[83] 彭端淑. 白鹤堂稿 [G] //国家清史编纂委员会，《清代诗文集汇编》编纂委员会. 清代诗文集汇编. 上海：上海古籍出版社，2010.

[84] 故宫博物院编. 故宫珍本丛刊·四川府州县志第4册·安岳县志（乾隆）[M]. 海口：海南出版社，2001.

[85] 王昶. 金石萃编 [M]. 北京：中国书店，1985.

[86] 新文丰出版社. 卍续藏 [M]. 台北：新文丰出版社，1975.

[87] 大正一切经刊行会印刷所. 大正新修大藏经 [M]. 东京：大正一切经刊行会印刷所，1924-1934.

（二）今人著述

[1] 安西榆林窟，敦煌研究院编. 中国石窟·安西榆林窟 [M]. 北京：文物出版社，1997.

[2] 安岳文物管理所. 安岳石刻 [M]. 成都：四川省社会科学院出版社，1984.

[3] 安岳县地方志编纂委员会. 安岳县志1986—2005 [M]. 成都：电子科技大学出版社，2011.

[4] 安岳县文物局，成都市文物考古研究所. 安岳县灵游院摩崖石刻造像调查简报 [M] //成都市文物考古研究所. 成都考古发现（2002）. 北京：科学出版社，2004：432-442.

[5] 白化文. 汉化佛教与佛寺 [M]. 北京：北京出版社，2003.

[6] 白中培. 安岳毗卢洞 [J]. 四川文物，1987（3）：34-35.

[7] 北京大学中国考古学研究中心，成都市文物考古研究所，安岳县文物局. 安岳卧佛院调查简报 [M] //成都市文物考古研究所. 成

都考古发现（2006）.北京：科学出版社，2008：352-408.

［8］蔡穗玲，孙华.中国佛教石经：四川省第二卷［M］.杭州：中国美术学院出版社，2014.

［9］曹丹.安岳卧佛研究［J］.成都文物，1984（4）：39-41.

［10］曹丹.安岳卧佛院卧佛刻经与题记［J］.四川文物，1990（2）：49-53.

［11］曹丹，赵晗.安岳毗卢洞石窟调查研究［J］.四川文物，1994（3）：34-39.

［12］曹丹.安岳卧佛为何左侧［J］.文史杂志，1997（2）：70-71.

［13］曹丹，于春.四川石窟寺大系——四川安岳卧佛院唐代刻经窟［M］.成都：天地出版社，2009.

［14］常青.试论龙门初唐密教雕刻［J］.考古学报，2001（3）：335-360.

［15］成都市文物考古研究所，安岳县文物局.四川安岳县庵堂寺摩崖造像调查简报［M］//成都市文物考古研究所.成都考古发现（2007）.北京：科学出版社，2009：608-617.

［16］陈晶鑫.试论安岳大足地区与杭州地区罗汉造像的异同［J］.石窟寺研究，2018（0）：265-286.

［17］陈儒珍.在四川安岳县发现唐代巨大卧佛和石刻经文［N］.文汇报.1982-05-11（2）.

［18］陈明光，邓之金.试述大足石刻与安岳石刻的关系［J］.四川文物，1986（S1）：79-83.

［19］陈明光.四川摩岩造像柳本尊化道"十炼图"由来及年代探索［J］.四川文物，1996（1）：33-39.

[20] 陈明光．《宋刻〈唐柳本尊传碑〉校补》文中"天福"纪年的考察与辨正——兼大足、安岳石刻柳本尊"十炼图"题记"天福"年号的由来探疑［J］．世界宗教研究，2004（04）：22-28.

[21] 陈悦新．川北石窟中的天龙八部群像［J］．华夏考古，2007（4）：146-150.

[22] 陈祚龙．中世敦煌与成都之间的交通路线［M］//香港新亚研究所敦煌学会．敦煌学：第一辑．香港：香港新亚研究所敦煌学会，1974：79-86.

[23] 重庆大足石刻艺术博物馆，四川安岳县文物局．四川省安岳县西禅寺石窟调查简报［M］//中山大学艺术史研究中心．艺术史研究：第十辑．广州：中山大学出版社，2008：529-533.

[24] 大村西崖．密教发达志［M］．北京：中国书籍出版社，2013.

[25] 大足县县志编纂委员会．大足县志［M］．北京：方志出版社，1996.

[26] 大足县文物保管所．大足石刻［M］．北京：文物出版社，1984.

[27] 大足石刻研究院，等．安岳卧佛院考古调查与研究［M］．北京：科学出版社，2014.

[28] 邓鸿钧．新开寺唐代摩崖造像初探［J］．四川文物，1989（5）：57-58.

[29] 邓之金．安岳圆觉洞"西方三圣"名称问题探讨［J］．四川文物，1991（6）：34-36.

[30] 邓之金．安岳卧佛院摩崖造像上限年代探讨［J］．四川文物，1993（2）：36-40.

[31] 邓仲元，高俊英．仁寿县牛角寨摩崖造像［J］．四川文物，

1990 (5): 71-77.

[32] 丁明夷. 龙门石窟唐代造像的分期与类型 [J]. 考古学报, 1979 (4): 519-545.

[33] 丁明夷. 四川石窟杂识 [J]. 文物, 1988 (8): 46-48.

[34] 丁明夷. 四川石窟概论 [M] //《宿白先生八秩华诞纪念文集》编辑委员会. 宿白先生八秩华诞纪念文集（下）. 北京: 文物出版社, 2000: 455-473.

[35] 丁祖春, 王熙祥. 邛崃石笋山摩崖造像 [J]. 四川文物, 1984 (4): 36-39.

[36] 段为民. 浅议北朝佛教刻经的产生原因 [J]. 美术史论, 2012 (3): 64.

[37] 段玉泉. 武威亥母洞遗址出土的两件西夏文献考释 [M] // 杜建录. 西夏学: 第8辑. 上海: 上海古籍出版社, 2011: 127-134.

[38] 敦煌文物研究所. 敦煌莫高窟内容总录 [M]. 北京: 文物出版社, 1982.

[39] 敦煌文物研究所. 中国石窟·敦煌莫高窟·三 [M]. 北京: 文物出版社, 1987.

[40] 敦煌研究院. 敦煌石窟艺术 莫高窟第三二一、三二九、三三五窟 [M]. 南京: 江苏美术出版社, 1996.

[41] 敦煌文物研究所. 中国石窟·敦煌莫高窟·四 [M]. 北京: 文物出版社, 1999.

[42] 肥田路美, 臧卫军. 夹江千佛岩091号三圣僧龛研究 [J]. 四川文物, 2014 (4): 73-82.

[43] 傅成金. 安岳石刻造像的数量与始造年代 [J]. 四川文物, 1991 (2): 46-48.

[44] 傅成金. 安岳石刻之玄应考 [J]. 四川文物, 1991 (3): 48-50.

[45] 傅成金. 再识安岳圆觉洞摩崖造像 [J]. 四川文物, 1991 (6): 36-41.

[46] 傅成金, 唐承义. 四川安岳石刻普查简报 [J]. 敦煌研究, 1993 (1): 37-52.

[47] 傅成金. 安岳石刻《柳居士十炼窟》内容初探 [J]. 四川文物, 1996 (4): 44-47.

[48] 郭鸿厚, 陈习珊, 等. 四川省大足县志（民国）[M]. 台北: 成文出版社有限公司, 1976.

[49] 郭相颖, 陈明光. 安岳石刻考察纪实 [M] //重庆大足石刻艺术博物馆, 大足县文物保管所. 大足石刻研究文集. 重庆: 重庆出版社, 1993: 308-338.

[50] 贺世哲. 敦煌莫高窟的涅槃经变 [J]. 敦煌研究, 1986 (1): 1-26.

[51] 洪惠镇. 四川安岳四处重要佛教石刻——兼谈安岳与大足石刻的关系 [J]. 美术史论, 1994 (1): 36-46.

[52] 侯波. 从自我观照到大众救赎 [C] //大足石刻研究院. 2009中国重庆大足石刻国际学术研讨会论文集. 重庆: 重庆出版社, 2013: 330-332.

[53] 黄炳章. 房山石经静琬刻成《涅槃经》题记残石考 [J]. 法音, 1990 (9): 28-30.

[54] 胡文和, 李官智. 试论安岳卧佛沟唐代涅槃变相图 [J]. 四川文物, 1984 (4): 36-39.

[55] 胡文和, 陈昌其. 浅谈安岳圆觉洞摩崖造像 [J]. 四川文

物，1986（1）：22-25.

[56] 胡文和，李官智. 安岳卧佛沟唐代石经 [J]. 四川文物，1986（2）：20-25.

[57] 胡文和，刘长久. 大足与安岳石窟某些造像的比较 [J]. 四川文物，1986（S1）：66-69.

[58] 胡文和. 四川摩崖造像中的《药师变》和《药师经变》[J]. 文博，1988（2）：51-56.

[59] 胡文和. 论地狱变相图 [J]. 四川文物，1988（2）：20-26.

[60] 胡文和. 四川唐代摩崖造像中的"西方净土变" [J]. 四川文物，1989（1）：27-33.

[61] 胡文和. 四川摩崖造像中的涅槃变 [J]. 考古，1989（9）：850-855.

[62] 胡文和. 关于四川道教摩崖造像中的一些问题——与王家祐先生商榷 [J]. 敦煌研究，1991（1）：39-47.

[63] 胡文和. 安岳、大足"柳本尊十炼图"题刻和宋立《唐柳居士传》碑的研究 [J]. 四川文物，1991（3）：42-47.

[64] 胡文和，曾德仁. 四川道教石窟造像 [J]. 四川文物，1992（1）：31-39.

[65] 胡文和，曾德仁. 四川道教石窟造像（续）[J]. 四川文物，1992（2）：39-47.

[66] 胡文和. 四川安岳卧佛沟唐代石刻造像和佛经 [J]. 文博，1992（2）：3-11.

[67] 胡文和. 安岳石窟艺术专辑 [J]. 艺术家，1996（10）.

[68] 胡文和. 四川石窟华严经系统变相的研究 [J]. 敦煌研究，

243

1997（1）：90-95.

[69] 胡文和. 四川与敦煌石窟中的"千手千眼大悲变相"比较研究 [J]. 台湾大学文学院佛学研究中心学报，1998（7）：291-330.

[70] 胡文和. 安岳大足佛雕 [M]. 台北：艺术家出版社，2000.

[71] 胡文和. 安岳大足石窟中"川密教祖"柳本尊造型分类 [M] //重庆大足石刻艺术博物馆，重庆大足石刻研究会. 大足石刻研究文集（5）. 重庆：重庆出版社，2005：228-235.

[72] 胡文和. 佛教美术全集：9 [M]. 北京：文物出版社，2009.

[73] 胡文和. 大足、安岳宋代华严系统造像源流和宗教意义新探索——以大足宝顶毗卢道场和圆觉洞图像为例 [J]. 敦煌研究，2009（4）：47-54.

[74] 金申. 四川安岳涅佛像的解读及重修时代 [J]. 四川文物，2006（5）：85-89.

[75] 雷玉华. 四川摩崖石刻中的阿弥陀佛与五十二菩萨 [J]. 考古与文物，2005（2）：76-79.

[76] 黎方银. 大足石刻雕塑全集·北山石窟 [M]. 重庆：重庆出版社，2000.

[77] 李巳生. 中国石窟雕塑全集·第7卷·大足 [M]. 重庆：重庆出版社，2000.

[78] 李崇峰. 安岳圆觉洞窟群调查记 [C] //重庆大足石刻艺术博物馆. 2005年重庆大足石刻国际学术研讨会论文集. 北京：文物出版社，2007：565-577.

[79] 李崇峰. 龙门石窟唐代窟龛分期试论——以大型窟龛为例 [J]. 石窟寺研究·第4辑. 北京：文物出版社，2013：58-150.

[80] 李崇峰. 佛教考古——从印度到中国 [M]. 上海：上海古

籍出版社，2014.

[81] 李官智. 安岳华严洞石窟 [J]. 四川文物，1994 (3)：40-43.

[82] 李官智. 简述安岳石窟艺术造像风格 [J]. 四川文物，2001 (1)：69-70.

[83] 李良，邓之金. 安岳卧佛院窟群总目 [J]. 四川文物，1997 (4)：38-46.

[84] 李小强. 解冤结观念的初步考察——以文献、图像和民俗为主的体现 [C] //大足石刻研究院. 2009 中国重庆大足石刻国际学术研讨会论文集. 重庆：重庆出版社，2013：301-327.

[85] 李裕群. 邺城地区石窟与刻经 [J]. 考古学报，1997 (4)：447-453.

[86] 李文生. 龙门唐代密宗造像 [J]. 文物，1991 (1)：61-64.

[87] 李玉昆. 我国的观世音信仰与龙门石窟观世音造像 [C] //龙门石窟研究所. 龙门石窟一千五百周年国际学术讨论会论文集. 北京：文物出版社，1996：157-165.

[88] 刘建华. 唐代证圣元年千手千眼大悲菩萨石雕立像 [C] //重庆大足石刻艺术博物馆. 2005 年重庆大足石刻国际学术研讨会论文集. 北京：文物出版社，2007：469-476.

[89] 刘景龙，李玉昆. 龙门石窟碑刻题记汇录 [M]. 北京：中国大百科全书出版社，1998.

[90] 刘长久，胡文和，李永翘. 大足石刻研究 [M]. 成都：四川省社会科学院出版社，1985.

[91] 刘长久. 也论安岳毗卢洞石窟——兼与曹丹、赵昑二君商榷 [J]. 四川文物，1995 (5)：37-43.

[92] 刘长久. 安岳石窟艺术 [M]. 成都：四川人民出版社，

1997.

[93] 刘长久. 中国西南石窟艺术 [M]. 成都: 四川人民出版社, 1998.

[94] 刘学文. 新发现的安岳卧佛初探 [J]. 法音, 1983 (4): 41-42.

[95] 刘健. 四川省安岳县庵堂寺摩崖造像调查简报 [J]. 四川文物, 2008 (6): 26-27.

[96] 罗香林. 晚唐贯休绘十六罗汉应真像石刻述证 [M] //张曼涛. 佛教艺术论集. 北京: 北京图书馆出版社, 2005: 315.

[97] 龙门文物保管所, 北京大学考古系. 中国石窟·龙门石窟 (二) [M]. 北京: 文物出版社, 1992.

[98] 马世长. 中韩古代佛教文化交流两例 [M] //中国佛教石窟考古文集. 台北: 觉风佛教艺术文化基金会, 2001: 537.

[99] 马世长. 泗州和尚、三圣像与僧伽三十二化变相图 [J]. 艺术史研究, 2009 (11): 273-327.

[100] 马忠理. 邺都近邑北齐佛教刻经初探 [M] //中国书法家协会山东分会, 山东石刻艺术博物馆. 北朝摩崖刻经研究. 济南: 齐鲁书社, 1991: 171.

[101] 彭家胜. 四川安岳卧佛院调查 [J]. 文物, 1988 (8): 1-13, 30.

[102] 彭金章. 千眼照见 千手护持——敦煌密教经变研究之三 [J]. 敦煌研究, 1996 (1): 11-30.

[103] 彭金章. 敦煌石窟不空羂索观音经变研究——敦煌密教经变研究之五 [J]. 敦煌研究, 1999 (1): 4-6.

[104] 齐庆媛. 四川宋代石刻菩萨像造型分析 [M] //中国古迹遗

址保护协会石窟专业委员会,龙门石窟研究院.石窟寺研究·第五辑.北京:文物出版社,2014:305-361.

[105] 任婧.安岳卧佛院佛教遗迹的初步整理[D].北京:北京大学,2014.

[106] 任继愈.中国佛教史[M].北京:中国社会科学出版社,1988.

[107] 任继愈.中国道教史[M].上海:上海人民出版社,1990.

[108] 四川省安岳县志编纂委员会.安岳县志[M].成都:四川人民出版社,1993.

[109] 四川省文物管理局,成都文物考古研究所,北京大学中国考古学研究中心.巴中石窟内容总录[M].成都:四川出版集团巴蜀书社,2006.

[110] 四川大学考古学系,成都文物考古研究所,安岳县文物局.四川安岳岳阳镇菩萨湾摩崖造像调查简报[J].敦煌研究,2016(3):35-45.

[111] 四川大学考古学系,成都文物考古研究所,安岳县文物局.四川安岳高升乡千佛岩摩崖造像调查报告[J].南方民族考古,2016(12):255-276.

[112] 四川大学考古学系,四川大学考古学实验教学中心,成都文物考古研究所,等.四川安岳上大佛摩崖造像调查简报[J].敦煌研究,2017(4):1-13.

[113] 四川大学考古学系,四川大学考古学实验教学中心,成都文物考古研究所,等.四川安岳舍身岩摩崖造像调查报告[J].敦煌研究,2017(4):14-26;

[114] 四川大学考古学系,成都文物考古研究所,安岳县文物局. 四川安岳林凤侯家湾摩崖造像调查简报 [J]. 文物, 2017 (5): 72 - 84.

[115] 四川大学考古学系,成都文物考古研究所,安岳县文物局. 四川安岳长河源石锣沟摩崖造像调查简报 [J]. 文物, 2017 (9): 74 - 96.

[116] 四川大学考古学系,四川大学考古学实验教学中心,成都文物考古研究所,等. 四川省安岳县偏岩乡佛岩摩崖造像调查报告 [J]. 南方民族考古, 2017 (15): 37 - 52.

[117] 四川大学考古学国家级实验教学示范中心,成都文物考古研究所,安岳县文物局. 四川安岳高升大佛寺、社皇庙、雷神洞摩崖造像调查简报 [J]. 文物, 2018 (6): 80 - 91.

[118] 四川大学考古学国家级实验教学中心,成都文物考古研究所,安岳县文物管理局. 四川安岳人和云峰寺摩崖造像调查简报 [J]. 文物, 2019 (4): 73 - 87.

[119] 宿白. 敦煌莫高窟密教遗迹札记 [J]. 文物, 1989 (9): 45 - 53.

[120] 宿白. 中国石窟寺研究 [M]. 北京: 文物出版社, 1996.

[121] 唐承义. 千佛寨摩崖造像 [J]. 四川文物, 1989 (2): 35 - 38.

[122] 唐承义. 安岳名山寺摩崖造像 [J]. 四川文物, 1990 (6): 46.

[123] 唐承义. 安岳玄妙观道教摩崖造像 [J]. 四川文物, 1992 (6): 63 - 64.

[124] 田福月. 石经山发现唐武德八年静琬题记残碑 [J]. 法音, 1990 (2): 35.

[125] 汤用彤. 隋唐佛教史稿 [M]. 北京: 中华书局, 1982.

[126] 桐谷征一. 泰山、铁山刻经同出北周论 [M] //山东省石刻

艺术博物馆，河北省邯郸市文物局．北朝摩崖刻经研究（三）．呼和浩特：内蒙古人民出版社，2006：100．

[127] 文齐国．绵阳佛教造像初探［J］．四川文物，1991（10）：48-53．

[128] 王惠民．敦煌水月观音像［J］．敦煌研究，1987（1）：33-36．

[129] 王惠民．敦煌千手千眼观音像［J］．敦煌研究，1994（1）：63-76．

[130] 王天祥，李琦．建构、转述与重释——赵智凤形象考释［J］．西南民族大学学报（人文社科版），2008（9）：111-118．

[131] 王嘉祐．安岳石窟与大足宝顶石窟［J］．大足石刻研究通讯，1986（2）：32-36．

[132] 王家祐．安岳（县）毗卢洞造像［J］．宗教学研究，1985（S1）：44-50．

[133] 王家祐，丁祖春．四川道教摩崖石刻造像［J］．四川文物，1986（S1）：55-60．

[134] 王家祐．四川道教摩崖造像述议［J］．敦煌研究，1987（2）：96-113．

[135] 王家祐．安岳石窟造像［J］．敦煌研究，1989（1）：45-53．

[136] 王家祐．大足《韦君靖碑》与韦君靖史事考辨［J］．四川文物，2003（5）：58-59．

[137] 王剑平，雷玉华，傅成金．四川安岳圆觉洞造像的初步研究［M］//成都文物考古研究所．成都考古研究（二）．北京：科学出版社，320-356．

[138] 王剑平，雷玉华．四川唐代摩崖造像中部分瑞像的辨识

249

[M] //成都文物考古研究所. 成都考古研究（二）. 北京：科学出版社，307-319.

[139] 王熙祥，黎方银. 安岳、大足石窟中《柳本尊十炼图》比较[J]. 四川文物，1986（S1）：84-88.

[140] 王熙祥. 丹棱郑山——刘嘴大石包造像[J]. 四川文物，1987（3）：29-33.

[141] 王熙祥，曾德仁. 四川资中重龙山摩崖造像[J]. 文物，1988（8）：19-30.

[142] 王熙祥，曾德仁. 资中重龙山摩崖造像内容总录[J]. 四川文物，1989（3）：34-40.

[143] 王熙祥，曾德仁. 四川夹江千佛岩摩崖造像[J]. 文物，1992（2）：58-66.

[144] 王永波，雷德侯. 中国佛教石经：四川省第一卷[M]. 杭州：中国美术学院出版社，2014.

[145] 王子云. 陕西古代石雕刻[M]. 西安：陕西人民美术出版社，1985.

[146] 汪毅，石湍. 新发现的安岳摩崖释迦涅盘造像[J]. 历史知识，1982（5）：28.

[147] 汪毅，李振廷. 新发现的巨型石刻卧佛[J]. 人民画报，1983（10）：28-29.

[148] 汪毅. 安岳石刻造像初探[J]. 文史杂志，1986（3）：60-61.

[149] 汪毅. 初论安岳石刻研究的角度[J]. 文史杂志，1992（5）：39.

[150] 汪毅. 中国佛教与安岳石刻艺术[M]. 北京：中国旅游出版社，1992.

[151] 吴觉非. 四川安岳县的石刻 [J]. 文物参考资料, 1956 (5): 47-50.

[152] 徐胭胭, 王磊, 李耘燕, 等. 四川安岳县茗山寺石窟调查简报 [J]. 四川文物, 2015 (30): 23-31, 100-101.

[153] 延安地区群众艺术馆. 延安宋代石窟艺术 [M]. 西安: 陕西人民美术出版社, 1983.

[154] 杨雄. 赵智凤生平再考 [J]. 敦煌研究, 2008 (4): 33-35.

[155] 阎文儒. 中国石窟艺术总论 [M]. 桂林: 广西师范大学出版社, 2003.

[156] 严耕望. 唐代交通图考 [M]. 台北: "中央研究院"历史语言文化所, 1986.

[157] 姚崇新. 广元唐代石窟造像分期研究 [J]. 考古学报, 2007 (4): 424-468.

[158] 姚崇新. 对大足北山晚唐五代千手千眼观音造像的初步考察 [C] //重庆大足石刻艺术博物馆. 2005 年重庆大足石刻国际学术研讨会论文集. 北京: 文物出版社, 2007: 449-468.

[159] 姚崇新, 于君方. 观音与地藏 [J]. 艺术史研究, 2008 (10): 477.

[160] 姚崇新. 巴蜀佛教石窟造像初步研究——以川北地区为中心 [M]. 北京: 中华书局, 2011.

[161] 姚崇新. 白衣观音与送子观音 [M] //荣新江. 唐研究: 第十八卷. 北京: 北京大学出版社, 2012: 272-279.

[162] 云桂荣. 云居寺贞石录 [M]. 北京: 燕山出版社, 2008.

[163] 杨曾文. 观世音信仰的传入和流行 [J]. 世界宗教研究,

1985（3）：21-33.

[164] 尹富. 中国地藏信仰研究 [M]. 成都：四川出版集团巴蜀书社，2009.

[165] 云冈石窟文物保管所. 中国石窟——云冈石窟（二）[M]. 北京：文物出版社，1994.

[166] 贠安志. 安岳石窟寺调查记要 [J]. 考古与文物，1986（6）：45-52.

[167] 曾德仁. 四川安岳石窟的年代与分期 [J]. 四川文物，2001（2）：53-59.

[168] 曾德仁. 四川安岳县玄妙观道教摩崖造像 [J]. 四川文物，2014（4）：83-90.

[169] 张划. 大足宋代石刻镌匠考述 [J]. 四川文物，1993（3）：41-46.

[170] 张林堂，许培兰. 响堂山石窟碑刻题记总录·第2卷[M]. 北京：外文出版社，2007.

[171] 张圣奘. 大足安岳的石窟艺术 [J]. 西南文艺，1953（7）：40-45.

[172] 张总. 地藏信仰研究 [M]. 北京：宗教文化出版社，2003.

[173] 张总，廖顺勇. 四川安岳圣泉寺地藏十王龛像 [J]. 敦煌学辑刊，2007（2）：41-49.

[174] 张总. 四川绵阳北山院地藏十王龛像 [J]. 敦煌学辑刊，2008（4）：84-92.

[175] 张总.《十王经》新材料与研考转迁 [J]. 敦煌吐鲁番研究，2015（15）：53-93.

[176] 张雪芬，李艳舒. 安岳卧佛院第 4 号龛题记与相关问题 [J]. 四川文物, 2011 (6): 51-56.

[177] 赵树同. 安岳石窟与大足石窟的雕刻艺术研究 [J]. 四川文物, 1986 (S1): 53, 76-78.

[178] 周正勇，林品强. 安岳卧佛侍者像辨析 [J]. 四川文物, 1990 (1): 60-62.

[179] 周叔迦. 佛教基本知识 [M]. 北京：中华书局, 1991.

[180] 周杰华. 夹江新发现的唐代摩崖造像 [J]. 四川文物, 1988 (2): 27-32.

[181] 庄明兴. 中国中古的地藏信仰 [M]. 台北：台湾大学出版委员会, 1999.

(三) 外文著作

[1] HOWARD A F. Tang Buddhist Sculpture of Sichuan: Unknown and Forgotten [J]. Bulletin of Far Eastern Antiquities, 1988 (60): 39-42.

[2] HOWARD A F. Summit of Treasures: Buddhist Cliff Sculpture of Dazu, China [M]. New York: Weatherhill Publishers, 2001.

[3] CHUN-FANG Y. Kuan-yin: The Chinese Transformation of Avalokitesvara [M]. New York: Columbia University Press, 2001.

[4] SONYA S L. Surviving Nirvana: Death of the Buddha in Chinese Visual Culture [M]. 香港：香港大学出版社, 2010.

[5] SRENSEN H H. Buddhist Sculptures from the Song Dynasty at Mingshan Temple in Anyue, Sichuan [J]. Artibus Asiae, 1995, 55 (3/4): 281-302.

附表一 安岳地区唐宋石窟"窟"型式与组合表

<table>
<tr><th rowspan="4"></th><th rowspan="4"></th><th colspan="6">形制</th><th colspan="11">造像</th></tr>
<tr><th colspan="2">刻经窟</th><th colspan="2">佛殿窟</th><th colspan="2">大像窟</th><th colspan="4">题材</th><th colspan="3">组合</th><th colspan="4">法衣与姿态</th><th colspan="2">头光</th></tr>
<tr><th rowspan="2">A</th><th rowspan="2">B</th><th colspan="2">A</th><th>B</th><th rowspan="2"></th><th rowspan="2">A</th><th rowspan="2">B</th><th rowspan="2">A</th><th rowspan="2">B</th><th rowspan="2">C</th><th rowspan="2">D</th><th colspan="3">A</th><th rowspan="2">B</th><th colspan="3" >佛像</th><th rowspan="2">A</th><th rowspan="2">B</th></tr>
<tr><th>Ai</th><th>Aii</th><th>Bi</th><th>Bii</th><th>Biii</th><th>Biv</th></tr>
<tr><td>1</td><td>卧46</td><td>√</td><td></td><td></td><td></td><td></td><td></td><td></td><td></td><td></td><td></td><td></td><td></td><td></td><td></td><td></td><td></td><td></td><td></td><td></td></tr>
<tr><td>2</td><td>卧29</td><td></td><td>√</td><td></td><td></td><td></td><td></td><td></td><td></td><td></td><td></td><td></td><td></td><td></td><td></td><td></td><td></td><td></td><td></td><td></td></tr>
<tr><td>3</td><td>卧33</td><td></td><td>√</td><td></td><td></td><td></td><td></td><td></td><td></td><td></td><td></td><td></td><td></td><td></td><td></td><td></td><td></td><td></td><td></td><td></td></tr>
<tr><td>4</td><td>卧51</td><td></td><td>√</td><td></td><td></td><td></td><td></td><td></td><td></td><td></td><td></td><td></td><td></td><td></td><td></td><td></td><td></td><td></td><td></td><td></td></tr>
<tr><td>5</td><td>卧58</td><td></td><td>√</td><td></td><td></td><td></td><td></td><td></td><td></td><td></td><td></td><td></td><td></td><td></td><td></td><td></td><td></td><td></td><td></td><td></td></tr>
<tr><td>6</td><td>卧59</td><td></td><td>√</td><td></td><td></td><td></td><td></td><td></td><td></td><td></td><td></td><td></td><td></td><td></td><td></td><td></td><td></td><td></td><td></td><td></td></tr>
<tr><td>7</td><td>卧65</td><td></td><td>√</td><td></td><td></td><td></td><td></td><td></td><td></td><td></td><td></td><td></td><td></td><td></td><td></td><td></td><td></td><td></td><td></td><td></td></tr>
<tr><td>8</td><td>卧72</td><td></td><td>√</td><td></td><td></td><td></td><td></td><td></td><td></td><td></td><td></td><td></td><td></td><td></td><td></td><td></td><td></td><td></td><td></td><td></td></tr>
</table>

续表

<<< 附表一 安岳地区唐宋石窟"窟"型式与组合表

	形制								造像											佛像						
	刻经窟			佛殿窟					大像窟			题材				组合					法衣与姿态				头光	
				A			B		A	B						A			B						A	B
	A	B	C	Ai	Aii	Bi	Bii	Biii	Biv	A	B	A	B	C	D	Ai	Aii	Aiii	Aiv	Av	B	Ci	Cii	D	E	Ai	Aii	Aiii
9 卧73	√																											
10 卧75	√																											
11 卧76	√																											
12 卧81	√																											
13 卧84	√																											
14 卧1		√																										
15 卧2		√																										
16 卧66		√																										
17 卧71		√																										
18 卧83		√																										
19 卧85		√																										
20 卧109		√																										
21 卧110		√																										
22 卧116		√																										

续表

	形制								造像								佛像							
	刻经窟			佛殿窟				大像窟		题材				组合					法衣与姿态					头光	
	A	B	C	A Ai	Aii	B Bi	Bii	Biii	Biv	A	B	A	B	C	D	A Ai	Aii	Aiii	Aiv	Av	B	A	B	C Ci	Cii	D	E	A Ai	Aii	Aiii	B
23 卧119	√																														
24 千8				√																				√*						√	
25 千28				√								√				√															
26 圆42				√											√																
27 圆47															√							√									
28 圆33						√								√						√									√		
29 圆39						√							√							√				√					√		
30 圆40						√								√						√									√		
31 圆56																															
32 圆60						√														√				√					√		
33 圆63						√																√	√								
34 圆69															√														√		
35 圆22																													√		

附表一 安岳地区唐宋石窟"窟"型式与组合表

续表

		形制										造像										佛像									
		刻经窟			佛殿窟						大像窟		题材				组合						法衣与姿态						头光			
		A	B	C	Ai	Aii	Bi	Bii	Biii	Biv	A	B	A	B	C	D	Ai	Aii	Aiii	Aiv	Av	B	A	B	Ci	Cii	D	E	Ai	Aii	Aiii	B
36	圆35							✓						✓			✓															
37	圆65							✓							✓			✓														
38	圆67								✓					✓					✓													
39	圆21										✓		✓										✓									
40	圆23										✓				✓					✓			✓									
41	圆59											✓				✓		✓												✓		
42	圆13									✓						✓									✓				✓			
43	圆7										✓			✓								✓						✓		✓		
44	圆10										✓			✓								✓					✓		✓			
45	圆14										✓				✓							✓				✓						✓
46	苕3													✓								✓									✓	
47	苕5										✓											✓										✓
48	苕8													✓								✓										

257

续表

		形制								造像								佛像							
		刻经窟			佛殿窟					大像窟		题材				组合			法衣与姿态					头光	
		A	B	C	A			B		A	B	A	B	C	D	A				A	B	C	D	E	A	B
					Ai	Aii	Aiii	Bi	Bii Biii Biv							Ai	Aiii Aiv	Av				Ci Cii			Ai Aii Aiii	
49	阿窟									√		√														√
50	毗1												√			√										
51	毗6												√					√								
52	孔雀												√			√										
53	茗2													√		√										
54	塔1													√		√		√								
55	高1													√			√									
56	毗2			√									√				√	√				√	√			√
57	毗5			√									√				√					√	√			√
58	华严			√											√		√					√				√
59	圆9			√										√									√			√
60	般若			√											√											√

258

附表一 安岳地区唐宋石窟"龛"型式与组合表

组别																					第一组												
				判官																													
		罗汉	A	B																													
		力士																															
		天神王																															
		千佛																															
		刻经			∨	∨	∨	∨		∨			∨		∨				∨														
菩萨像	像座	C																															
		B	Bii																														
			Bi	Biii																														
		A	Ai	Aii																														
	头光	B	Aii	Aiii																														
		A	Ai																															
	服饰与体态	C																																
		B																																
		A	Ai	Aii																														
弟子	C																																	
	B																																	
	A																																	
佛像	佛座	C																																
		B	Bi	Bii																														
		A	Ai	Aii																														
			卧46	卧29	卧33	卧51	卧58	卧59	卧65	卧72	卧73	卧75	卧76	卧81	卧84	卧1																		
			1	2	3	4	5	6	7	8	9	10	11	12	13	14																		

259

续表

	编号	佛像 佛座 A Ai Aii	佛座 B Bi Bii	C	弟子 A	B	C	菩萨像 服饰与体态 A Ai Aii	B	C	头光 A Ai Aii	B Aiii	像座 A Ai Aii	B Bi Bii Biii	C	刻经	千佛	神王力士	罗汉 A	B	判官	组别
15	卧2															√						第一组
16	卧66															√						第一组
17	卧71															√						第一组
18	卧83															√						第一组
19	卧85															√						第一组
20	卧109															√						第一组
21	卧110								√													第一组
22	卧116					√						√										第一组
23	卧119					√						√										第一组
24	千8			√*							√*				√*							第二组
25	千28																√					第二组
26	圆42	√															√					第二组
27	圆47	√															√					第二组

<<< 附表一 安岳地区唐宋石窟"窟"型式与组合表

续表

序号	编号	佛像-佛座 Ai	Aii	B-Bi	Bii	C	弟子 A	B	C	服饰与体态 Ai	Aii	A	B	C	菩萨像-头光 Ai	Aii	Aiii	B	像座 A	Aii	Bi	Bii	Biii	C	刻经	千佛	神王	力士	罗汉 A	B	判官	组别
28	圆33	√						√		√							√					√							√			第三组
29	圆39		√					√		√							√					√							√			
30	圆40		√					√		√			√			√													√			
31	圆56			√						√					√																	
32	圆60			√						√		√				√									√							
33	圆63				√					√						√					√				√				√			
34	圆69				√			√		√						√													√			
35	圆22			√				√		√						√																
36	圆35	√						√		√							√			√								√				
37	圆65		√						√							√																
38	圆67			√				√		√						√					√							√	√			
39	圆21		√								√			√																		
40	圆23			√				√		√			√																			
41	圆59	√										√				√																
42	圆13																		√													

261

续表

组别	佛像 A Ai / Aii	佛座 B Bi / Bii	C	弟子 A	B	C	菩萨像 服饰与体态 A Ai / Aii	B	C	头光 A Ai / Aii / Aiii	B	像座 A Ai / Aii	B Bi / Bii / Biii	C	刻经	千佛	神王力士	罗汉 A / B	判官
43 圆7																			
44 圆10		√											√						
45 圆14									√		√		√						
46 茗3		√							√		√								
47 茗5									√										
48 茗8									√										
49 阿窟								√	√										
50 毗1							√		√				√	√			√		
51 毗6								√	√				√						
52 孔雀									√										
53 茗2									√			√							
54 塔1																	√		
55 高1																			
56 毗2		√																	

第四组

<<< 附表一 安岳地区唐宋石窟"窟"型式与组合表

续表

	佛像				弟子			菩萨像										刻经	千佛	神王	力士	罗汉		判官	组别
	佛座							服饰与体态			头光			像座											
	A	Aii	B	Bii	C	A	B	C	A	Aii	B	C	A	Aii	B	A	Ai	Aii	Bi	Bii	Biii				A	B
57 毗5				√																						
58 华严				√				√						√												
59 圆9				√				√						√												
60 般若				√				√						√											√	第四组

注1：卧代指卧佛院，千代指千佛寨，圆代指圆觉洞，茗代指茗山寺，毗代指毗卢洞，孔雀代指孔雀洞，塔代指塔坡，高代指高升大佛寺，华严代指华严洞，阿崖代指封门寺赖佛岩阿弥陀佛龛，般若代指大般若洞。注2：*表示千佛寨第8号窟内造像为后代补凿，暂以现状入式

263

附表二 安岳地区唐宋石窟"龛"型式与组合表

		形制									造像															
		方形龛				半圆形龛					题材						组合					佛像				
																						、法衣与坐姿				
		A	Aii	Bi	Bii	Biii	Biv	A	Ai	Aii	Bi	Bii	Biii	C	A	B	C	D	E	F	A	B	C	D	E	B	Ci	Cii	Di	Dii
1	卧3	√															√										√			
2	卧43	√													√			√												
3	卧45	√													√			√					√							
4	卧49	√																√			√									
5	卧50	√													√			√												
6	卧64	√													√			√									√			
7	卧67	√																√								√				
8	千47	√													√											√	√			

264

续表

		形制										造像											佛像						
		方形龛						半圆形龛					题材						组合					法衣与坐姿					
		A		B				A		B																			
		Ai	Aii	Bi	Bii	Biii	Biv	Ai	Aii	Bi	Bii	Biii	C	A	B	C	D	E	F	A	B	C	D	E	A	B	Ci	Cii	D	Di	Dii
9	千62	√													√															
10	玄15	√													√															
11	千66			√									√													√				
12	千1				√									√																
13	千49				√									√																
14	西西8				√								√						√											
15	千48				√								√					√									√			
16	高15							√					√					√									√			
17	西西1							√					√												√					
18	千29								√				√							√							√			√
19	卧82												√			√											√			
20	圆71																	√					√							
21	千2												√											√		√			√	
22	千4												√													√				

265

续表

		形制									造像											佛像				
		方形龛					半圆形龛				题材						组合					法衣与坐姿				
		A		B			A	B			A	B	C	D	E	F	A	B	C	D	E	A	B	C		D	
		Ai	Aii	Bi	Bii	Biii	Biv	Ai	Aii	Bi	Bii	Biii														Ci	Cii	Di	Dii
23	千5									√		√							√						√			
24	千17									√			√				√							√	√			
25	千18									√									√						√			
26	千24									√		√							√						√			
27	千25									√		√							√						√			
28	千40									√		√							√						√			
29	千41									√																		√
30	玄8									√				√							√				√			
31	玄10									√				√							√				√			
32	玄16									√				√							√				√			
33	玄18									√				√							√				√			
34	玄19									√				√							√				√			
35	玄20									√				√							√				√			
36	玄21									√				√							√				√			

<<< 附表二 安岳地区唐宋石窟"龛"型式与组合表

续表

	形制											造像												佛像							
	方形龛						半圆形龛					C	题材						组合					法衣与坐姿							
	A			B				A		B																					
	Ai	Aii	Bi	Bii	Biii	Biv	Ai	Aii	Bi	Bii	Biii		A	B	C	D	E	F	A	B	C	D	E	A	B	C	Ci	Cii	D	Di	Dii
37 西东2							√						√								√			√						√
38 玄6				√																										
39 玄12									√				√								√				√					
40 玄13										√			√								√									
41 卧61										√			√								√				√					
42 卧62										√			√								√									
43 卧68										√			√								√						√			
44 卧69										√			√								√						√			
45 卧70										√			√								√						√			
46 玄1												√	√									√								
47 玄17												√	√														√			
48 卧31												√	√								√									
49 木23												√	√								√				√					
50 高9												√	√								√				√					

续表

		形制										造像											佛像				
		方形龛						半圆形龛					C	题材						组合					法衣与坐姿			
		A		B				A		B				A	B	C	D	E	F	A	B	C	D	E	A	B	C	D
		Ai	Aii	Bi	Bii	Biii	Biv	Ai	Aii	Bi	Bii	Biii															Ci	Cii	Di	Dii
51	灵8				✓									✓															
52	灵2	✓												✓							✓						✓		
53	灵3	✓												✓							✓						✓		
54	灵5	✓														✓					✓								
55	庵8	✓												✓														✓	
56	庵22	✓																						✓			✓		
57	圆58	✓																✓	✓	✓								✓
58	庵2		✓												✓						✓								
59	庵10		✓												✓				✓	✓	✓								
60	庵11		✓												✓								✓			✓	✓		✓	
61	庵13		✓												✓						✓								
62	庵16		✓												✓						✓								
63	庵17		✓												✓						✓								
64	圆26		✓												✓						✓								

268

续表

<<< 附表二 安岳地区唐宋石窟"龛"型式与组合表

		形制									造像													佛像				
		方形龛				半圆形龛					题材						组合					法衣与坐姿					
		A	B				A		B		C	A	B	C	D	E	F	A	B	C	D	E	A	B	Ci	Cii	Di	Dii
		Ai	Aii	Bi	Bii	Biii	Biv	Ai	Aii	Bi	Bii	Biii																	
65	灵1		√										√						√						√			
66	灵7				√								√						√								√	
67	庵21				√								√						√					√		√		
68	庵1					√													√						√		√	
69	庵4									√			√						√					√		√		
70	庵6					√													√						√			
71	庵15					√							√						√					√	√	√		
72	庵19					√							√				√		√									
73	千19	√										√									√					√		√
74	千12	√										√	√								√					√		√
75	千10											√	√								√					√		
76	千15											√	√								√					√		
77	千16											√	√								√					√		
78	千20											√	√								√					√		

269

续表

		形制								造像									佛像				
		方形龛			半圆形龛					题材						组合				法衣与坐姿			
		A	B		A	B			C	A	B	C	D	E	F	A	B	C	D	E	A	B	C	D
		Ai	Aii	Bi	Bii	Biii	Biv	Ai	Aii	Bi	Bii	Biii											Ci	Cii	Di	Dii
79	千30					√			√															
80	千32							√		√						√	√						√	

270

<<< 附表二 安岳地区唐宋石窟"龛"型式与组合表

			佛像								弟子			菩萨像								神王	力士		道教形象	
			头光		像座									服饰与体态			头光				像座					组别
			A		B			A		C	A	B	C	A	B	C	A			B	A	B	C	A	B	
			Ai	Aii	Bi	Bii	Ci	Cii				Ci		Cii	Ai	Aii		Ai	Aii	Aiii	Bi	Bii				Ai	Aii	
1	卧3		√												√								√			√	第Ⅰ组
2	卧43									√					√			√				√					
3	卧45		√							√					√			√				√					
4	卧49		√																								
5	卧50			√																							
6	卧64			√																							
7	卧67						√								√			√				√					
8	千47							√							√			√				√		√			
9	千62					√								√					√								
10	玄15																										
11	千66			√																							
12	千1																										
13	千49									√					√			√				√					
14	西西8		√																								

271

续表

		组别				第一组					第二组					
				15 高15	16 千48	17 西西1	18 千29	19 卧82	20 圆71	21 千2	22 千4	23 千5	24 千17	25 千18	26 千24	27 千25	28 千40
佛像	头光	A	Ai	√	√	√		√		√	√	√		√	√	√	√
			Aii														
		B					√						√				
	像座	A							√								
		B	Bi	√													
			Bii		√												
		C	Ci			√	√	√		√		√		√	√		
			Cii														
弟子		A															
		B					√	√									
		C	Ci	√	√			√		√	√			√	√		
			Cii														
菩萨像	服饰与体态	A	Ai														
			Aii	√	√					√	√	√		√	√	√	
		B															
		C															
	头光	A	Ai		√					√	√	√		√	√	√	
			Aii	√													
			Aiii														
		B	Bi														
			Bii														
	像座	A								√	√	√	√	√	√	√	
		B															
		C				√											
神王									√								
力士	A	Ai								√	√			√	√	√	
		Aii										√					
	B																
道教形象									√								

272

附表二　安岳地区唐宋石窟"龛"型式与组合表（续表）

序号	龛号	佛像-头光 Ai	佛像-头光 Aii	佛像-头光 B	佛像-像座 A	佛像-像座 Bi	佛像-像座 Bii	佛像-像座 Ci	佛像-像座 Cii	弟子 A	弟子 B	弟子 Ci	弟子 Cii	菩萨-服饰与体态 A	菩萨-服饰与体态 Aii	菩萨-服饰与体态 B	菩萨-服饰与体态 C	菩萨-头光 Ai	菩萨-头光 Aii	菩萨-头光 Aiii	菩萨-头光 Bi	菩萨-头光 Bii	菩萨-像座 A	菩萨-像座 B	菩萨-像座 C	神王	力士 Ai	力士 Aii	力士 B	道教形象	组别
29	千41	√						√				√		√				√					√				√				第二组
30	玄8	√										√		√				√					√				√			√	
31	玄10	√										√		√				√					√				√			√	
32	玄16	√										√		√				√					√				√			√	
33	玄18	√										√		√				√					√				√			√	
34	玄19	√										√		√				√					√				√			√	
35	玄20	√										√		√				√					√				√			√	
36	玄21	√										√		√				√					√				√			√	
37	西东2	√				√						√		√													√				
38	玄6	√								√		√		√				√					√				√			√	
39	玄12	√			√							√		√													√				
40	玄13	√				√						√		√				√					√				√				
41	卧61	√			√							√		√													√				
42	卧62	√						√				√		√													√				

273

续表

序号	编号	组别	佛像-头光-A-Ai	佛像-头光-A-Aii	佛像-头光-B	佛像-像座-A	佛像-像座-B-Bi	佛像-像座-B-Bii	佛像-像座-C-Ci	佛像-像座-C-Cii	弟子-A	弟子-B	弟子-C-Ci	弟子-C-Cii	菩萨像-服饰与体态-A-Ai	菩萨像-服饰与体态-A-Aii	菩萨像-服饰与体态-B	菩萨像-服饰与体态-C	菩萨像-头光-A-Ai	菩萨像-头光-A-Aii	菩萨像-头光-A-Aiii	菩萨像-头光-B-Bi	菩萨像-头光-B-Bii	菩萨像-像座-A	菩萨像-像座-B	菩萨像-像座-C	神王	力士-A-Ai	力士-A-Aii	力士-B	道教形象
43	卧68		√			√			√				√		√				√					√				√			
44	卧69		√			√			√				√		√				√					√				√			√
45	卧70		√			√			√				√		√				√					√				√			√
46	玄1	第二组	√										√		√				√					√					√		
47	玄17	第二组	√				√						√		√				√					√				√			
48	卧31	第二组	√										√		√				√					√				√			
49	木23	第二组	√										√		√				√					√				√			
50	高9	第二组					√																	√							
51	灵8	第三组	√														√			√											
52	灵2	第三组	√														√			√											
53	灵3	第三组	√														√			√					√							√
54	灵5	第三组	√																											√	√
55	庵8	第三组														√																
56	庵22	第三组					√																									

续表

组别	佛像 头光 A		佛像 像座			弟子			菩萨像 服饰与体态			菩萨像 头光			菩萨像 像座			神王	力士		道教形象
	Ai	Aii	Bi	Bii	Ci Cii	A	B	Ci Cii	Ai	Aii	B C	Ai	Aii Aiii	B Bii	A	B	C		Ai Aii	B	
第三组
57 圆58																					
58 庵2									√						√						
59 庵10									√			√			√						
60 庵11	√			√					√			√					√				
61 庵13									√			√									
62 庵16											√										
63 庵17				√					√		√	√					√		√		
64 圆26				√					√			√					√				
65 灵1	√			√					√					√			√				
66 灵7	√		√						√					√							
67 庵21				√				√	√							√					
68 庵1	√			√					√							√					
69 庵4	√			√				√	√							√			√		
70 庵6				√					√							√					

275

续表

	组别	佛像 头光 A Ai	头光 A Aii	头光 B	像座 Bi	像座 Bii	像座 C Ci	像座 C Cii	弟子 A	弟子 B	弟子 C Ci	弟子 C Cii	菩萨像 服饰与体态 A Aii	服饰与体态 B	服饰与体态 C	头光 A Ai	头光 A Aii	头光 B Bi	头光 B Bii	像座 A	像座 B	像座 C	神王	力士 A Ai	力士 A Aii	力士 B	道教形象
71	庵15			第三组 √																							
72	庵19		√																								
73	千19	√																									
74	千12	√																									
75	千10						√							√			√				√						
76	千15							√					√		√		√				√						
77	千16							√					√		√		√		√							√	
78	千20		√										√		√				√							√	
79	千30														√											√	
80	千32																					√					

注1：卧代指卧佛院，千代指千佛寨，圆代指圆觉洞，圆圆代指圆觉寺西寨门，圆东代指西禅寺东寨门，庵代指庵堂寺，灵代指灵游院，高代指高升千佛岩，木代指木鱼山，玄代指玄妙观。